はじめて受ける
TOEIC® TEST
模試スピードマスター

宮野智靖　監修
Miyano Tomoyasu

森川美貴子　著
Morikawa Mikiko

Jリサーチ出版

TOEIC is a registered trademark of Educational Testing Service (ETS).
This publication is not endorsed or approved by ETS.

著者からのメッセージ

「これだけは必要！」というポイントを100％カバーする

　『はじめて受けるTOEIC®TEST模試スピードマスター』は、1冊の本でいかに効率的に中身の濃いTOEIC学習をしていただけるかを最優先に作成した模擬試験です。

　TOEICの頻出項目および問題傾向を入念に研究し、著者自身がTOEICを定期的に受験することで最新データを活かしながら、TOEICに精通している2人のネイティブスピーカーの協力を得て、完成度の高い模試を作り上げました。TOEICの問題構成に細部にわたって忠実に従い、頻出するボキャブラリーを意識的に織り込みながら問題が作成されています。また、選択肢の誤答に至るまで実際のTOEICに頻出のものを厳選しています。

　このことにより、TOEICで600点以上を確実に取るためには「せめてこれだけは必要！」というポイントを100％カバーできていると自負しております。

　TOEICの本試験を受ける前に、制限時間をきっちりと守って2回の模試にチャレンジしてみて下さい。そして、1度解いたらそれでおしまいではなく、知らないボキャブラリーや間違えたポイントをしっかりと整理して覚えて下さい。巻頭の「20の実戦テクニック」および巻末の「最頻出単語BEST100・最頻出熟語BEST 50」も最大限に活用していただきたいと思います。

　末筆ながら、「学習効果の高い本物そっくりのTOEIC模試」を作るために温かくも厳しく監修して下さった宮野智靖先生、「品質の高い書籍」を一冊一冊大切に作り上げておられるJリサーチ出版にこの場を借りて心から感謝したいと思います。

森川美貴子

監修者からのメッセージ

臨場感抜群のリアル模試で
実戦力を身につけよう

　本書は、手に取るとすぐに分かる通り、本物そっくりの模擬試験です。著者の森川美貴子先生は、GEM English Academy の代表を務められ、質の高い英語教育を全力で展開しておられます。ご自身の英語学校のみならず、大学や企業などでも TOEIC 指導を長年行ってこられたベテランの実力派講師です。TOEIC を定期的に受けられ、傾向を詳しく分析されている森川先生の分析力、指導力には信頼性の高い定評があります。

　本物の TOEIC 対策書は、TOEIC を実際に受験しながら、常日頃から TOEIC の傾向を徹底的に分析している森川先生のような忠実な執筆者でなければ絶対に書くことはできません。そんな森川先生がお書きになった本書は、TOEIC 受験の直前に誰しもが必ず受けておかなければならない貴重なアイテムと言っても過言ではないでしょう。単なる模擬試験にとどまらず、本書の随所に、スコアアップを実現するための様々な工夫が見事に施されています。分かり易い解説、役に立つ攻略法、裏技・必殺技の伝授、その他読者が得する情報が満載です。

　付属 CD を使って、本番さながらの TOEIC 模試 2 回分にチャレンジしてみて下さい。臨場感抜群の模擬試験です。

　本書を 1 度やって終わりというのは、何とももったいない話です。是非とも最低 3 回は繰り返し学習して頂きたいと思います。「継続は力なり」を信じて、頑張って下さい。皆さんの飛躍的なスコアアップを期待しています。

宮野智靖

CONTENTS

解説編

- 2 …………… メッセージ
- 5 …………… 本書の利用法
- 8 …………… TOEIC®テストとは？
- 9 …………… テストの構成は？
- 10 ………… 600点をゼッタイ突破する20の実戦テクニック

- 19 ………… **TEST 1　解答一覧**
- 20 ………… **解説**

- 121 ………… **TEST 2　解答一覧**
- 122 ………… **解説**

- 224 ………… **TEST 1**　スコア予測表
- 225 ………… **TEST 2**　スコア予測表
- 226 ………… 最頻出単語 BEST 100
- 234 ………… 最頻出熟語 BEST 50

問題編（別冊）

- 1 …………… **TEST 1**
- 63 ………… **TEST 2**

- 125 ………… **TEST 1**　解答用紙
- 127 ………… **TEST 2**　解答用紙

本書の利用法

学習のフロー

STEP 1 **600点をゼッタイ突破する20の実戦テクニック**

パート別に基本解法を紹介します。似通った音のひっかけ、表現の言い換え、よく出る問題の特徴、リーディングセクションの時間配分など、TOEICに必須のテクニックや心構えがしっかりわかります。

STEP 2 **模擬テスト1**（マークシート 別冊 p.125）

テスト1を2時間で解答して、しっかり復習しましょう。知らない単語をチェックして覚えておけば、テスト2が解きやすくなります。

! 解説ページには各設問の難易度を表示しています。
　✪：基本レベル　　✪✪：標準レベル　　✪✪✪：やや難～難レベル

STEP 3 **模擬テスト2**（マークシート 別冊 p.127）

テスト2を2時間で解答して、しっかり復習しましょう。2回分を完全に学習すればTOEICに対応する基本的な要領が身につきます。

STEP 4 **最頻出単語 BEST 100・最頻出熟語 BEST 50**

TOEICに必ず出るキーになる表現をまとめて紹介します。すべての単語・熟語に例文が付いています。例文はCDに収録されています。

付属CDについて

- CD 1には「TEST 1」のリスニング・セクション、CD 2には「TEST 2」のリスニング・セクションと「最頻出単語 BEST 100」「最頻出熟語 BEST 50」の例文が収録されています。
- リスニング・セクションは、アメリカ 米、イギリス 英、オーストラリア 豪、カナダ カ の4カ国の音声で録音されています。解説では4カ国の発音を明示します。

効果的な学習のしかた

TOEICビギナー、大学生の方、スコアが思いように伸びない方は、次の3つに焦点を絞って学習するのが効果的です。すなわち、「解法」「実戦力」「語彙力」です。この3つを身につければ、だれでも600点をクリアできるようになります。

❶「解法」を活用すればスコアアップできる

　どんな試験を受けるにも、まずその全貌と特徴を知っておくことが大切です。最初に「TOEIC TESTとは？」(p.8)、「テストの構成は？」(p.9)に目を通してから、「600点をゼッタイ突破する20の実戦テクニック」(p.10-18)をしっかり読みましょう。TOEICを解くために必要な基本解法・心構えがすべて網羅されています。

　解法を使いこなせば、50点くらいのスコアアップ効果が見込めます。

❷「実戦力」を身につけて本番への準備を！

　TOEICの全貌を知ったら、実際の問題にトライしてみましょう。問題は実際のTOEICの傾向を反映したリアルなものになっています。本番と同じように2時間という時間設定で解きましょう。

　解答を終えたら、答え合わせをして、間違った問題をしっかり復習しましょう。本書収録の2セットを何度も復習して、必要な解法・語彙を身体で覚えておきましょう。

❸「語彙力」がすべての基礎だ

　TOEICビギナーがTOEICで苦戦する最大の要素は語彙力にあります。知らない単語は読むこともできないし、聞き取ることもできないわけです。模擬テストを解いたら、解説の中の「ボキャブラリー」コーナーにリスト化された単語・表現をしっかり復習しておきましょう。重要語彙は毎回のTOEICに出ます。

　また、巻末の「最頻出単語BEST 100」「最頻出熟語BEST 50」は特に重要な単語・熟語をまとめたコーナーです。例文を利用して覚えてしまいましょう。

解説のページ

本書はしっかり復習ができるように、工夫されたつくりになっています。

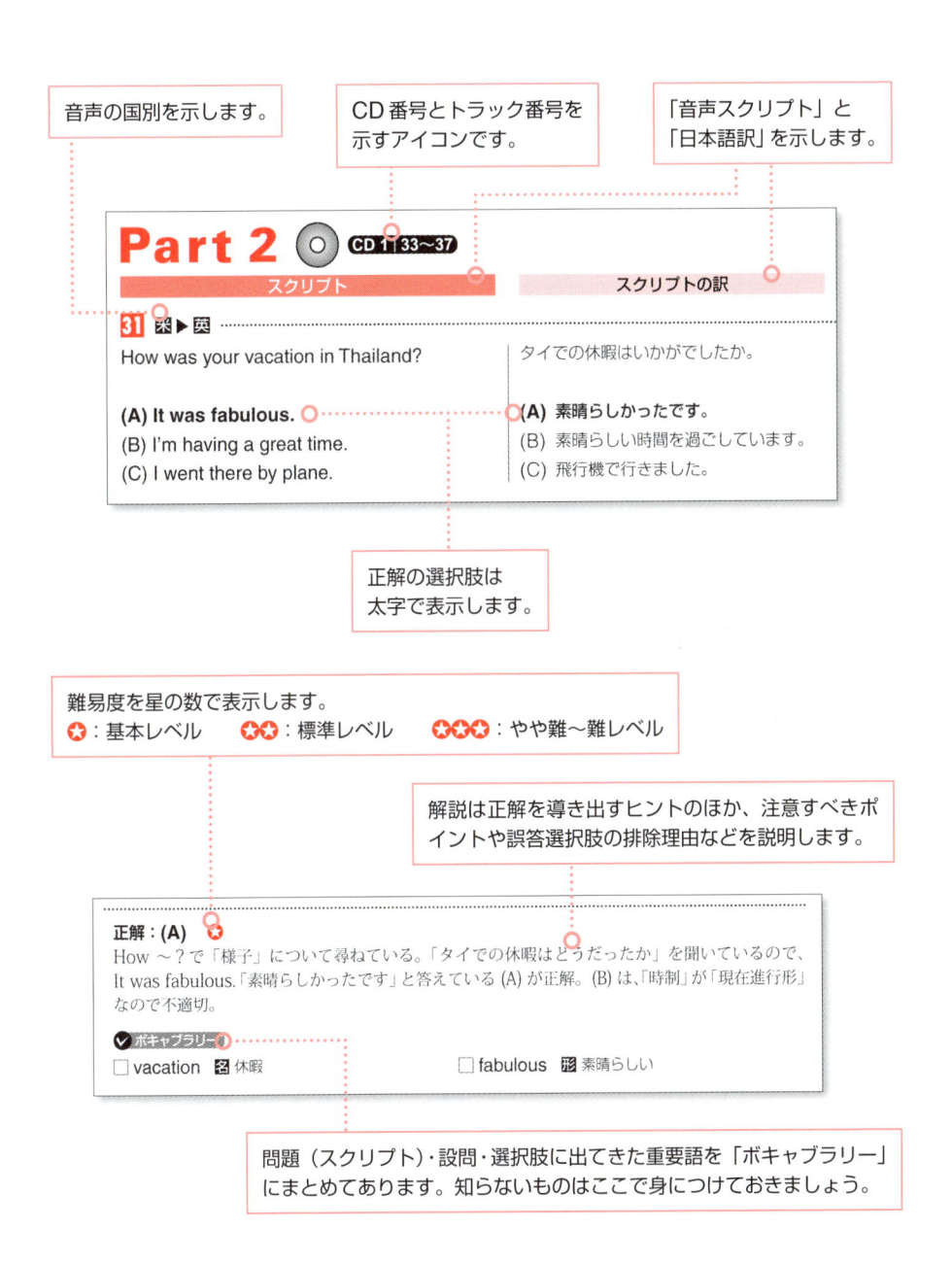

音声の国別を示します。

CD番号とトラック番号を示すアイコンです。

「音声スクリプト」と「日本語訳」を示します。

Part 2 CD 1 33～37

スクリプト

31 米▶英

How was your vacation in Thailand?

(A) It was fabulous.
(B) I'm having a great time.
(C) I went there by plane.

スクリプトの訳

タイでの休暇はいかがでしたか。

(A) 素晴らしかったです。
(B) 素晴らしい時間を過ごしています。
(C) 飛行機で行きました。

正解の選択肢は太字で表示します。

難易度を星の数で表示します。
★：基本レベル　★★：標準レベル　★★★：やや難～難レベル

解説は正解を導き出すヒントのほか、注意すべきポイントや誤答選択肢の排除理由などを説明します。

正解：(A)
How ～? で「様子」について尋ねている。「タイでの休暇はどうだったか」を聞いているので、It was fabulous.「素晴らしかったです」と答えている (A) が正解。(B) は、「時制」が「現在進行形」なので不適切。

✓ ボキャブラリー
☐ vacation 名 休暇　　　　　　　　　☐ fabulous 形 素晴らしい

問題（スクリプト）・設問・選択肢に出てきた重要語を「ボキャブラリー」にまとめてあります。知らないものはここで身につけておきましょう。

TOEIC® テストとは？

TOEIC（Test of English for International Communication）は米国の非営利組織 ETS（Educational Testing Service）が開発・制作するテストで、現在約120カ国で実施されています。

👉 結果はスコアで

英語によるコミュニケーション能力を評価することを目的にしており、合否判定ではなく、スコアによってテスト結果を評価します。スコアはリスニング5〜495点、リーディング5〜495点、トータル10〜990点の、5点きざみです。

👉 英語だけのテスト

TOEIC は、指示文も問題もすべて英語によって行われます。すべての問題が、選択肢より正解を選ぶ形式の客観テストで、解答はマークシートに記入する方式です。問題数はリスニング100問、リーディング100問、計200問で構成されています。解答時間は120分で、うちリスニングが約45分を占めます。なお、リスニング・セクションは、試験会場で流される音声にしたがって進行します。

👉 ビジネスパーソンの英語力の基準

TOEIC はその内容が身近な内容からビジネスまで幅広く、会社員・公務員、就職を控えた学生が数多く受験します。公開テストのほか、IP（Institutional Program）と呼ばれる団体特別受験制度があり、企業や学校単位でも実施されています。日本における公開テストと IP を合わせた受験者数は年間227万人（2011年）、いまやビジネスパーソンの英語力を表す基準になっていると言えます。

2011年度、公開テストの平均スコアは574点（リスニング：316点、リーディング：258点）で、新入社員の平均スコアは445点（リスニング：249点、リーディング：196点）です。

※資料提供：（財）国際ビジネスコミュニケーション協会

公式ホームページ ▶ http://www.toeic.or.jp
● インターネットから受験申込ができます！

テストの構成は？

TOEICはリスニング・セクションとリーディング・セクションで構成されています。それぞれ100問ずつで、解答時間はリスニング約45分、リーディング75分となっています。設問は選択形式で、Part 2が3択である以外は、すべて4択です。

TOEICの問題形式は毎回同じです。難易度は統計的に調整されているので、実力が同じであれば、いつ受験しても同様のスコアが出るようになっています。

☞ TOEICの7つのパート

リスニング・セクション　　約45分

Part 1
写真描写問題（Photos）……10問
写真を見て、最も適切な描写を4つの選択肢から選ぶ。
1問の解答時間：5秒

Part 2
応答問題（Question-Response）……30問
流れてくる質問に対して、最適の応答を3つの選択肢から選ぶ。応答の選択肢も音声で流れ、テスト用紙には印刷されていない。**1問の解答時間：5秒**

Part 3
会話問題（Short Conversations）……30問
流れてくる会話に対して、3つの設問に答える。設問はすべて4肢択一。設問・選択肢はテスト用紙に印刷されている。設問は音声でも流れる。
1問の解答時間：8秒

Part 4
説明文問題（Short Talks）……30問
流れてくるアナウンス・スピーチに対して、3つの設問に答える。設問はすべて4肢択一。設問・選択肢はテスト用紙に印刷されている。設問は音声でも流れる。
1問の解答時間：8秒

リーディング・セクション　　75分

Part 5　短文空所補充問題（Incomplete Sentences）……40問
文の空所に最も適切な語句を4つの選択肢から選ぶ。　　**時間配分　1問：20～30秒**

Part 6　長文空所補充問題（Cloze Passages）……12問
長文につくられた空所に最も適切な語句を4つの選択肢から選ぶ。長文は4つあり、それぞれ3つの設問が付属している。　　**時間配分　1問：30秒**

Part 7　長文読解問題（Reading Comprehension）……48問
13の長文を読んで、付属する設問に解答する。設問はすべて4肢択一。このうち最後の4つの問題文はダブルパッセージで、2つの文書で構成される。ダブルパッセージの問題文には5つの設問がある。
**時間配分　シングルパッセージ（設問2～5個）：2～5分
ダブルパッセージ（設問5個）：5～6分**

600点をゼッタイ突破する20の実戦テクニック

TOEICでスコアアップをするには、絶対に身につけておかなくてはならない解法があります。このコーナーでは、必須解法を20にまとめて紹介します。模擬テストに入る前に、まず解法をしっかり頭に入れておきましょう。模擬テストはこれら解法を駆使して解いてみましょう。

リスニング・セクション

全パート共通

1 いろいろな英語の発音に慣れておく

　TOEICではアメリカ、イギリス、オーストラリア（ニュージーランドも含む）、カナダの発音がほぼ均等に25％ずつ出る。極端に強いアクセントでは話されないので心配し過ぎる必要はないのだが、普段、アメリカ英語しか聞かないという人には聞きにくく感じるかもしれない。日頃からいろいろな英語の発音に慣れておき、発音の多様性に対する順応力を上げておこう。

Part 1

2 人物の「動作」、物の「状態」を聞き取ろう

　Part 1では、人物の「動作」、物の「状態」を聞かれるのでしっかりと聞きとろう。「1人の人物」写真が80％を占め、そのほとんどが「動詞の現在進行形」を使って表される。主語が同じ場合は、この「現在進行形」の部分をいかに正確に聞きとるかがポイント。「物」の「状態」は、受動態の完了形か受動態進行形で表されることが多い。

3 Part 1特有の頻出ボキャブラリーを押さえる

Part 1では、「オフィス」や「作業」、「街角」などの写真が多く登場する。

【Part 1 ボキャブラリー】これだけは！

オフィス
- □ document（書類）
- □ shelf（棚〈複数形 shelves〉）
- □ drawer（引き出し）
- □ plant（観葉植物〈工場の意味もある〉）

作業
- □ under construction（工事中で）
- □ stack（積み重ねる）
- □ unload（〈荷を〉降ろす）
- □ cargo（貨物）

街角
- □ high-rise（高層）
- □ sign（標識）
- □ ladder（梯子）
- □ pedestrian（通行人）
- □ railing / handrail（手すり）

---

4 不正解のパターンを知っておく

受験者が引っ掛かりやすい不正解のパターンをあらかじめ知っておくべきである。

❶ まずは、表現の違いによる引っ掛けがある。

　× The man is putting on a shirt.
　○ The man is wearing a shirt.

put on ～とは「～を着る」という「行為・動作そのもの」を表し、wear は「～を身につけている状態」を表す。写真で「何かをまさに着ようとしている」状況を表すのは難しいので、put on ～が出てきたら不正解と思ってよい。

❷ 次に、似た音の語を使った引っ掛けにも要注意。

例：walk「歩く」と work「働く」、hold「手に持つ」と fold「折りたたむ」、door「ドア」と drawer「引き出し」、tool「道具」と stool「丸椅子」、carve「切り分ける」と curb「縁石」、copy「コピー」と coffee「コーヒー」

これらに引っ掛からないために、普段からリスニングのトレーニングをしておこう。

❸**最後に、時制による引っ掛けがある。**

写真からは「過去に何が起きたのか」「これから何が起こるのか」はわからないので過去形と未来形の選択肢も不正解である。写真からわかる客観的な事実のみが正解になるのであり、抽象的なものは正解とはならない。

Part 2

5 最初の1語だけは聞き逃さない

最初の1語だけは絶対に聞き逃さないようにしよう。特に5W1H（What, When, Where, Who, Why, How）疑問詞の場合、最初の1語を聞き逃すと解答が苦しくなる。たとえば、When と Where を聞き分けられないと、「時」を答えるべきか「場所」を答えるべきか判断できない。模試を行う時に、最初の1語を正確に聞きとるトレーニングを徹底して行おう。

【瞬時に判断】これだけは！

☐ What →「もの」	☐ When →「時」	☐ Where →「場所」
☐ Who →「人」	☐ Why →「理由」	☐ How →「方法」「様子」

---

6 「定型的な応答」を知っておく

「依頼」「許可」「提案」「勧誘」に対して「定型的な応答」を知っておくべきである。知らないと答えられないものもあるので、適切な応答をすぐに選べるようにしておきたい。また口語表現に慣れておくことも大切なポイントである。

【依頼への定型的な応答】これだけは！

YES
- Sure. —— いいとも。
- Certainly. —— 承知しました。
- Of course. —— もちろん。
- My pleasure. —— どういたしまして。
- Why not? —— うん、そうしよう。
- No problem. —— 大丈夫です。

NO
- I'm afraid I can't. —— 申し訳ないですが、できません。
- I wish I could. —— そうできたらなあ。
- I'm sorry, but ... —— 申し訳ないですが、でも…
- I'd love to, but ... —— ぜひそうしたいですが、でも…

7 音の引っ掛けに要注意！

質問と同じ、あるいは似た音の単語が含まれる選択肢は、引っ掛け問題である可能性が高い。簡単な単語であっても多義語には要注意である。たとえば、present（名贈り物　動プレゼンをする；贈り物をする　形現在の）や plant（名工場；観葉植物）など同じ音が聞こえたら引っ掛け問題を疑おう。

Part 3 & 4

8 設問の先読みをしてから問題文を聞こう

英文が流れるまでの間、ディレクションの時間も使って、できるだけ設問の先読みをしておこう。問題形式が頭に入っていればディレクションを毎回聞く必要はない。設問で聞かれるポイントを先に把握しておけば、効率的なリスニングができる。また、設問は音声でも読み上げられるが、その音声のタイミングに合わせて解答する必要はない。素早く解答を済ませ、次の問題の設問を先読みしよう。

9 「言い換え」に注意しよう

選択肢の正解は言い換えられている場合が多い。設問で聞かれているポイントが英文中に聞こえても、正解にそのままの表現で出ている場合は非常に少ない。英文中で登場したものと同じ単語が選択肢に出ていたら引っ掛け問題の可能性が高い。

【言い換え表現】これだけは！

- fix = repair（修理する）
- brochure = pamphlet（パンフレット）
- the day before yesterday（一昨日）= two days ago（2日前）
- candidate（応募者；志願者）= applicant（応募者；出願者）
- book（予約する）= make a reservation（予約をする）
- call（電話する）= make a phone call（電話をする）
- buy（買う）= purchase（購入する）
- quotation = estimate（見積もり）

10 ポイントを絞って内容を聞こう

　すべてを細部にわたって聞くことは、かえって設問のポイントがぼやけてしまうし効率的とは言えない。特に数字や曜日などを聞く問題では、集中して聞かないと聞き逃してしまう。設問で聞かれていることにポイントを絞って聞いた方がよい。ただし、全体のテーマを問う設問が出題される場合もあるので、大まかでよいので内容は把握できるようにしよう。英文に出てくるボキャブラリーをもとに「話されている場所や状況」は把握しておきたい。

リーディング・セクション

全パート共通

11 時間配分に細心の注意を払おう

　音声の指示によって時間管理されるリスニングと違って、リーディングは自分で時間配分して解答していかなければならない。スコア900点以上の受験者でさえ時間内に解き終わるのはたやすいことではない。目標とする時間配分に従って解答を進めていくことが大切である。Part 5は1問20〜30秒、Part 6は1問30秒、Part 7は1問1分以内で解くことを心がけよう。ただし、問題の難易度や文章の長さによって解答に必要な時間は変わってくるので、あくまで目安として時間にあまりにも縛られ過ぎないようにしよう。

Part 5

12 単語の意味を知らなくても解ける問題もある

語彙の問題では、選択肢の単語自体の意味は知らなくてもその語形から解ける場合もある。

❶たとえば、次のような問題の場合、空所の直後に名詞が来ているので、その前には形容詞を入れる。

This is a ------ document. → This is a confidential document.「これは機密書類です」

❷次のように空所の直後に動詞が来ている場合は、その前に副詞を入れる。

I ------ have a party. → I occasionally have a party.「私は時折パーティを開く」

ただし、品詞をきちんと識別できないことには正解できないので、単語を見てその語形から名詞・形容詞・副詞などの品詞を識別できるようにしておこう。

13 頻出の文法事項をしっかりと押さえておこう

文法問題では頻出する項目があるので、どのような形式で問われるのかをしっかりと確認しておこう。文法問題で問われるのは、基礎的なものがほとんどである。いろいろな項目から広く出題されるので、文法に自信がない人は基礎文法を見直しておくことをお勧めする。

【文法項目】これだけは！

品詞の区別、主語と動詞の一致、動詞の活用（時制、自動詞・他動詞、助動詞、受動態、不定詞・動名詞、分詞、使役動詞、仮定法など）、前置詞、接続詞、代名詞、関係詞、比較など。

---

14 わからない問題で長く立ち止まらないようにしよう

　Part 5は、1問20〜30秒でリズミカルに解いていくのが理想的。文法や品詞の問題は英文全体を読まなくても空所の前後だけを読むだけで正解できるものがほとんどである。

　語彙の問題は、選択肢に知らない語彙がある場合は、知っている他の選択肢の語彙をヒントに消去法で考えて行こう。それでもわからなければ、素早く勘を働かせてどれかにマークしよう。わからない問題で長く立ち止まるのは、非常に効率が悪い。TOEICとは「時間との戦い」である。「わからない問題」を見切る決断力と切り替えが必要とされる。

Part 6

15 空所の前後を中心に読んでいこう

　Part 5と同じく、最初から英文全体をじっくり読む必要はない。文法問題やイディオム問題なら空所の前後を読むだけでほとんどが解答できる。ただし、基礎的な文法知識や語彙力がないと問題パターンに気づけないので、頻出する文法項目やイディオムを押さえておくことが必勝テクニックである。

16 頻出熟語や慣用表現を押さえておこう

　Part 6に頻出するイディオムや慣用表現を知っておくことはスコアアップに直結する。

　空所がイディオムや慣用表現の一部であることにすばやく気づくことができたら全文を読まなくても効率的に解答することができる。本書巻末（p.226〜237）に頻出単語・熟語を紹介しているので最大限に活用してほしい。

17 文脈から正解を判断しよう

英文内容に沿った適切な語句を選ぶ場合は、空所の前後だけでなく空所を含む文に関係する前後の文をも読む必要が出てくる。「接続詞」を問う問題がこれに当たる。文頭に接続詞がある場合は、前後の文も読んで適切な接続詞を選ぼう。

【接続詞】これだけは！

時間に関する接続詞
- while 〜する間
- until 〜するまでずっと
- as soon as 〜するとすぐに

理由を表す接続詞
- because S+V SがVするから
- since S+V SがVするから

条件を表す接続詞
- as long as S+V SがVする限り
- unless S+V SがVしないなら

譲歩を表す接続詞
- although [though] S+V SがVするにもかかわらず

セットで出てくる接続詞
- either A or B AかBのどちらか
- neither A nor B AもBも〜ない
- both A and B AもBも両方
- not only A but (also) B AだけでなくBも

Part 7

18 情報を素早く探し出そう

Part 7は1問1分以内に解くことを目標としたい。長い文書もあるので全文をじっくり読んでいる時間はない。設問から先に読み、正解の根拠となる該当部分を文中から探し出すことが有効なテクニックである。設問で問われているポイント以外はざっと目を通す程度で、必要とする情報にヒットした時にはしっかり読み込もう。

19 言い換えられている選択肢が正解である可能性が高い

　Part 3やPart 4と同じく、Part 7の正解の選択肢も言い換えられている場合が多い。英文中で登場したものと同じ単語が選択肢に出ていたら誤答と疑った方がよい。言い換えを瞬時に見抜き正解と気づくことがスコアアップに不可欠なテクニックである。

20 ビジネス用語を押さえておこう

　TOEICは、受験英語だけでは通用しない。なぜなら、ビジネス、経済、日常生活に必要なボキャブラリーが頻出するからである。そのような用語に慣れていない人や学生の受験者には、ビジネス用語対策は不可欠である。受験前にきっちりと対策を立てておくことがスコアアップの近道である。

【ビジネス用語】これだけは！

- ☐ agenda（議題）
- ☐ attach（添付する）
- ☐ certificate（証明書；免状）
- ☐ employment（雇用）
- ☐ equipment（機器；装置）
- ☐ handout（配布資料）
- ☐ hire（雇う）
- ☐ inventory（在庫；在庫目録）
- ☐ personnel department（人事部）
- ☐ promotion（昇進）
- ☐ relocate（配置し直す）
- ☐ supervisor（上司）
- ☐ warehouse（倉庫）
- ☐ apply for ～（～に応募する）
- ☐ branch（支社）
- ☐ colleague（同僚）
- ☐ enclose（同封する）
- ☐ facilities（〈複数形で〉設備；施設）
- ☐ headquarters（〈複数形で〉本社）
- ☐ human resources (HR)（〈複数形で〉人事部）
- ☐ invoice（請求書；送り状）
- ☐ plant（工場設備；製造工場）
- ☐ qualification（資格）
- ☐ résumé（履歴書）
- ☐ transfer（転勤させる）

TEST 1 解説

リスニング・セクション
Part 1 …………………… 20
Part 2 …………………… 24
Part 3 …………………… 36
Part 4 …………………… 56

リーディング・セクション
Part 5 …………………… 76
Part 6 …………………… 86
Part 7 …………………… 90

TEST 1 解答一覧

問題	解答	問題	解答	問題	解答	問題	解答	問題	解答
1	D	41	B	81	A	121	B	161	A
2	A	42	C	82	C	122	A	162	C
3	B	43	C	83	D	123	D	163	D
4	A	44	D	84	A	124	D	164	D
5	C	45	A	85	C	125	B	165	B
6	A	46	C	86	A	126	A	166	B
7	B	47	B	87	B	127	B	167	D
8	A	48	C	88	C	128	D	168	C
9	B	49	C	89	C	129	B	169	B
10	A	50	D	90	D	130	B	170	A
11	A	51	D	91	B	131	D	171	C
12	B	52	C	92	A	132	A	172	A
13	B	53	A	93	A	133	C	173	C
14	C	54	B	94	B	134	B	174	B
15	C	55	B	95	C	135	C	175	B
16	B	56	C	96	D	136	D	176	C
17	C	57	A	97	A	137	B	177	B
18	A	58	C	98	B	138	B	178	D
19	B	59	B	99	C	139	C	179	C
20	C	60	A	100	A	140	A	180	C
21	C	61	B	101	D	141	A	181	C
22	B	62	A	102	B	142	D	182	A
23	A	63	B	103	A	143	D	183	D
24	C	64	D	104	A	144	C	184	B
25	A	65	B	105	B	145	B	185	C
26	C	66	A	106	A	146	D	186	B
27	A	67	D	107	B	147	B	187	A
28	B	68	D	108	D	148	B	188	A
29	C	69	D	109	C	149	C	189	A
30	B	70	C	110	B	150	A	190	B
31	A	71	B	111	B	151	B	191	D
32	C	72	C	112	C	152	C	192	A
33	A	73	B	113	C	153	B	193	C
34	A	74	C	114	A	154	D	194	C
35	C	75	A	115	B	155	B	195	A
36	A	76	C	116	D	156	D	196	B
37	A	77	D	117	B	157	C	197	A
38	C	78	A	118	D	158	A	198	C
39	C	79	B	119	D	159	D	199	B
40	B	80	A	120	D	160	C	200	D

Part 1 　CD 1 | 2〜6

スクリプト	スクリプトの訳
1 英	
(A) He's wearing a knit sweater. (B) Many books are on the desk. (C) He's filing some documents. **(D) He's writing at the table.**	(A) 彼はニット地のセーターを着ている。 (B) たくさんの本が机にある。 (C) 彼は書類整理をしている。 **(D) 彼はテーブルで書き物をしている。**
2 米	
(A) The man is resting his chin on his hand. (B) The man is standing with his arms crossed. (C) The man is throwing trash into the bin. (D) The man is working in the garden.	**(A) 男性が頬杖をついている。** (B) 男性は腕を組んで立っている。 (C) 男性はごみ箱にごみを捨てている。 (D) 男性は庭で作業をしている。
3 カ	
(A) The man is getting into the cab. **(B) The man is putting gas into his car.** (C) The man is wearing shorts. (D) The man is driving to the gas station.	(A) 男性はタクシーに乗り込もうとしている。 **(B) 男性は車に給油している。** (C) 男性は半ズボンをはいている。 (D) 男性はガソリンスタンドに向かって運転している。
4 豪	
(A) The woman is dialing the phone. (B) The woman is using a cellular phone. (C) Some people are waiting in line. (D) The telephone is out of order.	**(A) 女性は電話をかけている。** (B) 女性は携帯電話を使っている。 (C) 列に並んで待っている人がいる。 (D) 電話は故障中である。
5 カ	
(A) Many signs have been attached to the windows. (B) There are some trees in front of the house. **(C) There's a two-story building.** (D) The road is closed to traffic.	(A) 窓にはたくさんの看板がかけられている。 (B) 家の前に何本かの木がある。 **(C) 2階建ての建物がある。** (D) 道路は通行止めである。

Part 1

正解&ポイント解説

正解：(D) ⭐

写真の人物が着ているのは knit sweater「ニット地のセーター」ではなく、checkered shirt「チェック柄のシャツ」なので、(A) は不適切。机の上に置いてあるものや写真の人物がどんな作業をしているかを注意深く観察すれば、(D) の「彼はテーブルで書き物をしている」が正解とわかる。

✓ ボキャブラリー

- knit 形 ニット地の
- document 名 書類

正解：(A) ⭐⭐⭐

(A) の rest his chin on his hand は、「頬杖をつく」の意味。1 人の男性が「頬杖をついている」ので、正解は (A)。(B) の with his arms crossed は「腕を組んで」という意味。with *one's* legs crossed「脚を組んで」とともに Part 1 頻出表現なので、必ず覚えておこう。

✓ ボキャブラリー

- rest *one's* chin on *one's* hand 頬杖をつく
- with *one's* arms crossed 腕を組んで
- trash 名 ごみ
- bin 名 ごみ箱

正解：(B) ⭐⭐

(B) の put gas into *one's* car は「車に給油する」の意味。1 人の男性が車に給油しているので、正解は (B)。男性は、長い丈のジーンズをはいており shorts「半ズボン」ではないので、(C) は不適切。(D) は gas station「ガソリンスタンド」という単語だけで判断して正解に選ばないようにしよう。

✓ ボキャブラリー

- get into ～ ～に乗り込む
- cab 名 タクシー
- gas station ガソリンスタンド

正解：(A) ⭐

(B) は、cellular phone の cellular を聞き漏らすと正解だと勘違いしてしまう可能性があるので注意。(D) は、写真からは電話が実際に通話可能な状態かは判断できないが、かといって「故障中」であることをはっきりと示すものも写っていない。よって、正解は女性が電話をかけている (A)。

✓ ボキャブラリー

- cellular phone 携帯電話
- in line 整列して
- out of order 故障して

正解：(C) ⭐⭐

(A) は窓には旗のような布が飾り付けられているが、sign「看板」はかけられていないので不適切。(C) の two-story は「2 階建ての」の意味。写真には 2 階建ての建物が写っているので、(C) が正解。

✓ ボキャブラリー

- attach 動 取り付ける
- two-story 形 2 階建ての

Part 1 🎧 CD 1 | 7〜11

スクリプト	スクリプトの訳

6 米

(A) **They're having a discussion.**
(B) They're all standing and talking.
(C) The woman is giving out leaflets.
(D) They're listening to a lecture.

(A) 彼らはディスカッションをしている。
(B) 彼らは全員立って話をしている。
(C) 女性はチラシを配ろうとしている。
(D) 彼らは講義を聞いている。

7 英

(A) He's one of the board members.
(B) **He's holding something under his arm.**
(C) He goes surfing every day.
(D) He's looking over his shoulder.

(A) 彼は委員会のメンバーのうちのひとりである。
(B) 彼は脇に何かを抱えている。
(C) 彼はサーフィンに毎日行く。
(D) 彼は振り返って肩越しに見ている。

8 豪

(A) **The bike is parked.**
(B) The parking lot is full.
(C) The vehicle is blocking the road.
(D) The bicycle is behind a car.

(A) 自転車が駐車されている。
(B) 駐車場は満車である。
(C) 乗り物が道路をふさいでいる。
(D) 自転車は車の後ろにある。

9 カ

(A) The man is pushing a cart.
(B) **The man is unloading the box from the truck.**
(C) The boxes are scattered in the field.
(D) The truck is pulling into a parking lot.

(A) 男性はカートを押している。
(B) 男性はトラックから箱を降ろしている。
(C) 箱が地面に散らばっている。
(D) トラックは駐車場に入ろうとしている。

10 豪

(A) **The woman is doing an experiment.**
(B) The woman is walking around the laboratory.
(C) The woman is putting on a white coat.
(D) The woman is shaking a test tube.

(A) 女性は実験をしている。
(B) 女性は研究室を歩き回っている。
(C) 女性は白衣を着ようとしている。
(D) 女性は試験管を振っている。

Part 1

正解&ポイント解説

正解：(A) ⭐

写真を見ると人物は全員座っているので、(B) の standing and talking「立ち話をしている」は不適切。男性は手に紙を持っているが、女性は手に何も持っていないので、(C) は不適切。(D) は、lecture「講義」の場面には見えないので不適切。ディスカッションをしているという (A) が正解。

✓ ボキャブラリー

- □ give out 〜　〜を配る
- □ leaflet　名 チラシ

正解：(B) ⭐⭐

(A) の board は「委員会」の意味。男性が抱えているサーフボードと混同しないようにしよう。(B) の is holding something under his arm は、「脇に何かを抱えている」の意味。男性が脇にサーフボードを抱えているので、(B) が正解。

✓ ボキャブラリー

- □ board　名 委員会
- □ go surfing　サーフィンにいく
- □ look over *one's* shoulder　肩越しに見る

正解：(A) ⭐

写真に駐車場は写っていないし車の姿は 1 台も見えないので、(B) と (D) は不適切。自転車が道路をふさいでいるようにも見えないので、(C) も不適切。「自転車が駐車されている」ので、(A) が正解。

✓ ボキャブラリー

- □ parking lot　駐車場
- □ vehicle　名 乗り物
- □ block　動 ふさぐ

正解：(B) ⭐⭐⭐

(B) の unload は「(積み荷を) 降ろす」の意味。男性がトラックから箱を降ろしているので、(B) が正解。動詞 unload は、反意語の load「(荷を) 積む」とセットで覚えておこう。

✓ ボキャブラリー

- □ cart　名 カート、手押し車
- □ unload　動 (積み荷を) 降ろす
- □ scatter　動 散らかす
- □ pull into 〜　(車が) 〜へ進入する

正解：(A) ⭐⭐⭐

女性が「実験をしている」ので、(A) が正解。女性は研究室にいるように思われるが歩き回ってはいないので、(B) は不適切。(C) は Part 1 頻出の要注意ポイント。女性は確かに white coat「白衣」を wearing「着ている」が putting on「着ようとしている」のではないので、(C) は不適切。

✓ ボキャブラリー

- □ experiment　名 実験
- □ laboratory　名 研究室
- □ shake　動 振る
- □ test tube　試験管

Part 2 CD 1 | 13〜17

スクリプト	スクリプトの訳

11

Who will be drawing up the contract?

(A) Eric was chosen to do it.
(B) Marco is a skilled contractor.
(C) Yes, I made it.

誰が契約書を作成しますか。

(A) エリックがそれをすることに選ばれました。
(B) マルコは熟練した工事請負人です。
(C) はい、私が作りました。

12

Where do you usually eat lunch?

(A) Wherever you like.
(B) In my office.
(C) Sandwiches or pasta.

いつもはどこで昼食を取りますか。

(A) どこでもあなたの好きなところで。
(B) 私のオフィスで。
(C) サンドイッチかパスタを。

13

When would you like to start test marketing our products?

(A) I go to the market every Sunday.
(B) I think as soon as possible would be best.
(C) I believe since yesterday.

製品のテストマーケティングをいつ始めたいですか。

(A) 私は毎週日曜日に市場に行きます。
(B) できるだけ早くが最善だと思います。
(C) 昨日からだと思います。

14

Would you like to take a rest for a while or continue to work?

(A) Please keep talking.
(B) Yes, I would.
(C) Let's take a break.

しばらく一休みされますか。それとも仕事を続けますか。

(A) 話し続けてください。
(B) はい、そうしたいです。
(C) 休憩をとりましょう。

15

Do you provide free online-support?

(A) Sorry, the line is busy now.
(B) Yes. It's a free paper.
(C) I'm afraid we don't.

無料のオンラインサポートを提供していますか。

(A) すみません。現在回線が混み合っています。
(B) はい。無料の新聞です。
(C) 残念ながらいたしておりません。

正解&ポイント解説

正解：(A) ✖✖
Who ～？で「人」について尋ねている。5W1H疑問文にはYes/Noでは答えられないので、(C)は不適切とすぐにわかる。(B)は、contractとcontractorを混乱させようとしているので注意しよう。draw up the contract「契約書を作成する」のは誰かを明確に述べている(A)が正解。

✓ ボキャブラリー
- ☐ draw up ～　～を作成する
- ☐ skilled　形 熟練した
- ☐ contract　名 契約（書）
- ☐ contractor　名（工事）請負人、建設業者

正解：(B) ✖
Where ～？で「場所」について尋ねている。usually「いつもは」どこでランチを食べるかを聞かれているので、(B)が正解。

✓ ボキャブラリー
- ☐ wherever　接 どこでも
- ☐ pasta　名 麺類、パスタ

正解：(B) ✖✖✖
When ～？で始まる疑問文で「時」を尋ねている。よって、as soon as possible「できるだけ早く」と時期を答えている(B)が正解。未来の行動について聞いているので、現在までの行動を答えている(C)は不適切。

✓ ボキャブラリー
- ☐ test marketing　テストマーケティング
- ☐ as soon as possible　できるだけ早く

正解：(C) ✖✖
Would you like to ～？は「～しませんか」とていねいに勧誘する疑問文。A or B ?の二者択一で質問しているのでどちらかを明確に答えているものが正解にふさわしい。今休憩をとることを提案している(C)が正解。take a restがtake a breakに言い換えられている。

✓ ボキャブラリー
- ☐ take a rest　一休みする
- ☐ take a break　休憩をとる
- ☐ for a while　しばらく

正解：(C) ✖✖
Do you ～？で聞かれたらYes/Noで答えるのが基本。しかし、(B)はYes以下の答えが質問文とかみ合っていないので不適切。「オンラインサポートを提供しているか」と聞いているので、I'm afraid we don't.「残念ながらしていない」とていねいに否定している(C)が正解。

✓ ボキャブラリー
- ☐ provide　動 供給する
- ☐ line　名 回線
- ☐ free paper　無料の新聞、フリーペーパー

Part 2 　CD 1 | 18〜22

スクリプト	スクリプトの訳

16 力▶豪

Haven't you finished making an inventory of the items?

(A) Let's invent a new way.
(B) I've been busy all day.
(C) It's a defective item.

商品の在庫表作成を終えていないのですか？

(A) 新しい方法を開発しましょう。
(B) 私は、1日中ずっと忙しかったのです。
(C) それは欠陥品です。

17 米▶力

How can we reduce expenses?

(A) We can save 20 dollars on it.
(B) It's really expensive.
(C) By cutting down on business trips.

どうしたら経費を減らすことができますか。

(A) それで20ドル節約できます。
(B) 本当に高いですね。
(C) 出張を削減することによって。

18 英▶豪

Isn't it time to call Ms. Webley about the questionnaire?
(A) Oh, thank you for reminding me about that.
(B) She called you around 3 o'clock.
(C) Yes, you can ask me a question at any time.

ウェブリーさんにアンケートについて電話する時間ではありませんか。
(A) ああ、そのことを思い出させてくれてありがとう。
(B) 彼女は3時頃あなたに電話してきました。
(C) はい、私にいつでも質問してください。

19 豪▶米

How often do you go to the gym after work?

(A) Once a week at most.
(B) It's 60 dollars per month.
(C) Swimming is good exercise for me.

仕事の後にどのくらいの頻度でジムに行きますか。

(A) せいぜい週に1回です。
(B) 毎月60ドルです。
(C) 水泳は私にとっていい運動です。

20 力▶英

What was the result of the market research on the new model?

(A) The market was really active.
(B) Maria did it.
(C) We got positive feedback.

新しいモデルの市場調査の結果はどうでしたか。

(A) 市場はとても活況でした。
(B) マリアがやりました。
(C) 肯定的な反応を得ました。

Part 2

正解&ポイント解説

正解：(B) ✪✪
Haven't you 〜？「まだ終えていなかったのですか？」と少し責めるような質問に対して「1日中忙しかった」と理由を述べている (B) が正解にふさわしい。

✓ ボキャブラリー
- inventory 名 在庫表、在庫品
- invent 動 発明する
- item 名 品物
- defective 形 欠陥のある

正解：(C) ✪✪
How 〜？で「手段」について尋ねている。「経費削減」の方法として、By で「〜によって」を表し、cutting down on business trips「出張を削減する」ことを提案している (C) が正解。

✓ ボキャブラリー
- reduce 動 減らす
- cut down on 〜 〜を削減する
- expenses 名〈複数形で〉経費

正解：(A) ✪✪✪
Isn't it time to 〜？「〜する時間ではないのですか？」と相手に確認をする疑問文。Thank you for reminding me about 〜.「〜を思い出させてくれてありがとう」と答えている (A) が正解。質問の内容をしっかり理解していないと、call につられて (B) を、あるいは questionnaire につられて question という単語を含む (C) を選んでしまう可能性があるので注意しよう。

✓ ボキャブラリー
- questionnaire 名 アンケート
- at any time いつでも
- remind 動 思い出させる

正解：(A) ✪
How often 〜？で「頻度」について尋ねている。(B) は「ひと月ごとの金額」を述べているので不適切。Once a week「週に1回」と「頻度」を明確に述べている (A) が正解。

✓ ボキャブラリー
- gym 名 ジム
- per 前 〜につき
- at most せいぜい

正解：(C) ✪✪
What was the result of 〜？「〜の結果はどうだったのか？」と聞いているので、We got positive feedback.「肯定的な反応を得た」と「結果」が「よかった」ことを間接的に示す (C) が正解。(A) は market で混乱させようとしている。(B) は「誰か」は聞かれていないし「結果」についての直接的なコメントではないので、不適切。

✓ ボキャブラリー
- result 名 結果
- feedback 名 反応、意見

Part 2 CD 1 | 23〜27

スクリプト	スクリプトの訳

21 米▶カ

Did the Jan Corporation submit payment?

(A) At the bank.
(B) Yes, they do.
(C) I don't think so.

ジャン・コーポレーションは支払いをしましたか。

(A) 銀行で。
(B) はい、彼らはします。
(C) そうは思いません。

22 英▶米

Are you interested in our new international telephone service?

(A) No, I only call internationally.
(B) We only make domestic calls.
(C) We are involved in international trade.

当社の国際電話サービスにご興味がございますか。

(A) いいえ、海外にしか電話しません。
(B) 私達は国内通話しかしませんので。
(C) 私達は国際貿易に携わっています。

23 豪▶カ

I caught a cold yesterday.

(A) Maybe you should take the day off.
(B) Let me get your coat for you.
(C) It's very cold today, too.

昨日風邪をひきました。

(A) たぶん今日は休みを取った方がいいですよ。
(B) コートをお預かりしましょう。
(C) 今日もとても寒いですね。

24 カ▶豪

Why don't we have a welcome party for the new supervisor, Mr. Schwartz?

(A) Because he didn't come in today.
(B) The party was for the new employee.
(C) Let me ask the others about it.

新しい上司のシュワルツさんの歓迎会を開きましょうよ。

(A) 今日彼は来なかったからです。
(B) パーティは新入社員のためのものでした。
(C) それについては他の人に尋ねてみます。

25 英▶豪

How about using the overhead projector for the presentation?

(A) That sounds good.
(B) Great. I like that project.
(C) It's in the conference room.

オーバーヘッドプロジェクターをプレゼンテーションに使うのはどうですか。

(A) それはいいですね。
(B) いいですね。私はそのプロジェクトを気に入ってます。
(C) 会議室にあります。

正解&ポイント解説

正解：(C) ★
(A) は質問文の payment から連想される bank で混乱させようとしている。内容もかみ合わないので不適切。Did the Jan Corporation submit payment?「ジャン・コーポレーションは支払いをしましたか」の質問文に対して、「そうは思わない」という (C) が正解である。

✓ ボキャブラリー
□ submit payment　払い込む

正解：(B) ★★★
(A) は「海外にしか電話しない」なら「興味がある」と思われるので Yes で答えるべきである。よって、最初の No が内容とかみ合わないので不適切。(C) は international で混乱させようとしている。We only make domestic calls.「私達は国内通話しかしない」、すなわち「国際電話は必要がないし興味がない」という意味を示すと考えられる (B) が正解である。

✓ ボキャブラリー
□ domestic　形 国内の　　　　□ be involved in ～　～に携わる

正解：(A) ★★
このような平叙文の応答の場合、自分ならどのように返答するか考えてみるとよい。I caught a cold yesterday.「昨日風邪をひきました」と言われたら、Maybe you should take the day off.「たぶん今日は休みを取った方がいいですよ」と相手を気遣う返答が一番正解にふさわしいので、正解は (A)。

✓ ボキャブラリー
□ catch a cold　風邪をひく　　　□ day off　休日、休暇

正解：(C) ★★★
Why don't we have a welcome party for ～?「～の歓迎会をしましょう」という「勧誘」の文に対して、Let me ask the others about it.「それについては他の人に尋ねてみます」と答えている (C) が正解。Why で始まる疑問文だが「理由」は聞いていない。Because で答えている (A) に引っ掛からないようにしよう。

✓ ボキャブラリー
□ supervisor　名 管理者、上司

正解：(A) ★★
How about ～ing? は「～するのはどうですか」という「提案」の疑問文。ここでは、「オーバーヘッドプロジェクターをプレゼンテーションに使うのはどうですか」との提案に対して That sounds good.「それはいいですね」と「賛成」している (A) が正解。overhead projector につられて project を含む (B) を選ばないように注意しよう。

✓ ボキャブラリー
□ presentation　名 プレゼンテーション　　□ conference room　会議室

Part 2 CD 1 | 28〜32

スクリプト	スクリプトの訳

26 英 ▶ 豪

When was the last audit?

(A) It departed at 11.
(B) It was a competitive audition.
(C) I don't remember.

この前の監査はいつでしたか。

(A) 11 時に出発しました。
(B) それは競争の激しいオーディションでした。
(C) 覚えていません。

27 カ ▶ 英

It will be raining all day tomorrow in Paris, won't it?

(A) Yes, according to the forecast.
(B) We will visit France tomorrow.
(C) Yes, it's raining hard now.

明日のパリは 1 日中雨ですよね。

(A) はい、天気予報によれば。
(B) 私達は明日フランスを訪ねます。
(C) はい、今激しく降っています。

28 豪 ▶ カ

Is it okay to call your home late at night?

(A) No, it was too late to call.
(B) I'd prefer that you send me an e-mail.
(C) Yes, he got home really late last night.

夜遅くにあなたのご自宅にお電話してもかまいませんか。

(A) いいえ、電話するには遅すぎました。
(B) E メールを送っていただきたいのですが。
(C) はい、昨夜彼は本当に遅く帰宅しました。

29 英 ▶ カ

Where did you get your new cell phone?

(A) Thanks. I got it yesterday.
(B) I got a phone call from my client.
(C) It was a birthday present from my mother.

あなたは新しい携帯電話をどこで手に入れたのですか。

(A) ありがとう。昨日手に入れました。
(B) 顧客からの電話を受けました。
(C) それは母からの誕生日プレゼントでした。

30 米 ▶ 豪

Who will organize the upcoming barbecue party?

(A) Ms. Lee is a great organizer.
(B) Natalie in the sales department.
(C) The CEO will be coming, too.

誰が来たるべきバーベキューパーティを準備するのですか。

(A) リーさんは、素晴らしい組織者です。
(B) 営業部のナタリーです。
(C) 最高経営責任者も来られます。

Part 2

正解&ポイント解説

正解：(C) ⚙️⚙️
When 〜？で「時」について尋ねている。「時刻」を含む (A)、audit につられて audition を含む (B) を選ばないように注意しよう。When was the last audit?「この前の監査はいつだったか」という質問に対して、I don't remember.「覚えていない」と答えている (C) が正解である。

✅ ボキャブラリー
- [ ] audit 名 監査
- [ ] competitive 形 競争による、競争的な
- [ ] depart 動 出発する
- [ ] audition 名 オーディション

正解：(A) ⚙️⚙️
「〜ですよね」と念押しや確認をする付加疑問文である。(C) は、「現在」のことを述べており不適切。パリの明日の天気について確認されたのに対して、Yes, according to the forecast.「はい、天気予報によれば」と答えている (A) が正解。

✅ ボキャブラリー
- [ ] according to 〜 〜によれば
- [ ] forecast 名 予報、天気予報

正解：(B) ⚙️⚙️⚙️
Is it okay to 〜？「〜してもかまいませんか」という質問文に対して、I'd prefer that you send me an e-mail.「E メールを送っていただきたいのですが」と遠回しに断っている (B) が正解。late につられて (A) や (C) を選ばないように注意。

✅ ボキャブラリー
- [ ] prefer 動 好む

正解：(C) ⚙️⚙️
Where 〜？で「場所」について尋ねている。「場所」ではないが、「どのように携帯電話を手に入れたか」を答えている (C) が正解。(A) は「いつ」に対する答えで、Thanks. も質問に合わない。(B) は got a phone で混乱させようとしている。

✅ ボキャブラリー
- [ ] cell phone 携帯電話
- [ ] client 名 顧客

正解：(B) ⚙️⚙️
Who 〜？で「人」について尋ねている。「誰がバーベキューを準備するのか」を聞いているので、それに答えている (B) が正解。(A) は organize と organizer を混乱させようとしている。「時制」も合わないので不適切。

✅ ボキャブラリー
- [ ] upcoming 形 来たるべき
- [ ] organizer 名 組織者、主催者
- [ ] department 名 部署

Part 2 CD 1 | 33〜37

スクリプト	スクリプトの訳

31 米 ▶ 英

How was your vacation in Thailand?

(A) It was fabulous.
(B) I'm having a great time.
(C) I went there by plane.

タイでの休暇はいかがでしたか。

(A) 素晴らしかったです。
(B) 素晴らしい時間を過ごしています。
(C) 飛行機で行きました。

32 加 ▶ 米

This conference room is so spacious.

(A) It's a video conference.
(B) We have enough space in the car.
(C) It can accommodate 100 people.

この会議室はとても広いですね。

(A) テレビ会議です。
(B) 車には十分なスペースがあります。
(C) 100人を収容できます。

33 豪 ▶ 英

Shall I hold your bag while you buy a drink?

(A) Please open your bag.
(B) I'd like some soda, please.
(C) That's very kind of you.

あなたが飲み物を買っている間、カバンをお持ちしましょうか。

(A) カバンを開けて下さい。
(B) ソーダをお願いします。
(C) それはどうもご親切に。

34 米 ▶ 加

What's your impression of the new sales manager?

(A) I think he is very reliable.
(B) I'm so impressed with the seminar.
(C) The new manager will introduce it.

新しい営業課長の印象はいかがですか。

(A) 彼はとても頼りになると思います。
(B) 私はセミナーに大変感銘を受けました。
(C) 新しい課長がそれを紹介します。

35 英 ▶ 豪

Why is Tony against the remodeling plan?

(A) The building is old and needs to be repaired.
(B) He thinks it's cheaper to relocate.
(C) His house is under construction.

なぜトニーは改築計画に反対なのですか。

(A) 建物は古くて修繕が必要です。
(B) 彼は移転する方が安いと思っているのです。
(C) 彼の家は工事中です。

Part 2

正解&ポイント解説

正解：(A) ★
How ～？で「様子」について尋ねている。「タイでの休暇はどうだったか」を聞いているので、It was fabulous.「素晴らしかったです」と答えている (A) が正解。(B) は、「時制」が「現在進行形」なので不適切。

✓ ボキャブラリー
- □ vacation 名 休暇
- □ fabulous 形 素晴らしい

正解：(C) ★★
「会議室の広さ」について言及している平叙文に対して、It can accommodate 100 people.「100人を収容できます」と「その広さ」を裏付ける情報を与えている (C) が正解。

✓ ボキャブラリー
- □ spacious 形 広い
- □ accommodate 動 (～人の) 収容能力を持つ

正解：(C) ★
Shall I ～？の疑問文は「提案・申し出」を表す。その申し出を快く受けて That's very kind of you.「それはどうもご親切に」と答えている (C) が正解。

✓ ボキャブラリー
- □ hold 動 手に持つ

正解：(A) ★★
What's your impression of ～？「～の印象はどうですか」と聞かれて、reliable.「頼りになる」という印象を答えている (A) が正解。(B) の impressed、(C) の manager など質問文の語彙と同じか似た語彙が出る場合は誤答の可能性が高い。

✓ ボキャブラリー
- □ impression 名 印象
- □ reliable 形 頼りになる
- □ *be* impressed with ～ ～に感銘を受ける

正解：(B) ★★★
Why ～？で「理由」について尋ねている。Why is Tony against ～？「なぜトニーは～に反対なのか」と聞かれているので、「反対」の理由を述べたものが正解になる。(A) は「賛成」の理由なので不適切。「移転の方が安い」と「反対」の理由を述べている (B) が正解。

✓ ボキャブラリー
- □ remodeling plan 改築計画
- □ repair 動 修理する
- □ relocate 動 移転する
- □ under construction 工事中で

Part 2　CD 1 | 38〜42

スクリプト	スクリプトの訳

36 英▶米

Why did the president resign?

(A) To take responsibility for the accident.
(B) These documents need his signature.
(C) He is a resident here.

なぜ社長は辞職したのですか。

(A) 事故の責任を取ってです。
(B) これらの書類には彼の署名が必要です。
(C) 彼はここの居住者です。

37 豪▶カ

Which language did the applicant say he is good at?

(A) Several different ones.
(B) He left it on my desk.
(C) English speaking ability is a must for this position.

応募者は何の言語が得意だと言いましたか。

(A) いくつかの異なるものです。
(B) 彼は私の机の上にそれを置いていきました。
(C) 英語を話す能力はこの職では絶対に必要なものです。

38 カ▶米

The manager of the head office is arriving at the airport at 5 o'clock next Monday.

(A) His plane landed safely.
(B) I'll be there this afternoon.
(C) I'll pick him up, then.

本社のマネージャーが来週月曜日の5時に空港に着きます。

(A) 彼の飛行機は無事に着陸しました。
(B) 今日の午後にそこに行きます。
(C) それなら、私が彼を迎えに行きます。

39 豪▶英

Why are we extending our business hours?

(A) It will start from tomorrow.
(B) Sorry, we can't do it.
(C) To meet the customers' needs.

なぜ我が社の営業時間を延長するのですか。

(A) 明日から始まります。
(B) すみません、それはできません。
(C) 顧客のニーズに応えるためです。

40 カ▶豪

How about working in shifts?

(A) I've worked there for years.
(B) That's a great idea.
(C) Yes, I do work the night shift.

シフト制で働くのはどうでしょうか。

(A) 私はそこで何年も働いています。
(B) それはいい考えですね。
(C) はい、私は実際夜勤で働いています。

Part 2

正解&ポイント解説

正解：(A) ★★
Why 〜？で「理由」について尋ねている。「なぜ社長は辞職したのか」と聞かれているので、To take responsibility for the accident.「事故の責任を取るため」と答えている (A) が正解。(B) は resign と signature で、(C) は president と音が似ている resident で混乱させようとしている。

✓ ボキャブラリー
- □ resign 動 辞職する
- □ signature 名 署名
- □ take responsibility 責任を取る
- □ resident 名 居住者

正解：(A) ★★
Which language 〜？で始まる疑問文で、得意な言語を尋ねている。Several different ones.「いくつかの異なるものである」と答えている (A) が正解。

✓ ボキャブラリー
- □ language 名 言語
- □ must 名 絶対に必要なもの
- □ applicant 名 応募者
- □ position 名 職

正解：(C) ★★
「本社のマネージャーが来週月曜日の5時に来る」という平叙文に対して、I'll pick him up, then.「それなら、私が彼を迎えに行く」と言っている (C) が正解。(B) は、マネージャーは「来週月曜日」に来るのに対して、this afternoon「今日の午後」に行くと言っているので不適切。

✓ ボキャブラリー
- □ head office 本社
- □ safely 副 無事に
- □ land 動 着陸する
- □ pick up 〜 〜を（車で）迎えに行く、〜を（車で）拾う

正解：(C) ★★
Why 〜？で「理由」について尋ねている。「なぜ営業時間を延長するのか」と聞かれているのに対して、To meet the customers' needs.「顧客のニーズに応えるため」と答えている (C) が正解。

✓ ボキャブラリー
- □ extend 動 延長する
- □ meet the need ニーズに応える
- □ business hours 営業時間

正解：(B) ★
How about 〜ing?「〜するのはどうでしょうか」と「提案」されているので、That's a great idea.「それはいい考えだ」と答えている (B) が正解。(C) の do work the night shift の do は「肯定の強調」を表す助動詞である。

✓ ボキャブラリー
- □ work the night shift 夜勤で働く

Part 3

CD 1 | 44 女カ／男豪

スクリプトと訳

Questions 41 through 43 refer to the following conversation.

W : I'm sorry sir, ⁽⁴¹⁾⁽⁴²⁾but the air conditioner filter you were inquiring about is out of stock. Our RK301 model air conditioner has been discontinued.

M : What should I do? Does this mean that I have to buy a new air conditioner? The one I have still works perfectly.

W : Well, you can use a filter which fits all models including the RK301. If you order it today, we can get it from the manufacturer in a few days.

M : Sounds great. Can you call me when it arrives? ⁽⁴³⁾Also, I won't be able to pick it up until next week, so can you hold it for me?

質問の 41 から 43 は、次の会話に関するものです。

女：お客様、申し訳ありませんが、⁽⁴¹⁾⁽⁴²⁾お問い合わせいただいていたエアコンのフィルターは在庫切れでございます。弊社の RK301 モデルのエアコンが製造中止になったのです。

男：どうしたらいいのですか。新しいエアコンを買わないといけないということでしょうか。私が持っているものはまだ完璧に動きます。

女：そうですね、RK301 を含む全機種に対応するフィルターを使っていただけます。本日ご注文なさいますとメーカーから 2、3 日中に取り寄せることができます。

男：それはいいですね。届いたら電話をしてくれますか。それから、⁽⁴³⁾来週まで取りに行けませんので、預かっておいてもらえますか。

ボキャブラリー

- inquire about 〜　〜について問い合わせる
- discontinue　動　製造を中止する
- including　前　〜を含む
- pick up 〜　〜を受け取る
- fix　動　修理する
- in transit　輸送中で
- out of stock　在庫切れで
- fit　動　適合する
- manufacturer　名　メーカー、製造業者
- hold　動　取り置く、保持する
- no longer　もはや〜ない

Part 3

設問の訳	正解&ポイント解説

41

What is the man trying to do?

(A) Buy a new air conditioner

(B) Get a filter for his air conditioner

(C) Fix his old air conditioner

(D) Learn more about air conditioners

男性は何をしようとしていますか。

(A) 新しいエアコンを買う

(B) 彼のエアコン用のフィルターを手に入れる

(C) 彼の古いエアコンを修理する

(D) エアコンについてもっと知る

正解：(B)

冒頭で the air conditioner filter you were inquiring about 〜. と言っており、男性がフィルターを求めて問い合わせをしていたことがわかるので、正解は (B)。

42

Why is the man unable to get the item he inquired about?

(A) It is sold out.

(B) It is still at the manufacturing plant.

(C) It is no longer produced.

(D) It is in transit.

男性はなぜ問い合わせた品物を手に入れることができないのですか。

(A) 売り切れだから。

(B) まだ製造工場にあるから。

(C) もう生産されていないから。

(D) 輸送中だから。

正解：(C)

同じく冒頭の the air conditioner filter you were inquiring about is out of stock. から「在庫切れ」であることがわかる。ただし、これは単なる (A) の sold out「売り切れ」というわけではなく、discontinued「製造中止」のためである。よって、discontinued を no longer produced に言い換えている (C) が正解。

43

When will the man probably receive the item?

(A) In a few days

(B) In one month

(C) Next week

(D) Today

男性はおそらくいつ品物を受け取りますか。

(A) 数日後に

(B) １カ月後に

(C) 来週に

(D) 今日

正解：(C)

男性は I won't be able to pick it up until next week, 〜「来週まで受け取れない」と言っているので、正解は (C)。(A) の In a few days「数日後に」は、メーカーから店に品物が届いて受け取り可能になる期間であるが、ここでは「男性がいつ受け取るか」を聞いているので、不適切。

37

Part 3

CD 1 | 45 男米／女英

スクリプトと訳

Questions 44 through 46 refer to the following conversation.

M: (44)I heard that the publicity department wants to open up the factory to public tours. Do you think that's a good idea?

W: Oh, definitely. Our new plant has top-of-the-line facilities and equipment, and I think visitors would be interested in seeing how the production process works. They can also better understand our products and how they're made.

M: I see. (45)That'll be good for positive word-of-mouth. How are we going to get feedback from the visitors? Are we going to send out questionnaires?

W: Not exactly. After the visitors finish viewing the facility, (46)we want to hold a Q&A session so that we can get their opinions right away.

質問の 44 から 46 は、次の会話に関するものです。

男：(44)広報課は工場を一般者も見学できるように公開したいそうだね。良いアイデアだと思う？

女：ええ、もちろん。私達の新工場には最高の施設と設備があることだし、見学者は生産過程がいかに機能しているのかを見るのに興味を持つでしょうね。それに、製品について、そしてそれらがどのように作られているかをもっとよく知ってもらえるわ。

男：なるほど。(45)それは肯定的な口コミに良いだろうね。見学者からの意見はどのように得るつもりだい？　アンケートを送るのかい？

女：そうじゃないの。見学者が施設を見た後に、すぐに意見を聞かせてもらうために(46)質疑応答会を開きたいと思っているの。

✔ ボキャブラリー

- publicity department　広報課
- public tour　一般者見学
- top-of-the-line　形 最高級の
- word-of-mouth　口コミ
- questionnaire　名 アンケート
- installation　名 設置
- favorably　副 好意的に
- output　名 生産量
- open up ～　～を公開する
- definitely　副 もちろん
- equipment　名 設備、装置
- feedback　名 反応、意見
- Q&A session　質疑応答会
- conduct　動 行う
- save on ～　～を節約する
- written survey　書面調査

設問の訳

正解&ポイント解説

44
What are the speakers discussing?
(A) The development of a new product
(B) The installation of new equipment
(C) A special advertisement
(D) A plan to conduct a tour

話者たちは何を話し合っていますか。
(A) 新製品の開発
(B) 新しい装置の設置
(C) 特別広告
(D) ツアーを行う計画

正解：(D) ⭐

冒頭で男性は I heard that the publicity department wants to open up the factory to public tours. と言っており、その後男女は工場見学ツアー導入についての意見交換をしているので、正解は (D)。

45
What does the man think will happen?
(A) The company will be viewed favorably.
(B) The product will attract new customers.
(C) The company will save on production costs.
(D) The factory will increase its output.

男性は何が起きると考えていますか。
(A) 会社は好意的に見てもらえる。
(B) 製品は新しい顧客をひき付ける。
(C) 会社は製造費を節約する。
(D) 工場は生産量を増加させる。

正解：(A) ⭐⭐⭐

女性は工場見学ツアーの利点をいくつか述べているが、それに対して男性は That'll be good for positive word-of-mouth. と述べている。「ツアーが良い口コミとなる」ということは「ツアーによって会社が好意的に見てもらえるようになる」ということなので、(A) が正解。

46
How does the company plan to gather feedback?
(A) By phone
(B) By e-mail
(C) By a discussion session
(D) By a written survey

会社はどのようにフィードバックを得る予定ですか。
(A) 電話で
(B) E メールで
(C) 座談会で
(D) 書面調査で

正解：(C) ⭐⭐

まず男性が Are we going to send out questionnaires?「アンケートを送るのか」と聞いているが、女性は Not exactly.「そういうわけではない」と答えているので、(D) は不適切。その後で、女性は Q&A session「質疑応答会」をするつもりだと答えているので、正解は (C)。a discussion session「座談会」は a Q&A session の言い換えである。

Part 3

CD 1 | 46 女力／男豪

スクリプトと訳

Questions 47 through 49 refer to the following conversation.

W： (47)Would you mind if we talked over lunch before the department head meeting? I'd like to get some advice on personnel management.

M： No problem. Let's meet at the café on Exhibition Street. It's close to where the meeting will be held.

W： Actually, what I'd like to discuss is confidential, so I'd prefer a more private venue. (48)Why don't we have lunch in my office? The meeting starts at 1:00, (49)so we can meet at 12:00.

M： I have an appointment with my client then. (49)Let's make it 15 minutes later.

質問の 47 から 49 は、次の会話に関するものです。

女： (47)今度の課長会議の前に昼食でも食べながら情報交換をしてもいいですか。人事管理についてアドバイスをいただきたいのです。

男： いいですよ。エキシビジョン通りのカフェで会いましょう。会議が開かれるところに近いですし。

女： 実は、私がお話ししたいことは内密のことなので、もっと人目につかない場所がいいのですが。(48)私のオフィスで昼食をとりましょう。ミーティングは 1 時に始まりますので、(49)12 時に会えますね。

男： その時には、お客様と約束があります。(49)15 分遅くしましょう。

✓ ボキャブラリー

- talk over lunch　昼食を食べながら話す
- personnel management　人事管理
- confidential　形 内密の
- venue　名 場所
- exhibition　名 展示会
- department head　課長、部門長
- actually　副 実は
- private　形 個人的な
- client　名 顧客

設問の訳	正解&ポイント解説

47

What does the woman suggest to the man?
(A) That they go shopping together
(B) That they have lunch together
(C) That they talk about the exhibition
(D) That they meet at a café

女性は男性に何を提案していますか。
(A) 一緒に買い物に行くこと
(B) 一緒に昼食を食べること
(C) 展示会について話すこと
(D) カフェで会うこと

正解：**(B)** ★

冒頭で Would you mind if we talked over lunch ～？と「昼食を食べながら話す」ことを誘っているので、正解は (B)。(D) は女性ではなく男性が提案していることなので不適切。

48

Where are the speakers going to meet?
(A) At the personnel department office
(B) At the café on Exhibition Street
(C) At the woman's office
(D) At the client's office

話者たちはどこで会いますか。
(A) 人事部のオフィスで
(B) エキシビジョン通りのカフェで
(C) 女性のオフィスで
(D) 顧客のオフィスで

正解：**(C)** ★★

男性は Let's meet at the café on Exhibition Street. とエキシビジョン通りのカフェで会うことを提案しているが、女性は人目につかない場所として「自分のオフィス」を指定し、男性はそれに反対していないので受け入れたと思われる。よって、正解は (C) の At the woman's office である。

49

What time are the speakers going to meet?
(A) 11:45 A.M.
(B) 12:00 P.M.
(C) 12:15 P.M.
(D) 1:00 P.M.

話者たちは何時に会うつもりですか。
(A) 午前 11：45
(B) 午後 12：00
(C) 午後 12：15
(D) 午後 1：00

正解：**(C)** ★★

女性は (B) の 12:00 を指定したのだが、男性は Let's make it 15 minutes later. と「15 分遅くすること」を提案しているので、正解は (C)。

Part 3　CD 1 | 47　男米／女英

スクリプトと訳

Questions 50 through 52 refer to the following conversation.

M： Only two days left until the conference. Have you finished preparing for the new product presentation?

W： Almost, but (50)I'm worried about the fabric samples. I know the clients will want them, but (50)I'm afraid I don't have enough to hand out. (51)I'm sure there were at least 300 people at the presentation last year.

M： (51)Actually it was closer to twice that, as I recall. Do you have at least enough to cover that?

W： I only have 100 samples. (52)I suppose I could only hand them out to prospective clients. If I run out, I'll send them to those who want them as soon as I can get more made.

質問の 50 から 52 は、次の会話に関するものです。

男：会議まであと 2 日だね。新商品発表会の準備は終わった？
女：だいたいね。でも (50)心配なのは布見本のことなの。お客様は見本を欲しがるでしょうけど、(50)配るのに数が足りそうにないわ。(51)去年の発表会には少なくとも 300 人はいたはずよ。
男：(51)僕が記憶しているところでは、実際はその 2 倍近くだったよ。少なくともそれくらいはまかなえるの？
女：見本は 100 しかないの。(52)見込み客にしか見本を渡さないと思うわ。もしもなくなってしまえば、見本が手に入り次第、欲しい人に送るわ。

✔ ボキャブラリー

- conference 名 会議
- be worried about ~　～が気になる
- hand out ~　～を配る
- run out　なくなる
- behind schedule　予定より遅れて
- in advance of ~　～に先立って、～より前に
- presentation 名 プレゼン、発表会
- fabric 名 布
- prospective 形 見込みのある
- slightly 副 少し
- attendee 名 参加者、出席者
- give priority to ~　～を優先する

| 設問の訳 | 正解&ポイント解説 |

50

What is the woman's concern?
(A) She might be late for her presentation.
(B) There are fewer clients interested in the product.
(C) Production is slightly behind schedule.
(D) There will be more attendees than samples.

女性の懸念は何ですか。
(A) 彼女は発表会に遅刻するかもしれない。
(B) 製品に興味のある顧客が以前より少ない。
(C) 製造が少し遅れている。
(D) 見本の数よりも参加者の方が多いだろう。

正解：(D) ★

女性は I'm worried about the fabric samples. と I'm afraid I don't have enough to hand out. と言っており、「布見本が十分にない」ことがわかる。見本の数よりも発表会に来る人の数の方が多いので、(D) が正解。clients のことを attendees と言い換えている。

51

Approximately how many attendees came to the presentation last year?
(A) 100　　(B) 200
(C) 300　　**(D) 600**

昨年は発表会に約何名の参加者が訪れましたか。
(A) 100　　(B) 200
(C) 300　　**(D) 600**

正解：(D) ★★

女性は I'm sure there were at least 300 people at the presentation last year. と言っているが、実際には、男性が Actually it was closer to twice that, as I recall. と述べているように、その倍近く、つまり約 600 名が参加していたわけである。よって、(D) が正解。会話に出てくる 300 や 100 の数字に惑わされないようにしよう。

52

How will the woman solve the problem?
(A) She will ask the man for help with her preparations.
(B) She will contact the clients in advance of the conference.
(C) She will give priority to certain attendees.
(D) She will speed up the production of samples.

女性はどのように問題を解決するでしょうか。
(A) 男性に準備の助けを求める。
(B) 会議に先立って顧客に連絡する。
(C) 特定の参加者を優先する。
(D) 見本を製造するピッチを上げる。

正解：(C) ★★★

女性は I suppose I could only hand them out to prospective clients.「見込み客にしか見本を渡さないと思う」と言っている。見本が足りないため、今回は見込み客に優先して配布するということなので、正解は (C)。

Part 3

CD 1 | 48 男▲／女■

スクリプトと訳

Questions 53 through 55 refer to the following conversation.

M : (53)What do you think of the applicant that just finished? I thought she was a little passive.

W : I felt the same. (53)But we are looking for an accounting expert this time, so let's look at her work experience and qualifications.

M : Alright. Ms. Norman has an MBA and has 3 years experience as the accounting manager at Zelda Corp. She looks promising, but Ms. Field, who we interviewed first, has the same ability as Ms. Norman. Even though it is an accounting position, (54)I think we should also look at communication skills.

W : You're right. (55)Let's offer Ms. Field the position but reserve Ms. Norman as a backup and take Mr. Bond and Mr. Hansen off the potential candidates' list.

質問の 53 から 55 は、次の会話に関するものです。

男：(53)先ほどの応募者についてどう思いますか。私は少し積極性に欠けていた気がしたのですが。

女：私もそう感じました。(53)しかし、今回探しているのは経理のエキスパートであり、彼女の実務経験と資格に注目しましょう。

男：わかりました。ノーマンさんは MBA を持っていてゼルダ社で経理部長として 3 年間勤めていますからね。彼女は将来有望のようですが、しかし最初に面接したフィールドさんもノーマンさんに匹敵する実力の持ち主ですよ。私は、たとえ経理職であっても、(54)コミュニケーション能力にも注目した方がよいと思います。

女：その通りですね。(55)フィールドさんに職を提供しましょう。ただし、ノーマンさんは補欠として置いておき、ボンドさんとハンセンさんを可能性のある候補者リストから外しましょう。

✓ ボキャブラリー

- applicant 名 応募者
- work experience 実務経験、職歴
- promising 形 有望な
- skills 名 能力、技能
- take A off B A を B から外す
- candidate 名 候補者
- MBA holder 経営学修士取得者
- requirement 名 必要とされる要件
- handle 動 扱う
- accounting 名 経理、会計
- qualification 名 資格
- position 名 職
- backup 名 代理、補欠
- potential 形 可能性のある
- personnel director 人事部長
- interviewee 名 面接を受ける人
- sociable 形 社交的な
- degree 名 学位

Part 3

設問の訳	正解&ポイント解説

53

Who most likely are the speakers?
(A) Personnel managers
(B) Professors
(C) MBA holders
(D) Interviewees

話者たちは誰だと思われますか。
(A) 人事部長
(B) 教授
(C) MBA 取得者
(D) 面接を受ける人

正解：(A) ★★

面接をした応募者の資質について話し合っているので、正解は (A)。Personnel managers と複数形になっているが、海外では会社によっては人事担当部長が複数名いることは珍しくない。

54

What is one requirement for the position?
(A) Being positive
(B) Being sociable
(C) Handling customers
(D) Having a degree

この職のための必要条件の１つは何ですか。
(A) 積極的であること
(B) 社交的であること
(C) 顧客を扱うこと
(D) 学位を持っていること

正解：(B) ★★★

話の中で２人が同意していることは、I think we should also look at communication skills.「コミュニケーションスキルにも注目する」ということである。その言い換えと言える (B) の Being sociable「社交的であること」が正解。

55

Which candidate do the speakers think has the most potential?
(A) Ms. Norman
(B) Ms. Field
(C) Mr. Bond
(D) Mr. Hansen

話者たちが最も可能性があると考える候補者は誰ですか。
(A) ノーマンさん
(B) フィールドさん
(C) ボンドさん
(D) ハンセンさん

正解：(B) ★★

会話の内容から、ノーマンさんとフィールドさんは同等の実力を持つものの、ノーマンさんは積極性に欠けていることがわかる。さらに、最後に Let's offer Ms. Field the position ～. と述べられているので、正解は (B)。

Part 3

Questions 56 through 58 refer to the following conversation.

W: Where is Karl? ⁽⁵⁶⁾It is urgent that I speak to him about a delivery.

M: ⁽⁵⁷⁾He is in the storeroom now. He's taking inventory and it may take at least 30 more minutes.

W: ⁽⁵⁶⁾I'd like to ask whether he finished the arrangement of a delivery. If he's forgotten, I have to arrange it right now. I can't leave here now as I'm expecting a phone call from my client.

M: OK. ⁽⁵⁸⁾I'll go to the storeroom for you. I'll bring the cell phone and ask him to call you.

質問の 56 から 58 は、次の会話に関するものです。

女：カールはどこ？ ⁽⁵⁶⁾配達のことで緊急に彼に話があるの。

男：⁽⁵⁷⁾彼は今倉庫にいるよ。彼は棚卸しをしていて少なくともあと 30 分はかかるかもしれない。

女：⁽⁵⁶⁾彼が配達の手配を済ませたかどうか尋ねたいんだけど。もし彼が忘れていたなら、私が今すぐ手配しないといけないの。お客様からの電話を待ってるから、私は今ここを離れられないし。

男：わかったよ。⁽⁵⁸⁾僕が君の代わりに倉庫に行くよ。携帯電話を持って行って君に電話するように彼に頼むよ。

ボキャブラリー

- urgent　形　緊急の
- take inventory　棚卸しをする
- storeroom　名　倉庫
- immediately　副　すぐに

Part 3

設問の訳	正解&ポイント解説

56

Why does the woman want to speak to Karl?
(A) There is a telephone call for him.
(B) A client wants to see him.
(C) She needs to ask him something.
(D) She wants him to deliver something to her.

なぜ女性はカールと話したいのですか。
(A) 彼に電話がかかっている。
(B) 顧客が彼と会いたがっている。
(C) 彼女は彼に何かを尋ねる必要がある。
(D) 彼女は彼に何かを持ってきてほしい。

正解：(C) ★★

女性は最初に It is urgent that I speak to him about a delivery.「配達のことで緊急に話したい」、および I'd like to ask whether ～「～かどうか尋ねたい」と言っているので、正解は (C)。

57

Where is Karl now?
(A) In a storeroom
(B) In a shop
(C) In an office
(D) In a delivery van

カールは今どこにいますか。
(A) 倉庫
(B) 店
(C) オフィス
(D) 配達トラック

正解：(A) ★★

男性が He is in the storeroom now.「彼は今倉庫にいる」と答えているので、正解は (A)。

58

What does the man offer to do for the woman?
(A) Call Karl immediately
(B) Rent a cell phone
(C) Go to the storeroom
(D) Answer the phone

男性は女性のために何を申し出ていますか。
(A) カールに今すぐに電話する
(B) 携帯電話を貸す
(C) 倉庫に行く
(D) 電話に出る

正解：(C) ★

男性は I'll go to the storeroom for you.「君の代わりに倉庫に行く」と申し出ているので、正解は (C)。男性は携帯電話を倉庫に持っていくと言っており、携帯電話を彼女に直接貸すとは言っていないので、(B) は不適切。

Part 3

CD 1 | 50 女力／男豪

スクリプトと訳

Questions 59 through 61 refer to the following conversation.

W： Excuse me. ⁽⁵⁹⁾<u>I'd like to exchange this alarm clock</u>. I bought it the other day and even though there is a new battery in it, it's not working. I have the receipt.

M： ⁽⁶¹⁾<u>Sorry about that but unfortunately we are out of stock.</u> ⁽⁶⁰⁾<u>What about sending it to the repair department?</u> If it is defective, it will be fixed for free.

W： I'm afraid I need it tomorrow morning, and I can't wait for it to be fixed. Can I get a refund so I can buy another?

M： ⁽⁶¹⁾<u>Please choose a new alarm clock that has the same price</u> and we will make sure it works before you purchase it.

質問の 59 から 61 は、次の会話に関するものです。

女： すみません。⁽⁵⁹⁾<u>この目覚まし時計を交換してもらいたいのですが</u>。先日購入したのですが、新しい電池を入れても動かないのです。レシートは持っています。

男： ⁽⁶¹⁾<u>申し訳ないのですが、あいにく在庫がありません。</u>⁽⁶⁰⁾<u>修理部門に送ってみるのはいかがですか</u>。もし欠陥がある場合は無料で修理させていただきます。

女： 私は明日の朝目覚まし時計が必要なのです、修理から戻ってくるまで待つことはできません。他のものを買いますので返金してくれませんか。

男： ⁽⁶¹⁾<u>同じ金額のもので新しい目覚まし時計を選んでください</u>。お買い上げの前に動くかどうか確認いたします。

ボキャブラリー

- ☐ exchange 動 交換する
- ☐ the other day 先日
- ☐ unfortunately 副 不幸にも、残念ながら
- ☐ repair department 修理部門
- ☐ fix 動 修理する
- ☐ refund 名 返金
- ☐ return 動 返却する
- ☐ substitute 名 代替品
- ☐ salesclerk 名 店員
- ☐ alarm clock 目覚まし時計
- ☐ receipt 名 レシート
- ☐ out of stock 品切れの
- ☐ defective 形 欠陥のある
- ☐ for free 無料で
- ☐ purchase 動 購入する
- ☐ repair 動 修理する
- ☐ shopper 名 買い物客

設問の訳	正解&ポイント解説

59

What does the woman hope to do?
(A) Return the item
(B) Exchange the item
(C) Fix the item
(D) Purchase a clock

女性は何をしたいと思っていますか。
(A) 品物を返品する
(B) 品物を交換する
(C) 品物を修理する
(D) 時計を購入する

正解：(B)

女性は冒頭で I'd like to exchange this alarm clock. と言っているので、正解は (B)。

60

What did the man offer to do for the woman at first?
(A) Repair the item for free
(B) Buy another clock
(C) Bring the receipt
(D) Choose the substitute

男性は最初、女性に何を申し出ましたか。
(A) 品物を無料で修理する
(B) 他の時計を買う
(C) レシートを持ってくる
(D) 代替品を選ぶ

正解：(A)

男性は最初 What about sending it to the repair department? と「修理部門に送ること」を提案していたので、正解は (A)。

61

Who most likely is the man?
(A) A shopper
(B) A salesclerk
(C) A designer
(D) A repair person

男性はおそらくどのような人でしょうか。
(A) 買い物客
(B) 店員
(C) デザイナー
(D) 修理工

正解：(B)

男性は (B) の「店員」と思われる。女性のことを聞かれていると勘違いしないように注意しよう。

Part 3

CD 1 | 51 男米／女英

スクリプトと訳

Questions 62 through 64 refer to the following conversation.

W： Could you tell me how to get to Vienna, please?

M： We have (62)an Express coach that departs every 20 minutes and takes an hour. (62)(63)A two-way ticket for that would be 48 euros. The local coach is 37 euros but takes an extra 90 minutes. You could also purchase a monthly pass.

W： I'll take it. By the way, could I use it on the Express?

M： Up until about a month ago you could but (64)the Transportation Authority recently changed it to local-service only.

質問の 62 から 64 は、次の会話に関するものです。

女： ウィーンまでどうやって行くか教えていただけますか。

男： 20 分ごとに出発して 1 時間で行く (62)高速バスがございます。(62)(63) その往復乗車券ですと 48 ユーロです。各駅停車のバスは 37 ユーロですが、時間はさらに 90 分かかります。1 カ月有効の定期券もお買い求めいただけます。

女： それを買うことにします。ところで、それは高速バスにも使えますか。

男： ひと月ほど前までは使えたのですが、(64) 最近の交通局の変更により各駅停車のサービスにしか使えなくなりました。

✔ ボキャブラリー

- □ express coach　高速バス
- □ two-way ticket　往復チケット
- □ purchase　動 購入する
- □ retail membership　リテール会員権
- □ expand　動 拡大する、増やす
- □ restrict　動 制限する
- □ depart　動 出発する
- □ extra　形 追加の
- □ monthly pass　有効期間 1 カ月の定期券
- □ redeem　動 引き換える、交換する
- □ acceptance　名 受け入れ、承認

Part 3

設問の訳	正解&ポイント解説

62

Where most likely are the speakers?
(A) **At a bus station**
(B) At an airport
(C) At a tour company
(D) At a car rental agency

話者たちはおそらくどこにいますか。
(A) バス乗り場
(B) 空港
(C) 旅行会社
(D) レンタカー取扱店

正解：(A)

Could you tell me how to get to Vienna, please? と「ウィーンまでの行き方」を尋ねている女性に対して、男性は an Express coach や the local coach の語を用いながら案内をしている。2人はバスの発着場にいると考えられるので、正解は (A)。

63

How can people get lower prices?
(A) By buying a retail membership
(B) **By taking a local service**
(C) By redeeming travel points
(D) By paying in euros

どうすれば料金を安くできますか。
(A) リテール会員権を購入することによって
(B) 各駅停車のサービスを利用することによって
(C) 旅行ポイントを引き換えることによって
(D) ユーロで支払うことによって

正解：(B)

男性は A two-way ticket for that would be 48 euros. The local coach is 37 euros ～と言っている。つまり、「高速バスの往復乗車券は 48 ユーロであるが、各駅停車のバスの往復乗車券ならば 37 ユーロ」というわけである。よって、正解は (B)。

64

What has the Transportation Authority recently done?
(A) It has increased the number of Express coaches.
(B) It has expanded the number of departure gates.
(C) It has limited acceptance of some credit cards.
(D) **It has restricted usage of the monthly passes.**

交通局は最近何をしましたか。
(A) 高速バスの本数を増やした。
(B) 出発ゲートの数を増やした。
(C) いくつかのクレジットカードの取り扱いを制限した。
(D) 1カ月有効の定期券の利用を制限した。

正解：(D)

男性は最後に the Transportation Authority recently changed it to local-service only.「交通局が最近、それ（＝定期券）を各駅停車のサービスにしか使えないように変更した」と述べているので、正解は (D)。

Part 3

CD 1 | 52 女豪／男豪

スクリプトと訳

Questions 65 through 67 refer to the following conversation.

W： (65)Robert, has Warehouse 17 been emptied yet? It should have been done by September 9 to make space for new logistical machinery.

M： I'm sorry we're behind schedule, Ms. Kim, (65)but I think it'll probably take a couple more days to clear it completely. (66)I spoke with the team leader this morning and (65)he told me there are still a lot of boxes and crates that are harder to move than we thought they'd be.

W： Tell them to hurry. (67)Until we get that warehouse fully automated, we're going to have an order backlog — and that means inconvenienced customers.

質問の 65 から 67 は、次の会話に関するものです。

女： (65)ロバート、17 番倉庫はもう空っぽになりましたか。新しい物流施設用の機械を入れるスペースを作るために 9 月 9 日までに済ませないといけなかったのですよ。

男： 申し訳ありませんが予定より遅れています、キムさん。(65)でも、たぶんあと 2、3 日あればすっかりきれいにできると思います。(66)今朝チームリーダーと話したのですが、(65)思っていた以上に移動するのが難しい箱や木枠がまだたくさんあると言っていました。

男： 急ぐように言ってください。(67)あの倉庫を完全に自動化するまでは受注残をかかえることになるでしょうし、それはお客様が迷惑することを意味します。

ボキャブラリー

- warehouse 名 倉庫
- logistical 形 物資輸送に関する
- behind schedule 予定より遅れて
- crate 名 木枠
- order backlog 受注残（高）
- facility 名 施設
- equipment 名 機器
- fill up 〜 〜を一杯にする
- empty 動 空にする
- machinery 名 機械
- clear 動 きれいにする、一掃する
- automate 動 自動化する
- inconvenienced 形 迷惑した
- untrained 形 未熟な
- assign 動 任命する
- satisfy 動 満足させる

| 設問の訳 | 正解&ポイント解説 |

65

What problem has been reported?
(A) A schedule has incorrect information.
(B) A facility still contains items.
(C) Teams remain untrained.
(D) Industrial equipment is broken.

どのような問題が報告されていますか。
(A) 計画に誤った情報が含まれている。
(B) 施設にまだ品物が残っている。
(C) チームは未熟なままだ。
(D) 産業機器が故障している。

正解：(B) ★★

女性の Robert, has Warehouse 17 been emptied yet?「ロバート、17番倉庫はもう空っぽになりましたか」という質問に対して、男性は I think it'll probably take a couple more days to clear it completely.「たぶんあと2、3日あればすっかりきれいにできると思います」、さらに there are still a lot of boxes and crates that are harder to move than we thought they'd be.「思っていた以上に移動するのが難しい箱や木枠がまだたくさんあります」と答えている。よって、(B) が正解。

66

What does the man say he did this morning?
(A) He contacted a supervisor.
(B) He moved some boxes.
(C) He installed some machinery.
(D) He assigned a new team leader.

男性は今朝何をしたと言っていますか。
(A) 監督者と連絡を取った。
(B) いくつかの箱を移動した。
(C) 機械設備を設置した。
(D) 新しいチームリーダーを任命した。

正解：(A) ★★

男性は I spoke with the team leader this morning ～ と言っているので、正解は (A)。spoke with が contacted に、team leader が supervisor に言い換えられている。

67

What is the woman concerned about?
(A) Painting a warehouse
(B) Automating an office
(C) Filling up boxes
(D) Satisfying customers

女性は何を心配していますか。
(A) 倉庫にペンキを塗ること
(B) オフィスを自動化すること
(C) 箱を一杯にすること
(D) 顧客を満足させること

正解：(D) ★★

女性は最後に Until we get that warehouse fully automated, we're going to have an order backlog — and that means inconvenienced customers. と述べている。つまり、order backlog「受注残」をかかえていては、顧客に迷惑をかけてしまうというわけである。女性は顧客に不満を持たせてはいけないと考えているので、正解は (D)。

Part 3

CD 1 | 53 男米／女カ

スクリプトと訳

Questions 68 through 70 refer to the following conversation.

M： I heard that you won a prize at the photography competition. (68)Would you take pictures of our upcoming event? I'd like to put them on our website.
W： I'm not sure I'm what you are looking for but I'll try. How many photos would you like?
M： Please take as many as you can and we can select the better ones later. Please focus on the feature event, though.
W： I see. (69)Please ask someone else too, so that there will be spare pictures just in case. (70)If something happens to my camera, you'll be out of luck.

質問の 68 から 70 は、次の会話に関するものです。

男：君は写真コンクールで入賞したそうだね。(68) 今度のイベントで写真を撮ってもらえるかなあ。ウェブサイトに載せたいんだ。
女：私が適任かどうかはわかりませんがやってみます。何枚くらい撮ったらよいのですか。
男：できるだけたくさん撮ってもらって、あとからいいのを選べばいいね。目玉のイベントは集中的に撮って欲しいけど。
女：わかりました。(69) 万一の場合に予備の写真があるように他の人にも頼んでください。(70) 私のカメラに何かあれば、運の尽きですから。

ボキャブラリー

- win a prize　賞を取る
- competition　名 コンテスト
- feature　名 呼び物、主要作品
- (just) in case　念のために
- be out of luck　運が悪い
- concerned　形 心配している、気にする
- audience　名 聴衆
- photography　名 写真
- upcoming　形 来たるべき
- spare　形 予備の
- happen to ~　~に起こる
- set up ~　~を立ち上げる
- attract　動 引き付ける
- suitable　形 適任の

Part 3

| 設問の訳 | 正解&ポイント解説 |

68

What is the woman asked to do?
(A) Win a prize
(B) Set up a Web site
(C) Repair a camera
(D) Take photos

女性は何を頼まれていますか。
(A) 賞をとる
(B) ウェブサイトを立ち上げる
(C) カメラを修理する
(D) 写真を撮る

正解：(D) ★

男性は Would you take pictures of our upcoming event? と「写真を撮ること」を頼んでいるので、正解は (D)。

69

What does the woman suggest to the man?
(A) Come to an event
(B) Enter herself into a competition
(C) Take as many pictures as possible
(D) Find an additional photographer

女性は男性に何をするように勧めていますか。
(A) イベントに来ること
(B) 彼女を競技に参加させること
(C) できるだけ多くの写真を撮ること
(D) もう1人の写真家を見つけること

正解：(D) ★★★

女性は Please ask someone else too, ～ . ともう1人写真を撮る人を用意するように頼んでいるので、正解は (D)。(C) は、男性が女性に頼んでいることなので不適切。

70

What is the woman concerned about?
(A) Attracting a large audience
(B) Finding a suitable staff
(C) Having trouble with her camera
(D) Selecting the best shot

女性は何を心配していますか。
(A) 多数の聴衆を引き付けること
(B) 適任のスタッフを見つけること
(C) 彼女のカメラに問題が起きること
(D) 一番良いショットを選ぶこと

正解：(C) ★★★

女性は最後に If something happens to my camera, you'll be out of luck. と「自分のカメラに何かあれば」大事な写真がダメになることを心配しているので、正解は (C)。

Part 4

スクリプトと訳

Questions 71 through 73 refer to the following announcement.

(71)New employees will start working at our Taipei branch office today. They will arrive here around 3 P.M. after finishing orientation at the head office. They may be nervous starting their jobs, (72)so try to make a comfortable environment for them and try not to overwhelm them. When they show up, please give them a warm welcome and a tour of the building, including the restrooms and break rooms. Make sure that each employee has a work station. Check and see if they understand their job descriptions and rules and help them adjust to their jobs. They have already learned about the health and retirement benefits and have signed up for them. (73)We now have to assign a supervisor to each new employee, so we will have a brief meeting and select a buddy to support them.

質問の 71 から 73 は、次のアナウンスに関するものです。

(71) 我が台北支店で新入社員が今日から働き始めます。彼らは本社でのオリエンテーションを終えた後、ここに午後 3 時頃到着します。彼らは仕事を始めるにあたって緊張しているかもしれませんので、(72)彼らにとって気持ちのよい環境を作るように、彼らを圧倒しないようにしてください。彼らが現れたらどうか温かく迎えて、トイレと休憩室を含めビル内を案内してあげてください。各社員に仕事場が用意されているかを確かめてください。彼らが自分の仕事についての説明と規則を理解できているかを確認し、仕事に順応できるように助けてあげてください。彼らはすでに健康・退職手当については聞いていて契約も済ませています。(73)我々は今すぐにそれぞれの新入社員に監督者を割り当てなければなりませんので、短い会議を開いて彼らをサポートする相棒を決めます。

✓ ボキャブラリー

- □ branch 名 支店
- □ head office 本社
- □ comfortable 形 快適な
- □ overwhelm 動 圧倒する
- □ work station 仕事場
- □ adjust to ~ ~に適応する
- □ benefits 名〈複数形で〉給付金、手当
- □ supervisor 名 監督
- □ job applicant 求職者
- □ retiree 名 退職者
- □ tour 名 案内 動 案内する
- □ orientation 名 オリエンテーション、入社説明会
- □ nervous 形 神経質な、不安な
- □ environment 名 環境
- □ break room 休憩室
- □ description 名 描写、説明
- □ retirement 名 退職
- □ sign up for ~ ~に申し込む
- □ buddy 名 相棒
- □ current 形 今の、現時の
- □ surrounding 名 環境

Part 4

設問の訳	正解&ポイント解説

71

Who is this announcement for?

(A) Job applicants

(B) Current Employees

(C) New employees

(D) New retirees

このアナウンスは誰に向けたものですか。

(A) 求職者たち

(B) 現社員たち

(C) 新入社員たち

(D) 新たな退職者たち

正解：(B) ★★

冒頭で New employees will start working at our Taipei branch office today. と新入社員が今日から働き始めることを伝えている。彼らの面倒を見るように聴衆に指示していることから、聴衆は (B) の「現社員たち」と考えられる。

72

What are the listeners expected to do?

(A) Let new employees take a rest

(B) Let new employees sign up for the benefits

(C) Give new employees pleasant surroundings

(D) Give new employees a tour of the head office

聞き手は何をすることを期待されていますか。

(A) 新入社員に一休みさせる

(B) 新入社員に手当の契約をさせる

(C) 新入社員に快適な環境を与える

(D) 新入社員に本社を案内する

正解：(C) ★★

(B) はもう本社で済ませていることなので、不適切。彼らは支店で出迎えて支店内の案内を頼まれているのであり、本社の案内は頼まれていないので (D) は不適切。アナウンス中の make a comfortable environment for them の言い換えである (C) が正解。

73

What will the listeners probably do next?

(A) Tour the building

(B) Assign supervisors

(C) Sign up for benefits

(D) Have a long meeting

聞き手はおそらく次に何をするでしょうか。

(A) ビルを案内する

(B) 監督を割り当てる

(C) 手当の契約をする

(D) 長いミーティングを持つ

正解：(B) ★★

(A) は今からすることではなく新入社員が来てからするべきこと、(C) は新入社員が本社で済ませたことである。アナウンスの最後に We now have to assign a supervisor to each new employee, so we will have a brief meeting and select a buddy to support them. と言っており、「短い会議を開いて新入社員をサポートする相棒 (=監督者) を決める」予定である。よって、(B) が正解。

Part 4

CD 1 | 56 英

スクリプトと訳

Questions 74 through 76 refer to the following telephone message.

Hello, Mr. Ueno. This is Avril from the Johnson Liquor Company. I tried to send you an e-mail, but your address doesn't seem to be working, so I am calling you directly. (74)(75)New employee orientation will be held on next Monday from 9 A.M. to 4 P.M. at our head office. If you would like to check the location please check out our website. We can also fax you a map if you'd like. (76)Please remember to bring your social security number to sign up for your benefits. If you are not able to attend the orientation for any reason, call the personnel department at 213-546-7865 immediately to arrange a new orientation date. Marian Hyde is the Human Resources contact liaison and she will help you successfully complete the orientation process and will be able to answer any questions that you may have. We are looking forward to seeing you on Monday.

質問の 74 から 76 は、次の電話メッセージに関するものです。

もしもし、ウエノさんですか。こちらは、ジョンソン酒造会社のアブリルです。Eメールを送ろうとしたのですが、あなたのアドレスは受信できないようです。そこで直接お電話しています。(74)(75)新入社員オリエンテーションが来週月曜日の午前9時から午後4時まで本社にて行われます。場所の確認をしたい場合は、弊社のウェブサイトを見てください。もしご希望であれば、地図をファックスでお送りすることもできます。(76)給付金の契約をしていただくため、忘れずに社会保障番号をお持ちください。もし何らかの理由でオリエンテーションに参加できない場合は、人事部 213-546-7865 まで新しいオリエンテーションの日程を決めるために早急に電話してください。マリアン・ハイドが人事部の担当者で彼女がオリエンテーションの過程を無事に完了する手助けをし、あなたが疑問を感じるどんなことにも答えてくれます。月曜日にお会いできるのを楽しみにしています。

ボキャブラリー

- location 名 場所
- social security number 社会保障番号
- personnel department 人事部
- Human Resources 人事部
- successfully 副 うまく
- process 名 過程
- confirm 動 確認する
- check out ～ ～を確かめる
- attend 動 参加する
- immediately 副 直ちに
- liaison 名 連絡担当者
- complete 動 終わらせる
- describe 動 説明する

Part 4

設問の訳	正解&ポイント解説

74

What is the main purpose of the message?
(A) To describe a head office
(B) To introduce a new location
(C) To announce an orientation
(D) To confirm an appointment

メッセージの主な目的は何ですか。
(A) 本社の説明をすること
(B) 新しい場所を紹介すること
(C) オリエンテーションについて知らせること
(D) 約束を確認すること

正解：(C) ★

メッセージの前半、New employee orientation will be 〜以降から、オリエンテーションについて知らせる電話であるとわかるので、(C) が正解。

75

When will the orientation start?
(A) At 9 A.M.
(B) At 10 A.M.
(C) At 4 P.M.
(D) At 5 P.M.

オリエンテーションはいつ始まりますか。
(A) 午前9時
(B) 午前10時
(C) 午後4時
(D) 午後5時

正解：(A) ★

orientation will be held on next Monday from 9 A.M. to 4 P.M. というところから、(A) の午前9時が正解。

76

What should Mr. Ueno do if he is going to attend the orientation?
(A) Call the personnel department
(B) Arrange an orientation date
(C) Bring his social security number
(D) Ask some questions

ウエノさんはオリエンテーションに参加する場合はどうすべきですか。
(A) 人事部に電話する
(B) オリエンテーションの日程を手配する
(C) 自分の社会保障番号を持ってくる
(D) いくつかの質問をする

正解：(C) ★★

(A) と (B) は指定された日にオリエンテーションに参加できない人がとるべき行動であり、問題なくその日に行ける人はしなくてもよい。Please remember to bring your social security number 〜. から、(C) が正解。

Part 4 CD 1 | 57 🇺🇸

スクリプトと訳

Questions 77 through 79 refer to the following talk.

Welcome to Alan's advanced cooking class. First, I would like to say congratulations to everyone here as it has been quite difficult to reserve a spot in this class due to its popularity. (77)We have been running these classes every two months since last year and they are always fully booked within a day of the release date. (78)Each class will include a delicious meal, beverages and a recipe book to take home. Today's menu is for Thanksgiving Day. We will be making stuffed turkey, bean salad and pumpkin pie. With these recipes, we are sure that you will have a fantastic Thanksgiving dinner with your family. Now I would like to introduce today's instructor, (79)the talented chef, Mr. Arnold Connors, of the renowned Empire Blue Hotel. He will show you the secrets to cook a gorgeous meal easily, so please welcome Mr. Connors!

質問の 77 から 79 は、次の話に関するものです。

アランの上級料理教室へようこそ。はじめに、ここにいるみなさん、おめでとうございます。ご好評のため、このクラスに席を確保することは大変難しいのです。(77)私達は昨年からこのクラスを2カ月ごとに開いていますが、いつも予約開始日のその日のうちに予約がすべて埋まってしまいます。(78)それぞれのクラスには、おいしい食事、飲み物、そしてお持ち帰りいただけるレシピの本が含まれています。本日のメニューは、感謝祭のためのものです。私達は、詰め物入り七面鳥、豆のサラダとパンプキンパイを作ります。これらのレシピにより、みなさんはきっとご家族と一緒に素晴らしい感謝祭のディナーをされることと思います。さあ、本日の講師、(79)名高いエンパイア・ブルー・ホテルの有能なシェフ、アーノルド・コナーズさんをご紹介したいと思います。彼は、みなさんに豪華な料理を簡単に作る秘訣を教えてくれますので、コナーズさんをお迎えしましょう。

✓ ボキャブラリー

- advanced 形 上級の
- spot 名 席
- run 動 運営する
- release date 公表日時
- recipe book 料理本
- stuffed turkey 詰め物入り七面鳥
- pumpkin pie かぼちゃパイ
- instructor 名 講師
- renowned 形 有名な
- coupon 名 割引券
- congratulations 名〈複数形で〉祝いの言葉
- due to ～ ～により
- book 動 予約する
- beverage 名〈水以外の〉飲み物
- Thanksgiving Day 感謝祭
- bean 名 豆
- fantastic 形 素晴らしい
- talented 形 有能な
- gorgeous 形 豪華な

設問の訳	正解&ポイント解説

77

How often is the class held?

(A) Every day
(B) Every week
(C) Every month
(D) Every two months

どのくらいの頻度でクラスは開かれますか。

(A) 毎日
(B) 毎週
(C) 毎月
(D) 2カ月ごと

正解：(D) ★

話の前半で We have been running these classes every two months ～.「このクラスを2カ月ごとに開いている」と言っているので、正解は (D)。

78

What is included in the class?

(A) Something to drink
(B) A book about Thanksgiving
(C) An invitation to a dinner
(D) A hotel coupon

教室には何が含まれていますか。

(A) 何か飲むもの
(B) 感謝祭に関する本
(C) ディナーへの招待
(D) ホテルの割引券

正解：(A) ★★

Each class will include a delicious meal, beverages and a recipe book to take home. と述べている。beverages を something to drink と言い換えている (A) が正解。持って帰ることができるのはレシピの本であり、感謝祭について書かれた本ではない。

79

Who is Arnold Connors?

(A) A hotel manager
(B) A famous actor
(C) A school coordinator
(D) A professional chef

アーノルド・コナーズとはどのような人ですか。

(A) ホテルのマネージャー
(B) 有名な俳優
(C) 学校の責任者
(D) プロのシェフ

正解：(D) ★

the talented chef, Mr. Arnold Connors, of the renowned Empire Blue Hotel. という言葉から、アーノルド・コナーズは、プロのシェフであることがわかる。

Part 4

CD 1 | 58

スクリプトと訳

Questions 80 through 82 refer to the following announcement.

We are happy to announce this morning that (80)our second shop in Asia will open in Tokyo this September. It will be the biggest showroom in the region and the 10,000 square-foot space will be filled with furniture and electronics. (81)This is a great challenge for us as we are aiming to expand our sales across Asia. Our goal is to open 10 shops throughout Asia in the next five years. We need a devoted and hard-working staff at our new shop in Tokyo. (82)The position includes round-trip airfare and a furnished apartment, as well as a competitive salary, biannual bonuses and various options for families. The interviews for these positions will be held at the end of the month. If you are interested, please contact Luke Mangan in the Human Resources Department for more details.

質問の 80 から 82 は、次のアナウンスに関するものです。

今朝、(80)我々のアジアで2番目の店がこの9月に東京でオープンすることをお知らせできることをうれしく思います。この店は地域で一番大きなショールームとなり、1万平方フィートのスペースが家具と電子機器で埋め尽くされます。(81)我々は、アジア中に販路を広げることを目指しているので、これは我々にとって大きなチャレンジです。我々の目標は、今後5年間でアジア全域に10店舗をオープンすることです。我々は、東京の新しい店のための献身的で勤勉なスタッフを必要としています。(82)その職には、往復の航空運賃と家具つきの部屋だけでなく、他に負けない給料、年に2回のボーナスとご家族のための多様な選択肢が含まれます。これらの職のための面接が月末に行われます。もし興味がありましたら詳細については人事部のルーク・マンガンまでご連絡ください。

ボキャブラリー

- showroom 名 ショールーム
- electronics 名 電子機器
- expand 動 広げる
- throughout 前 ～中至る所に
- hard-working 形 勤勉な
- airfare 名 航空運賃
- competitive 形 他に負けない
- option 名 オプション、選択肢
- detail 名 詳細
- at present 現在、目下
- yearly 形 年1回の
- be filled with ～ ～で埋め尽くされる
- aim 動 目指す
- goal 名 目標
- devoted 形 献身的な
- round-trip 形 往復の
- furnished 形 家具つきの
- biannual 形 年2回の
- Human Resources Department 人事部
- hire 動 雇う
- provide 動 提供する

Part 4

設問の訳	正解&ポイント解説

80

How many shops does the company have in Asia at present?
(A) One
(B) Two
(C) Five
(D) Ten

彼らの店は今現在アジアにいくつありますか。
(A) 1
(B) 2
(C) 5
(D) 10

正解：(A)

our second shop in Asia will open in Tokyo this September. ということから新店舗がオープンするまでは、現時点では、アジアで1店舗のみということになるので、正解は(A)。未来の時制を表す will を聞き逃さないように注意しよう。

81

What is the company planning to do?
(A) Expand its sales in foreign countries
(B) Open a new department store
(C) Hire a new staff for the project
(D) Offer staff a bonus

会社は何をしようとしていますか。
(A) 外国で売り上げを拡大する
(B) 新しい百貨店をオープンする
(C) プロジェクトのために新しいスタッフを雇う
(D) スタッフにボーナスを提供する

正解：(A)

This is a great challenge for us 〜 の部分から、会社はアジアで販路を拡大しようとしていることがわかるので、正解は(A)。(C)は、もうすでにこの会社で働いている人の中から社内公募しようとしているのであって、新しくスタッフを雇おうとしているのではないから不適切。

82

What will be provided for the staff at the new shop?
(A) A Christmas bonus
(B) A yearly salary
(C) A two-way ticket
(D) An empty apartment

新店舗ではスタッフに何が与えられますか。
(A) クリスマスのボーナス
(B) 年俸
(C) 往復チケット
(D) 家具の入っていない部屋

正解：(C)

アナウンス中の round-trip airfare は「往復の航空運賃」のことで、A two-way ticket「往復チケット」と言い換えられている(C)が正解。(A)は、年2回のボーナスがクリスマスに出るとは言及されていないので不適切。

Part 4

CD 1 | 59

スクリプトと訳

Questions 83 through 85 refer to the following announcement.

I am really pleased to announce the township has approved ⁽⁸⁴⁾our hospital's construction project. As Ms. Kettler explained at the last meeting, ⁽⁸³⁾we're adding a three-story building adjacent to the existing ward. We are expecting to break ground on this project in July. ⁽⁸³⁾The building will be completed in November. The waiting room will be expanded and I am sure that the additional rooms will make both the staff and ⁽⁸⁴⁾patients happier. ⁽⁸⁵⁾Unfortunately, the renovation will produce noise, dust and other inconveniences to the staff as well as the patients. Minimizing these problems is a must and has been fully discussed with the contractor. We are going to continue treating patients during the construction, so we need your cooperation to make this process run as smoothly as possible.

質問の 83 から 85 は、次のアナウンスに関するものです。

郡区が ⁽⁸⁴⁾我が病院の建設プロジェクトを認可したことを報告できますことを大変うれしく思います。ケトラーさんが前回の会議で説明したように、⁽⁸³⁾我々は現在の病棟に隣接する3階建てのビルを増築しようとしています。我々は、このプロジェクトの着工を7月に予定しています。⁽⁸³⁾建物の完成は11月になります。待合室は拡張されますし、増設の部屋もスタッフと ⁽⁸⁴⁾患者の両方にとって満足なものになると私は確信しています。⁽⁸⁵⁾残念ながら改築は騒音、粉じん、そして他の不都合をスタッフだけでなく患者にももたらします。これらの問題を最小限にすることは絶対に必要なことで、建設業者とじっくり話し合われてきました。我々は建設中も患者を治療し続けるわけですから、この過程ができるだけスムーズに進むようにみなさんのご協力を必要としています。

✔ ボキャブラリー

- ☐ township 名 郡区
- ☐ three-story 形 3階建ての
- ☐ ward 名 病棟
- ☐ patient 名 患者
- ☐ renovation 名 改築
- ☐ minimize 動 最小限にする
- ☐ contractor 名 建設業者
- ☐ pollution 名 汚染
- ☐ medical facility 医療施設
- ☐ shortage 名 不足
- ☐ approve 動 認可する
- ☐ adjacent to ～ ～に隣接した
- ☐ break ground 起工する
- ☐ unfortunately 副 不運にも、残念ながら
- ☐ dust 名 粉じん
- ☐ must 名 絶対に必要なもの
- ☐ treat 動 扱う、治療する
- ☐ tear down ～ ～を取り壊す〈tear-tore-torn〉
- ☐ town hall 町政庁舎
- ☐ treatment 名 治療

設問の訳 | 正解&ポイント解説

83

What will happen in November?
(A) The building will be closed.
(B) The pollution levels will be higher.
(C) The building will be torn down.
(D) The hospital will be expanded.

11月に何が起こりますか。
(A) 建物が閉鎖される。
(B) 汚染度が高くなる。
(C) 建物が取り壊される。
(D) 病院が拡張される。

正解：(D) ★★

The building will be completed in November. と言っており、改築の完成は11月である。それにより待合室の拡張と他の部屋の増設が実現するので正解は (D)。(A) については工事中も診療が続けられると明言されているので不適切。(B) は工事が始まる7月に起こることと考えられるので不適切。また増築するのであって建物の取り壊しをするわけではないので、(C) も不適切。

84

Where does this conversation most likely take place?
(A) At a medical facility
(B) At a school
(C) At a town hall
(D) At a hotel

この会話はおそらくどこで行われていますか。
(A) 医療施設で
(B) 学校で
(C) 町政庁舎で
(D) ホテルで

正解：(A) ★

病院の改築のことを院内のスタッフに説明していることから (A) の医療施設が正解。our hospital's、patients などのキーワードからもわかる。

85

What kind of problem will be expected during the renovation?
(A) A shortage of skilled workers
(B) Rough treatment
(C) Dust and noise
(D) Lack of communication

改築中にどのような問題が起きるでしょうか。
(A) 熟練工の不足
(B) 手荒い治療
(C) 粉じんと騒音
(D) コミュニケーション不足

正解：(C) ★★

the renovation will produce noise, dust and other inconveniences 〜. と言っているので、正解は (C)。

Part 4 CD 1 | 60 英

スクリプトと訳

Questions 86 through 88 refer to the following announcement.

(86) Thank you for shopping at Flemington Mall. Flemington Mall will be giving away free gifts to customers who spend a total of $50 or more in the mall. (87) Bring same day receipts totaling $50 or more to the service counter near the central fountain, and receive a free solar watch while supplies last. This solar watch is very popular with young people. Also, we're planning to modernize the food court and renovate the mall. Due to this construction, (88) the west mall entrance is no longer accessible, but will reopen in the end of December. In the interim, the only public access to the building is through the main level north entrance. The construction will take place Monday to Friday between 8 A.M. and 5 P.M. We apologize for any inconvenience.

質問の 86 から 88 は、次のアナウンスに関するものです。

(86) フレミントン・モールでお買い物いただきありがとうございます。フレミントン・モールではモール内で 50 ドル以上お買い上げいただいたお客様に無料のギフトを差し上げています。(87) 同じ日付の合計 50 ドル以上のレシートを中央噴水の近くのサービスカウンターまでお持ちいただき、無料の太陽電池腕時計を在庫があるうちにお受け取りください。この太陽電池腕時計は若者にとても人気があります。また、我々はフードコートの最新化とモールの改築を計画しております。この建設工事のため、(88) 西のモール入口はもう通行できませんが、12 月末には再オープンします。その間、建物への一般の通行は 1 階の北入口のみとなります。工事は月曜日から金曜日の午前 8 時から午後 5 時まで行われます。ご不便をおかけすることをお詫び申し上げます。

ボキャブラリー

- give away ~ ~を贈る
- fountain 名 噴水
- supplies 名〈複数形で〉(消耗品の) 貯え
- food court フードコート、屋台村
- accessible 形 通行可能な
- intended 形 対象とする
- shopper 名 買い物客
- total 動 総計して~になる
- solar 形 太陽の、太陽熱を利用した
- modernize 動 近代化する
- renovate 動 ~を改築する
- in the interim その間に
- audience 名 聴衆
- release 動 発売する

Part 4

設問の訳	正解&ポイント解説

86

Who is the intended audience for this announcement?
(A) **Shoppers**
(B) Employees
(C) Builders
(D) Drivers

このアナウンスは誰を対象にしていますか。
(A) **買い物客**
(B) 従業員
(C) 建設業者
(D) ドライバー

正解：(A) ✪

冒頭の Thank you for shopping at Flemington Mall. を聞き逃さなければ、正解は (A) だとすぐにわかる。

87

How can the customers get a free gift?
(A) By checking the Web site
(B) **By showing receipts**
(C) By buying special items
(D) By visiting the mall

顧客はどのようにすれば無料の景品をもらえますか。
(A) ウェブサイトを見ることによって
(B) **レシートを見せることによって**
(C) 特別な品物を買うことによって
(D) ショッピングセンターを訪ねることによって

正解：(B) ✪✪

Bring same day receipts totaling $50 or more to the service counter near the central fountain, 〜 . と言っているので、正解は (B)。

88

What will happen in winter?
(A) A new watch will be released.
(B) A new restaurant will open.
(C) **A closed entrance will reopen.**
(D) Prizes will be given away.

冬には何が起こりますか。
(A) 新しい腕時計が発売される。
(B) 新しいレストランがオープンする
(C) **閉鎖されていた入り口が再び開かれる。**
(D) 賞品が配られる。

正解：(C) ✪✪

the west mall entrance is no longer accessible, but will reopen in the end of December. というところから、「冬になれば一部閉鎖されていた入口が全面開放される」ことがわかるので、正解は (C)。

Part 4

CD 1 | 61

スクリプトと訳

Questions 89 through 91 refer to the following radio broadcast.

Good evening. It's time for (89)*A Profile of an Entrepreneur*. I'm Ron Brown and I'll be your host today. Today's guest is Ms. Amanda Liukin. She is a business leader and a famous entrepreneur. (90)She is the founder of Amanda Cosmetics. Before starting Amanda Cosmetics, she worked for one of the top makeup companies in the U.S. She was the top salesperson for 10 years and received numerous awards. Then she dedicated herself to create a cosmetics brand of all-natural ingredients which are not tested on animals. (91)She started seven years ago with a small store in Chicago and expanded her business to 20 stores nationwide. So, let us now welcome Ms. Amanda Liukin, a revolutionary in the cosmetics industry.

質問の89から91は、次のラジオ放送に関するものです。

こんばんは。(89)「企業家の横顔」の時間です。私、ロン・ブラウンが本日のホストを務めさせていただきます。本日のゲストは、アマンダ・リューキンさんです。彼女は、ビジネスリーダーであり有名な企業家です。(90)彼女は、アマンダ・コスメティクスの設立者です。アマンダ・コスメティクスを始める前に、彼女はアメリカで上位のメーキャップの会社のうちの1つで働きました。彼女は10年間上位の販売員でいて、数々の賞を受賞しました。その後、彼女は動物実験をしない、すべて自然の材料の化粧品ブランドを立ち上げることに専念しました。(91)彼女は7年前にシカゴの小さな店から始めて全国に20店舗まで事業を広げました。さあ、それでは化粧品業界の革命家、アマンダ・リューキンさんをお迎えしましょう。

ボキャブラリー

- profile 名 プロフィール、人物紹介
- founder 名 設立者
- numerous 形 非常に多くの
- dedicate *oneself* to ~ ~に専念する
- ingredient 名 材料
- revolutionary 名 革命家
- owner 名 経営者
- entrepreneur 名 企業家、起業家
- cosmetics 名〈複数形で〉化粧品
- award 名 賞
- create 動 創造する
- nationwide 副 全国的に
- dog breeder 犬のブリーダー

設問の訳

89
What is the purpose of the program?
(A) To give cosmetic advice
(B) To create a new brand
(C) To interview a business leader
(D) To introduce Ron Brown

この番組の目的は何ですか。
(A) 化粧品のアドバイスを行うこと
(B) 新しいブランドを作ること
(C) ビジネスリーダーにインタビューすること
(D) ロン・ブラウンを紹介すること

正解&ポイント解説

正解：(C) ★
番組のタイトルが *A Profile of an Entrepreneur*「企業家の横顔」なので、正解は (C)。(D) のロン・ブラウンはゲストを紹介する側の人間である。

90
Who is Amanda Liukin?
(A) A makeup artist
(B) A dog breeder
(C) The guest of a hotel
(D) The owner of the company

アマンダ・リューキンとはどのような人ですか。
(A) メーキャップアーティスト
(B) 犬のブリーダー
(C) ホテルの宿泊客
(D) 会社の経営者

正解：(D) ★★
現在の彼女は She is the founder of Amanda Cosmetics. ということなので、正解は (D)。

91
How many years has Amanda Cosmetics been in business?
(A) One year
(B) Seven years
(C) Ten years
(D) Twenty years

アマンダ・コスメティクスは何年間事業をしていますか。
(A) 1 年
(B) 7 年
(C) 10 年
(D) 20 年

正解：(B) ★★
She started seven years ago with a small store in Chicago 〜 . と言っているので、正解は (B)。前職での the top salesperson for 10 years から (C) を選ばないように注意。

Part 4 　CD 1 | 62

スクリプトと訳

Questions 92 through 94 refer to the following talk.

Ladies and gentleman, good morning and (92)welcome to our annual shareholders' meeting for Buffalo Sports. I'm Will Chen, Chief Financial Officer of the company, and I will be chairing the meeting. First, let me report on last year's financial statement. In the first three months we had a very slow start but with the development of our new running shoes, (93)we saw a big jump in sales from April to June. These sales continued thorough the rest of the year and our stock rose $50. (94)Next year we're planning to produce even lighter running shoes, so I'm sure our profits will continue to increase.

質問の 92 から 94 は、次の話に関するものです。

みなさま、おはようございます。(92) 我がバッファロー・スポーツの年次株主総会へようこそお越し下さいました。私は、我が社の最高財務責任者で、この会議の議長を務めさせていただくウィル・チェンです。最初に、昨年の財務報告をさせていただきます。最初の3カ月は、あまり活気のないスタートでしたが、新しいランニング・シューズの開発により (93) 4月から6月まで売り上げが急上昇しました。これらの売り上げは年末まで続き、株価は50ドル値上がりしました。(94) 来年は、もっと軽いランニング・シューズを生産するつもりですので、我が社の収益はきっと増え続けることでしょう。

ボキャブラリー

- annual 形 年1回の
- Chief Financial Officer 〈the 〜〉最高財務責任者
- chair 動 (〜の) 議長を務める
- development 名 開発
- the rest of 〜　〜の残り
- profit 名 収益
- stockholder 名 株主
- earnings 名 〈複数形で〉収益
- shareholders' meeting 　株主総会
- financial statement 　財務報告
- big jump 　急上昇
- rise 動 上がる
- increase 動 増加する
- in a slump 　不調で、低迷して
- improved 形 改良された

Part 4

設問の訳	正解&ポイント解説

92

Who can attend this meeting?
(A) Stockholders
(B) Buyers
(C) Shoppers
(D) Reporters

このミーティングに参加できるのは誰ですか。
(A) 株主
(B) バイヤー
(C) 買い物客
(D) レポーター

正解：(A) ★★

冒頭で welcome to our annual shareholders' meeting ～. と述べていることから、正解は (A)。shareholders が stockholders に言い換えられている。

93

What is said about the company?
(A) They are doing very well.
(B) They are in a slump.
(C) They keep a large stock.
(D) They developed new rain shoes.

会社についてどんなことが言われていますか。
(A) とてもうまく行っている。
(B) 不振に陥っている。
(C) 大量の在庫を抱えている。
(D) 新しい雨靴を開発した。

正解：(A) ★★★

we saw a big jump in sales from April to June. と、その次の These sales continued ～. を聞くと売り上げが上昇し株価も上がったことがわかる。よって、正解は (A)。

94

How does the company expect to increase its earnings for next year?
(A) By selling stocks
(B) By releasing an improved model
(C) By advertising in a paper
(D) By reducing expenses

会社は来年度どうやって収益を上げるつもりですか。
(A) 株を売却することによって
(B) 改良モデルを発売することによって
(C) 新聞に広告を載せることによって
(D) 経費削減することによって

正解：(B) ★★★

話の最後で Next year we're planning to produce even lighter running shoes, so I'm sure our profits will continue to increase. と述べられている。この lighter running shoes = improved model と考えられるので、正解は (B)。

Part 4 CD 1 | 63 米

スクリプトと訳

Questions 95 through 97 refer to the following news broadcast.

(95)The provincial meteorological center predicts the winter storm heading our way will bring 6 to 8 centimeters of snow. (95)(96)Snowfall is expected from 1:00 PM, continuing into the late evening. This, combined with high winds, will create poor road visibility; commuters traveling from noon onwards should expect delays. Officials advise taking trains, subways or other public transportation if at all possible. (97)To ensure a safe trip, drivers are cautioned to go slowly and allow extra time for their journeys. (95)Temperatures could drop to minus three degrees Celsius overnight, turning some snow to ice by tomorrow morning. I'll be back in half an hour with our weekly stocks update sponsored by *investorlifeone.com*.

質問の 95 から 97 は、次のニュース放送に関するものです。

(95)州立気象センターは、接近中の吹雪が 6 センチから 8 センチの降雪をもたらすだろうと予測しています。(95)(96)午後 1 時から雪が降り、深夜まで続くものと見込まれます。これは強風と相まって、道路上の視界を悪くするでしょうから、正午以降に外出する通勤通学者は遅延・渋滞を覚悟しておくべきでしょう。可能な限り電車や地下鉄その他の公共輸送機関を利用するように当局は勧めています。(97)安全な運行を確保するために、ドライバーは徐行運転をし移動の時間を余分に見込んでおくように警告されています。(95)夜のうちに気温が摂氏マイナス 3 度まで下がって、明日の朝には積もった雪を氷に変えているかもしれません。それでは 30 分後に、investorlifeone.com 提供による週刊最新株式情報をお伝えいたします。

✔ ボキャブラリー

- provincial 形 州の、地方の
- predict 動 予測する、予想する
- visibility 名 視界、可視性
- onwards 副 〜以降
- if at all possible 可能な限り
- caution 動 警告する
- Celsius 名 摂氏
- sponsor 動 提供する、後援する
- adjustment 名 調整
- fall below freezing 氷点下になる
- lane 名 車線
- meteorological center 気象センター
- combined with 〜 〜と相まって
- commuter 名 通勤者、通学者
- official 名 当局者
- ensure 動 確保する
- journey 名 旅、移動
- overnight 副 一夜のうちに
- fare 名 運賃
- route 名 路線、道
- redirect 動 変更する
- block 動 ふさぐ

Part 4

| 設問の訳 | 正解&ポイント解説 |

95

What is the broadcast about?

(A) Highway construction
(B) Traffic accidents
(C) **Weather conditions**
(D) Fare adjustments

放送は何についてですか。
(A) 道路工事
(B) 交通事故
(C) **気象状況**
(D) 運賃調整

正解：(C)

The provincial meteorological center predicts the winter storm ～ will bring 6 to 8 centimeters of snow、This, combined with high winds, will create poor road visibility、Temperatures could drop to minus three degrees Celsius overnight, turning some snow to ice by tomorrow morning. など多くのヒントから、この放送は気象に関するものであることが容易にわかる。よって、正解は (C)。

96

According to the broadcast, what will happen by late evening?

(A) Some major routes will be closed.
(B) Fallen snow will turn to ice.
(C) Temperatures will fall below freezing.
(D) **It will become difficult to see on the roads.**

放送によると、深夜までに何が起こるでしょうか。
(A) いくつかの主要路線は閉鎖される。
(B) 降り積もった雪は氷に変わる。
(C) 気温は氷点下まで下がる。
(D) **道路上では視界が悪くなる。**

正解：(D)

Snowfall is expected from 1:00 PM, continuing into the late evening. This, combined with high winds, will create poor road visibility「午後1時から雪が降り、深夜まで続くものと見込まれます。これは強風と相まって、道路上の視界を悪くするでしょう」と言っている。それを言い換えたのが正解の (D)。

97

Why are drivers cautioned to allow extra time for their journeys?

(A) **Safety is ensured through slower travel.**
(B) Public transportation has crowded some areas.
(C) Province officials are redirecting some lanes.
(D) Unnecessary trips are blocking major streets.

ドライバーはなぜ移動の時間を余分に見込んでおくように警告されていますか。
(A) **速度を落として運転することにより安全が確保される。**
(B) 公共輸送機関がいくつかの地域を混雑させている。
(C) 州当局が車線分けを変更している。
(D) 不必要な外出が主要な通りをふさいでいる。

正解：(A)

To ensure a safe trip, drivers are cautioned to go slowly and allow extra time for their journeys.「安全な運行を確保するために、ドライバーは徐行運転をし移動の時間を余分に見込んでおくように警告されています」の部分を簡潔に表現しているのが (A) であり、これが正解。

Part 4　CD 1 | 64

スクリプトと訳

Questions 98 through 100 refer to the following talk.

Good morning, everyone. I'm here to talk about the new time card system. We are replacing the paper punch card system with an electronic system. ⁽⁹⁸⁾⁽⁹⁹⁾As soon as you arrive for your shift, go to the timecard icon, which is on the desktop of your computer. Double-click the icon and then proceed by typing in your staff ID and password. When you leave, click "out." You must clock out if you ⁽⁹⁸⁾leave work for lunch or take a break. If you forget to clock in or out, contact your supervisor immediately. ⁽⁹⁸⁾⁽¹⁰⁰⁾Using the Web time card system correctly is very important to ensure that no errors are made on your paycheck. Now I will demonstrate how to use it. I am happy to answer any questions during or after the process.

質問の 98 から 100 は、次の広告に関するものです。

みなさん、おはようございます。ここで新しいタイムカードシステムについてお話しさせていただきます。私達は紙のパンチカードシステムから電子システムに移行します。⁽⁹⁸⁾⁽⁹⁹⁾勤務のために到着したらすぐに、コンピュータのデスクトップ上にあるタイムカードアイコンに行ってください。アイコンをダブルクリックして、スタッフ ID とパスワードを入力して進んでください。⁽⁹⁸⁾離れるときには、「OUT」をクリックしてください。昼食や休憩のために勤務を離れる時は退出時刻を記録しなければなりません。出勤や退勤を記録するのを忘れたら直ちにあなたの上司に連絡してください。⁽⁹⁸⁾⁽¹⁰⁰⁾正確にウェブタイムカードシステムを使うことはあなたの給与に誤りが起きないことを確実にするためにとても重要です。さあ、私が今から使い方を実演しましょう。その過程の途中あるいは後でどんな質問にも喜んでお答えします。

ボキャブラリー

- replace A with B　A を B と取り換える
- shift　名 勤務
- proceed　動 続行する、進行する
- clock in　出勤を記録する
- correctly　副 正確に
- paycheck　名 給与
- elementary student　小学生
- submit　動 提出する
- affect　動 ～に影響を与える
- shut off ～　～の電源を切る、～を止める
- paper punch card　紙のパンチカード
- double-click　動 ダブルクリックする
- clock out　退勤を記録する
- supervisor　名 上司
- ensure　動 確実にする
- demonstrate　動 実演する
- factory tour　工場見学ツアー
- incorrectly　副 不正確に
- shut down　停止する
- reprimand　動 叱責する

Part 4

設問の訳	正解&ポイント解説

98

Who is most likely listening to this talk?
(A) A group of elementary students
(B) A group of employees
(C) Visitors on a factory tour
(D) Guests at a seminar

誰がこの話を聞いているでしょうか。
(A) 小学生のグループ
(B) 社員のグループ
(C) 工場見学の訪問者
(D) セミナーのゲスト

正解：(B) ✖✖

電子タイムカードの導入を知らせているが、As soon as you arrive for your shift, go to the timecard icon ～.「あなたの勤務のために到着したらすぐに、タイムカードアイコンに行ってください」と言っているので、各個人が定期的に出勤している社員と思われる。leave work、paycheck などからも正解は (B) とわかる。

99

What do the listeners have to do as soon as they come to work?
(A) Submit their timecards
(B) Clock out on their computer
(C) Clock in on their computer
(D) Put their timecards on their desks

聞き手は、出社したらすぐに何をしなければならないですか。
(A) タイムカードを提出する
(B) コンピュータでタイムカードの退勤を記録する
(C) コンピュータでタイムカードの出勤を記録する
(D) タイムカードを自分の机の上に置く

正解：(C) ✖✖

As soon as you arrive for your shift, go to the timecard icon ～. とその後の Double-click the icon ～から正解は (C) とわかる。

100

What will happen if the employees use the Web site card system incorrectly?
(A) It will affect their salaries.
(B) The system will shut down.
(C) They will not be able to shut off their computers.
(D) They will be reprimanded by the boss.

社員がウェブサイトのカードシステムを正確に使わないと何が起きますか。
(A) 彼らの給料に影響が出る。
(B) システムが止まる。
(C) 彼らはコンピュータを閉じることができなくなる。
(D) 彼らは上司から叱責される。

正解：(A) ✖✖

Using the Web time card system correctly is very important to ensure that no errors are made on your paycheck. の部分で、ウェブサイトのタイムカードシステムを正確に使わないと「給与が正確でなくなる」と言っているので、正解は (A)。paycheck が salaries に言い換えられている。

Part 5

| 訳 | 正解&ポイント解説 |

101

影響力を持つ環境活動家で『地球は沈んでいる』を書いた著者のアンドリア・ネイサンが、次のプログラムのゲストスピーカーです。

正解：(D)

この文の述語動詞は will be。空所の前には人名、後には動詞 wrote が続いていて、先行詞は「人」なので、関係代名詞 who が適切。

ボキャブラリー
- influential 形 影響力を持つ
- activist 名 活動家
- environmental 形 環境の
- sink 動 沈む

102

なぜあなたがこの職に最も適任の応募者であると思うのか概略を述べたカバーレターを添付してください。

正解：(B)

選択肢に比較級と最上級が並んでいるが、空所の前に the があるので、最上級がふさわしいとわかる。よって、正解は (B)。

ボキャブラリー
- attach 動 添付する
- outline 動 (〜の) 概略を述べる
- applicant 名 応募者
- cover letter カバーレター
- suitable 形 適した
- position 名 職

103

積極的な職場環境を作ることは、社員のやる気のみならず士気をも高める効果的な方法である。

正解：(A)

直後に名詞 motivation「やる気」が続くので、所有格の their が適切。their は employees「社員」を指している。

ボキャブラリー
- positive 形 積極的な
- enhance 動 高める
- motivation 名 やる気
- effective 形 効果的な
- morale 名 士気

104

チャンさんはアンガス・エンタープライズにたった3カ月前に入社したばかりだが、彼女はもうすでに北京に新しい支店を設立するための委員会のメンバーに選ばれている。

正解：(A)

文意を注意深く読み取ると、空所を含む従属節と主節とは「逆接」の関係にあることがわかるので、(A) Although を選ぶ。

ボキャブラリー
- committee 名 委員会
- establish 動 設立する

Part 5

訳	正解&ポイント解説

105
安全上の理由により、病院に滞在中はあなたの身分証明バッジをいつも身に付けてください。

正解：(B) ★★

(A) は、空所の後に名詞句の hospital stay が来ているので接続詞 while は不適切。「〜の間に」という意味の前置詞 (B) during が正解。

✓ ボキャブラリー
- identification 名 身分証明
- at all times いつでも
- badge 名 バッジ

106
万国博覧会のおかげで、パートタイム雇用者の数が去る4月から7月にかけて増加した。

正解：(A) ★★

主語が the number「数」なので、それに呼応する述語動詞は単数扱い。さらに、from April to July から、ここは過去形を用いるのが正しいと判断できるので、(A) increased が正解。

✓ ボキャブラリー
- due to 〜 〜のせい（おかげ）で
- World Exposition 万国博覧会

107
当社の人気商品は、マンソンのオンラインカタログ上でも見つけられます。

正解：(B) ★

動詞の受動態を問う問題。「人気商品」は、「カタログを見る人」によって「見つけられる」ので (B) be found を選ぶ。

✓ ボキャブラリー
- item 名 品目
- online 形 オンラインの

108
コバヤシさんが先週の金曜日に注文した商品がまだ届いていないので、彼は注文状況を確認するために納入業者に電話した。

正解：(D) ★★

主語は複数形 articles なので、(C) has not arrived は対応しない。また、空所のあとの yet に注目しよう。「まだ今まで届いていない」という意味になる (D) have not arrived が正解。

✓ ボキャブラリー
- article 名 商品
- status 名 状況
- supplier 名 納入業者

77

Part 5

| 訳 | 正解&ポイント解説 |

109

ミッドウェスト・クリニックは、クアラルンプールの中心部に申し分なく立地していて主要道路から簡単に出入りすることができ、大きな駐車場がある。

正解：(C)

副詞 ideally の直後に空所があり、動詞が入るのがふさわしいとわかる。他動詞 locate は、「建物などを置く」という意味で、be located と受動態で「位置する」という意味になる。よって、正解は (C)。

ボキャブラリー
- ideally 副 申し分なく
- centrally 副 中心に
- be located 立地する
- parking lot 駐車場

110

2年間の保証書は、製品がその本来の目的のために使われた場合に限り有効である。

正解：(B)

文意により製品につけられている2年間有効の「保証書」が空所に入るとわかるので、正解は (B) warranty。他の選択肢の意味は (A) sale「販売」、(C) refund「返金」、(D) purchase「購入」。

ボキャブラリー
- warranty 名 保証書
- intended 形 意図された
- valid 形 有効な
- purpose 名 目的

111

コーティさんは職歴と資格の詳細、および追加情報を記した履歴書のコピーを同封した。

正解：(B)

ビジネス文書でよく見かける表現である。「同封した」という意味になる (B) enclosed を選ぶ。他の選択肢の意味は (A) contained「包含した」、(C) exposed「さらした」、(D) informed「通知した」。

ボキャブラリー
- enclose 動 同封する
- detail 動 (〜について) 詳しく述べる
- qualification 名 資格
- résumé 名 履歴書
- work experience 職歴

112

イベントのオンラインカレンダーは、最新情報をお届けするために定期的に更新されます。

正解：(C)

to 以下に注目。to give you the latest information「最新情報を届けるため」にはどのように update「更新する」べきなのかを考える。periodically「定期的に」更新すべきなので、正解は (C)。他の選択肢の意味は (A) immediately「直ちに」、(B) occasionally「時折」、(D) rarely「まれに」。

ボキャブラリー
- periodically 副 定期的に
- update 動 更新する

Part 5

訳	正解&ポイント解説

113

ビクトリア情報サービスは、当社のウェブサイトで1日24時間利用可能ですので、どうぞご都合のよろしい時間にご覧ください。

正解：(C)

文意より24時間「利用可能」で最も意味が通るので、(C) available が正解。他の選択肢の意味は (A) payable「支払い可能の」、(B) capable「有能な」、(D) probable「ありそうな」。

ボキャブラリー
- at *one's* convenience ～の都合のよい時に

114

イベントは好評につき、入場できるように前もって予約してください。

正解：(A)

in advance は「前もって」の意味。その他の in progress「進行中で」、in store「たくわえて」、in general「一般的に」も覚えておこう。

ボキャブラリー
- remember to *do* 忘れずに～する
- ensure 動 確保する
- in advance 前もって
- admission 名 入場、入る権利

115

マネージャーは、各社員にそれぞれの強みと能力に見合った特定の任務を与えた。

正解：(D)

文意から各社員に「それぞれの」強みと能力に見合った任務を与えた、という意味になる (D) respective を選ぶ。respective の後には複数名詞が来ることを覚えておこう。他の選択肢の意味は (A) respectable「尊敬すべき」、(B) respectful「礼儀正しい」、(C) respecting「～について」。

ボキャブラリー
- certain 形 ある一定の
- according to ～ ～に従って
- task 名 任務
- respective 形 それぞれの

116

アキヤマさんは、長い交渉の後で精神的にも肉体的にも疲れているに違いない。

正解：(D)

正しい助動詞を選ぶ問題。文の意味をしっかりと読み取ると、must「～に違いない」が最も適切と判断できる。他の選択肢の意味は (A) be able to ～「～できる」、(B) have to ～「～なければならない」、(C) can「～してよい」。

ボキャブラリー
- mentally 副 精神的に
- physically 副 肉体的に

Part 5

| 訳 | 正解&ポイント解説 |

117

グレース記念ホールの一番よい駐車場は、ホールのメインエントランスのすぐ外の一番近い駐車場です。

正解：(B)
形容詞 main と前置詞 of に挟まれるものは名詞がふさわしいので、正解は (B) entrance である。

✓ **ボキャブラリー**
- car park　駐車場

118

ラルフ・オーウェン氏は、ヨーロッパのサウス・コープの会長兼最高経営責任者に任命された。

正解：(D)
動詞の受動態を問う問題。ラルフ・オーウェン氏は、サウス・コープの会長と最高経営責任者という役職に任命「された」ので、(D) を正解に選ぶ。

✓ **ボキャブラリー**
- chairman　名 会長、議長
- chief executive　最高経営責任者

119

原料費の高騰にもかかわらず、ルーカリー・フーズ社は価格を現状のまま据え置いている。

正解：(A)
空所を含む従属節と主節とは「逆接」の関係にあるので、(A) Despite か (B) Although に絞られる。空所の直後には the rising prices と名詞句が来ているので、(A) Despite が正解。(A) Despite か (B) Although かを問う問題はよく見られるが、見分け方は簡単である。「Despite は前置詞なので、後に名詞が続く。Although は接続詞なので、あとに節が続く」。このポイントをよく覚えておこう。

✓ **ボキャブラリー**
- rising　形 上昇する
- current　形 現在の
- maintain　動 維持する

120

レイク・エレクトロニクスは、質の高いサービスを向上させ続けるため、顧客にEメールによってアンケートを提出してもらうことを勧めている。

正解：(D)
前置詞を選ぶ問題。submit と e-mail の関係性を考えてふさわしい前置詞を選ぶ。Eメール「によって」アンケートを「提出」すると考えるのが自然なので、正解は (D)。

✓ **ボキャブラリー**
- encourage　動 勧める
- questionnaire　名 アンケート
- improve upon ~　~を向上させる、~を改善する

Part 5

訳	正解&ポイント解説

121

この職への応募者は、完全に英語のみで行われる差し向かいでの面接を受けることが要求されます。

正解：(B) ★

空所の直後に for があるので、名詞を入れるのがふさわしい。文意より主語は「面接を受けることを要求される」のでモノではなく人、つまり (B) Applicants「応募者」が正解だとわかる。他の選択肢の意味は (A) Apply「応募する」、(C) Applicable「適用できる」、(D) Applications「応募用紙」。

✓ ボキャブラリー
- require 動 要求する
- interview 名 面接
- face-to-face 形 差し向かいの
- entirely 副 完全に

122

ハリケーンから生じた残骸を片付けることが大変な仕事になることは、最初から明らかだった。

正解：(A) ★★★

空所には主語 It を説明する補語が必要である。that 以下を「明白であった」という意味にするためには形容詞 obvious がふさわしい。他の選択肢の意味は (B) obviously「明らかに」、(C) obviousness「明白さ」、(D) obviosity「明白なこと」。

✓ ボキャブラリー
- obvious 形 明白な
- debris 名 残骸

123

旅費と接待費を払い戻すためには、請求書は時期を守って経理課に提出されなければならない。

正解：(D) ★★

expenses には「経費」という意味があり、travel expenses で「旅費」、hospitality expenses で「接待費」という意味になるので、正解は (D)。他の選択肢の意味は (A) incentives「奨励金」、(B) benefits「手当」、(C) incomes「収入」。

✓ ボキャブラリー
- reimburse 動 払い戻す
- accounting section 経理課
- hospitality expenses 接待費
- timely 形 折よい

124

お客様のフライトの情報を確認されたい場合は、当社のカスタマーサービスにご連絡いただくかウェブサイトをご覧ください。

正解：(D) ★★

選択肢に both, neither, either があるときには、まず空所の後の文中に and, nor, or がないかをよくチェックしよう。もし見つかったら and なら both、nor なら neither、or なら either を選ぶ。either A or B で「A か B のどちらか」という意味になる。

✓ ボキャブラリー
- either 〈either A or B ＝ A か B のどちらか〉
- both 〈both A and B ＝ A も B も両方〉
- neither 〈neither A nor B ＝ A も B も〜ない〉

Part 5

| 訳 | 正解&ポイント解説 |

125

お客様のご注文品は現在輸送中で、あと2、3日のうちにお手元に届くことをお知らせいたします。

正解：(B) ★★

前置詞を選ぶ問題。文意を考えると「2、3日のうちに」という意味になる (B) in が正解。(A) for を入れると「数日間」という意味になるので、不適切。

ボキャブラリー
- pleased 形 満足した、気に入った
- in transit 輸送中で

126

ルリアスさんは、どんな状況でも顧客とも同僚とも効果的にコミュニケーションをとれる能力を持っている。

正解：(A) ★★

動詞 communicate を修飾するのは、副詞である。よって、(A) effectively「効果的に」が正解。他の選択肢の意味は (B) effect「効果」、(C) effective「効果的な」、(D) effectiveness「有効性」。

ボキャブラリー
- effectively 副 効果的に
- colleague 名 同僚
- communicate 動 コミュニケーションを取る

127

怪我を防ぐことができるように、我々は職場で秩序を保つための規定に従わなければならない。

正解：(B) ★★★

空所の直前に obey「従う」という動詞があり、文意より「規定に従う」という意味になる (B) regulations を選ぶ。他の選択肢の意味は (A) solutions「解決」、(C) positions「立場」、(D) remissions「免除」。

ボキャブラリー
- obey 動 従う
- prevent 動 防ぐ
- workplace 名 職場
- injury 名 怪我

128

このフライトで時折起こりうる乱気流についてお詫び申し上げます。

正解：(D) ★★

Please accept our apologies for ~．「~をお詫び申し上げます」という表現はビジネス上頻繁に見られる決まり文句。これを知っていれば「乱気流」に対応するのは (D) apologies「謝罪」とすぐにわかる。他の選択肢の意味は (A) efforts「努力」、(B) proposals「提案」、(C) responses「返答」。

ボキャブラリー
- occasional 形 時折の
- turbulence 名 乱気流

Part 5

訳	正解&ポイント解説

129

この書類の中身を許可なしにコピーすることや使うことは、固く禁じられている。

正解：(D) ★★

prohibit「禁じる」という動詞を修飾する副詞を選ぶ問題であるが、この「禁じる」に最も相性のよい副詞は (D) strictly「厳しく」である。他の選択肢の意味は (A) relatively「割合に」、(B) previously「以前に」、(C) hardly「ほとんど～でない」。

✓ ボキャブラリー
- content 名 中身
- prohibit 動 禁止する
- strictly 副 厳しく
- permission 名 許可

130

メリウェルさんは、電子工学業界で突破口を開くための抜本的な改革の必要性を一貫して主張してきた。

正解：(B) ★★

述語動詞の has insisted を修飾する副詞 (B) consistently「一貫して」が正解で、他は文法的に不適切。他の選択肢の意味は (A) consistent「一貫した」、(C) consist「成る；成り立つ」、(D) consistency「一貫性」。

✓ ボキャブラリー
- consistently 副 一貫して
- make a breakthrough 突破口を開く
- sweeping reform 抜本的な改革
- electronics 名 電子工学

131

バレリー・バッグズ社は、耐久性があり防水加工した、あらゆるアウトドア環境に適したバッグを製造している。

正解：(D) ★★★

「あらゆるアウトドア環境に適したバッグはどのようなものか」を考えよう。bags の直前には waterproof という形容詞もあり、「丈夫な」バッグと考えるのが自然である。よって、正解は (D) durable。他の選択肢の意味は (A) technical「専門の」、(B) fragile「壊れやすい」、(C) inconvenient「不便な」。

✓ ボキャブラリー
- manufacture 動 生産する
- waterproof 形 防水の
- durable 形 丈夫な
- suitable 形 適した

132

マーケル家具修理店は 30 年間以上営業をしており、プロの信頼できるサービスをこの地域全体に提供している。

正解：(A) ★

has been in business という現在完了「継続」の表現から、空所の後には「～年間ずっと」という意味になる (A) for が入ることがわかる。

✓ ボキャブラリー
- in business 商売をして、取引をして
- throughout 前 ～の至る所に
- dependable 形 頼りになる
- region 名 地域

Part 5

訳	正解&ポイント解説

133

我々の冬服の新製品は、顧客の当面の需要にこたえるのに不十分である。

正解：(A) ★★

空所の直後に to があることから形容詞を入れるのがふさわしい。inadequate to do で「〜するのに不十分である」という意味。よって、正解は (A)。他の選択肢の意味は (B) inadequately「不十分に」、(C) inadequacy「不適当」、(D) inadequateness「不適当であること」。

ボキャブラリー
- new line of 〜　〜の新製品
- meet the demand　需要にこたえる
- inadequate　形 不十分な
- current　形 現在の

134

最高経営責任者はホーキンズさんに、従業員が現在の給付パッケージに満足しているかどうかを確かめるように頼んだ。

正解：(B) ★

空所の前に are、後に with があることにより、(B) satisfied を選べば、be satisfied with 〜「〜に満足している」となり文意が通じる。(A) satisfaction「満足」を選ぶと employees「従業員」= satisfaction「満足」となり意味が通じない。また (C) satisfying を選ぶと「従業員が〜を満足させる」という意味になるので不適切。動詞の (D) satisfy「満足させる」も、動詞 are がすでにあるので不適切。

ボキャブラリー
- find out 〜　〜を確かめる
- benefits package　手当、福利厚生
- be satisfied with 〜　〜に満足する

135

アルコール飲料の消費は、会社の敷地内では絶対に禁じられている。

正解：(C) ★★

「会社の敷地内で厳しく禁止されている」ものは、「アルコールの」何であるかを考えると、「消費」であると考えるのが自然である。よって、正解は (C)。他の選択肢の意味は (A) Competition「競争」、(B) Impression「印象」、(D) Demonstration「実演」。

ボキャブラリー
- consumption　名 消費
- prohibit　動 禁止する
- beverage　名〈水以外の〉飲み物
- premises　名〈複数形で〉敷地、施設

136

彼の経歴のうち最も注目すべき作品のうちの1つは、大聖堂に置かれた彫刻である。

正解：(D) ★★

名詞 works の直前に空所があるので、形容詞が入るべき。正解は (D) の remarkable「注目すべき」である。他の選択肢の意味は (A) remark「述べる」、(B) remarkably「著しく」、(C) remarked「動詞 remark の過去形・過去分詞」。

ボキャブラリー
- remarkable　形 顕著な
- place　動 置く
- sculpture　名 彫刻
- cathedral　名 大聖堂

Part 5

訳	正解&ポイント解説

137

X300は、以前のモデルであるX250に比べて統計的にかなりの改善を見せた。

正解：(B)

直後に名詞improvementを修飾する形容詞significantがあることから、形容詞を修飾する副詞がふさわしい。よって、(B) statistically「統計的に」が正解。他の選択肢の意味は(A) statistical「統計の」、(C) statistics「〈複数形で〉統計、統計学」、(D) statistician「統計学者」。

ボキャブラリー
- significant 形 かなりの
- improvement 名 改善

138

教授会のメンバーは、彼らの最新の成果を基にした医学雑誌を発行するために共同作業をした。

正解：(B)

医学雑誌を発行するために、The faculty members「教授会のメンバー」が複数で作業をしたのであるから「共同作業をする」という意味になる(B) collaboratedが正解。他の選択肢の意味は(A) compensated「補償した」、(C) neglected「おろそかにした」、(D) invented「発明した」。

ボキャブラリー
- faculty 名 教授会
- journal 名 雑誌
- collaborate 動 共同作業をする
- achievement 名 成果

139

社長は、会議で社員の士気を高めるために雄弁かつ情熱的に話をした。

正解：(B)

to以下に注目。to lift the employees' spirits「社員の士気を上げるために」社長はどのように話せばよいのか。そして、passionately「情熱的に」という副詞も同時にあることを考えれば、意味的にも(B) eloquently「雄弁に」しかないので、正解は(B)。他の選択肢の意味は(A) silently「静かに」、(C) appallingly「ぞっとするほど」、(D) carelessly「不注意に」。

ボキャブラリー
- eloquently 副 雄弁に
- lift 動 上げる
- passionately 副 情熱的に
- spirits 名 〈複数形で〉気分、気力

140

無料の軽い朝食が、午前7時から10時までマディソンコートホテルの宿泊客のために中庭で用意されます。

正解：(A)

continental breakfastを修飾する形容詞を選ぶ。ホテルでの朝食を形容する単語としては(A) complimentary「無料の」しか考えられないので、正解は(A)。他の選択肢は(B) compulsory「強制的な」、(C) concessionary「譲歩的な」、(D) contemporary「現代風の」。

ボキャブラリー
- complimentary 形 無料の
- courtyard 名 中庭
- continental breakfast パンとコーヒーだけの簡単な朝食

Part 6

文章の訳

質問の 141 から 143 は、次の告知に関するものです。

告知

職場での携帯電話の使用

携帯電話は私達の日常生活に (141) 不可欠ではありますが、また一方で、ある一定の時間にはとても邪魔になるものです。もしあなたが携帯電話を職場で持っておきたいのであれば、着信音が鳴らないようにするか振動モードに必ずしてください。そしてメッセージの確認は昼食かコーヒー・ブレイク (142) の間だけにしてください。

どうしても緊急の電話に出なければならないときは、他の同僚の邪魔にならないように 1 人になれるところで話してください。仕事に関する電話は、静かに話すこと (143) によって他の従業員の迷惑にならないようにしてください。ある状況では、顧客に一般電話からかけ直すことを申し出ることもよいかもしれません。

正解&ポイント解説

141

正解：**(A)** ★★

「携帯電話が私達の日常生活に」どういうものかを表す「形容詞」を選ばなくてはならない。意味としてふさわしいのは、essential「不可欠な」であるから、正解は (A)。他の選択肢の意味は (B) additional「追加の」、(C) personal「個人的な」、(D) institutional「制度上の」。

142

正解：**(D)** ★★

「〜の間」という意味の語が空所にふさわしい。空所の後ろには lunch or coffee breaks「昼食かコーヒー・ブレイク」という名詞句が続いており、SV 構文ではないことから前置詞の (D) during を選ぶ。

143

正解：**(D)** ★

by *doing* で「〜することによって」という意味になるので、正解は (D)。

✓ ボキャブラリー

- □ workplace　名 職場
- □ certain　形 ある一定の
- □ urgent　形 緊急の
- □ disturb　動 邪魔をする
- □ distract　動 （注意を）そらす
- □ land line　固定電話
- □ disruptive　形 邪魔をする
- □ vibration mode　振動モード
- □ so as not to *do*　〜しないように
- □ related　形 関係のある
- □ instance　名 状況

文章の訳

質問の 144 から 146 は、次の記事に関するものです。

キャンヴァウェル・エレクトロ・カンパニーが冷蔵庫を回収

本日、キャンヴァウェル・エレクトロ・カンパニーが四重冷蔵庫としても知られる 4 ドア冷蔵庫の (144)自主回収を発表しました。冷却装置がオーバーヒートする可能性があり、それが火災に (145)発展する可能性があります。上記に述べられたモデルのリコール対象の製造番号は次のものです。

　　101XXXX から 105XXXX
　　301XXXX から 305XXXX

顧客は、自分の冷蔵庫がこの回収の一部かどうかを判断するためにはキャンヴァウェルに連絡すべきです。また、(146)操作マニュアルの裏ページのリストで製造番号を確認することもできます。

より詳しい情報は、彼らのウェブサイトで確認するか月曜日から金曜日にフリーダイヤル 1-800-369-7140 まで電話してください。彼らの営業時間は、午前 9 時から午後 5 時です。

正解&ポイント解説

144
正解：(C) ★★★
製品の不具合によるリコール（回収）の話である。空所の後に recall という語があることから (C) voluntary「自主的な」を選ぶと voluntary recall「自主回収」となり意味がつながる。(A) も意味的につながりそうに見えるが、空所の前の冠詞が an ではなく a であることから不適切。他の選択肢の意味は (A) immediate「早速の」、(B) discount「割引の」、(D) consecutive「連続的な」。

145
正解：(B) ★★
develop into 〜で「〜に発展する；〜が生じる」の意味。a possible fire hazard「火災の可能性」が「生じる」と意味がつながるので、(B) が正解。他の選択肢の意味は (A) deliver「配達する」、(C) depart「出発する」、(D) decrease「減少する」。

146
正解：(D) ★
instruction manual で、「操作マニュアル」という意味が成立する。他の選択肢の意味は (A) instruct「指示する、教授する」、(B) instructed「動詞 instruct の過去形・過去分詞」、(C) instructing「動詞 instruct の ing 形」。

✓ ボキャブラリー

- refrigerator　名 冷蔵庫
- potential　名 可能性
- hazard　名 災害
- above-mentioned　形 上述の
- device　名 装置
- overheating　名 過熱
- serial number　製造番号
- determine　動 決定する

Part 6

文章の訳

質問の 147 から 149 は、次の手紙に関するものです。

ベティ・シン
87 クイーンズ通り
イーストワンチャイ
香港

シン様

お手紙をありがとうございました。そして、去る 8 月に私どもでご宿泊を楽しんでくださったことをお知らせいただきありがとうございます。私どもはご送付いただいたアンケートの (147) お褒めの言葉に大変感謝いたしております。

継続的なよりよいサービスをご提供するため、すべてのアンケートは上級管理職によって (148) 真剣に見なおされます。この手紙と一緒にあなたの次のご宿泊にお使いいただける 30% 引きのクーポンを同封いたしました。グアムにご旅行の折には、また私どもが (149) お役に立てますことを楽しみにいたしております。

敬具
メラニー・アンバー
接客担当コーディネーター
グアムガーデンホテル

正解&ポイント解説

147
正解：(B) ★★

空所は the と名詞に挟まれているので、comments を修飾する形容詞が入るのがふさわしいと予測できる。空所の文の前の文に、シンさんが 8 月にホテルでの宿泊を「楽しんだ」と書いてあるので、アンケートに complimentary「称賛の」コメントが書いてあったと考えるのが自然である。他の選択肢の単語では意味がつながらないので、正解は (B)。他の選択肢の意味は (A) extraordinary「並外れた」、(C) necessary「必要な」、(D) contrary「反対の」。

148
正解：(D) ★★

空所の後の動詞 review を修飾する副詞を選ぶ問題だが、顧客からのアンケートを「見直す」態度として seriously「真面目に」が意味的に最もふさわしいので、正解は (D)。他の選択肢は (A) unfavorably「好意的でなく」、(B) linguistically「言語的に」、(C) indifferently「無関心に」。

149
正解：(C) ★

look forward to 〜ing で「〜するのを楽しみにする」の決まり文句。選択肢の中から動名詞の (C) serving を選ぶ。serve は「仕える、尽くす」の意味。

ボキャブラリー

☐ continual 形 継続的な
☐ upper management 上級管理職
☐ review 動 見直す

文章の訳

質問の 150 から 152 は、次の E メールに関するものです。

宛　先：employees@P-techno.com
送信者：hr@P-techno.com
件　名：ストレッチ休憩を取りましょう
日　付：5 月 23 日

みなさんがいかに一生懸命働いてくださっているか十分に理解しており、努力に感謝いたします。しかしながら、全社員には仕事外での生活があり、あなた方の健康を (150) 維持することが重要であることも理解しております。

ですから、この E メールで、1 時間 (151) につき 5 分のストレッチ休憩を取ることを社員に奨励することをお知らせしたいと思います。

長時間コンピュータの前に座っていると筋肉の凝りと緊張を起こします。もし頻繁に休憩を取れば、定期的に筋肉を (152) リラックスさせ伸ばすことができます。私達の人事部ウェブページでサンプルストレッチビデオをご覧ください。

正解&ポイント解説

150

正解：(A)

文意から「健康を維持すること」という意味になる動名詞がふさわしいので、(A) maintaining を選ぶ。他の選択肢の意味は (B) ruining「(〜を) 破滅すること」、(C) regaining「(〜を) 回復すること」、(D) risking「(〜を) 危うくすること」。

151

正解：(B)

「1 時間につき 1 回」という意味になる (B) per を選ぶ。once per hour は once an hour と同じ意味。

152

正解：(C)

もし頻繁に休憩を取れば、定期的に筋肉をどうすることができるかを考える。空所の後に、and stretch「そして伸ばす」ともう一つの動詞が続いているので、これもヒントとなるはず。正解は (C) relax「リラックスさせる」。他の選択肢の意味は (A) access「アクセスする」、(B) follow「従う」、(D) update「更新する」。

ボキャブラリー

- stretch 名 ストレッチ
- realize 動 理解する
- encourage 動 奨励する
- tension 名 緊張
- personnel 名 人事部、人材
- break 名 休憩
- appreciate 動 ありがたく思う
- muscle stiffness 筋肉の凝り
- regularly 副 定期的に

Part 7

文章の訳

質問の 153 から 154 は、次の告知に関するものです。

鑑賞に謹んでご招待いたします

女性の視点から見た田園生活

エリザベス・パーカー

による水彩画

彼女の過去 20 年にわたる目をみはる作品が特集されます。

彼女の作品は、描かれた人の本当の感情をとらえることで有名です。

彼女はあらゆる背景、年齢の人々を描いてきました。

(153) ワトソンギャラリー

サンセット大通り 1800

(154) 開催式典：午後 6 時 30 分から 8 時 30 分まで

10 月 20 日（日）

（無料の飲み物とオードブルが用意されます）

展示時間は毎日午前 10 時から午後 6 時まで

10 月 21 日から 10 月 27 日まで

入場料：12 歳を超える方は 5 ドル

設問の訳	正解&ポイント解説

153

展示はどこで行われますか。
(A) レストランで
(B) ギャラリーで
(C) 劇場で
(D) 学校で

正解：**(B)**
式典は THE WATSON GALLERY で行われると書いてあるので、正解は (B)。

154

式典はいつ終わりますか。
(A) 午前 10 時
(B) 午後 6 時
(C) 午後 6 時 30 分
(D) 午後 8 時 30 分

正解：**(D)**
Opening Reception: 6:30 P.M. to 8:30 P.M. と書かれているので、正解は (D) 8:30 P.M. である。6:00 P.M. は、展示の終了時間なので注意しよう。

ボキャブラリー

- □ cordially 副 心からの
- □ water painting 水彩画
- □ work 名 作品
- □ capture 動 とらえる
- □ complimentary 形 無料の
- □ hors d'œuvres 名 オードブル、前菜
- □ admission 名 入場料
- □ rural 形 田園の、田舎の
- □ spectacular 形 見事な、壮大な
- □ feature 動 取り上げる、目玉にする
- □ subject 名 被写体、対象
- □ beverage 名 飲み物
- □ exhibition 名 展示

Part 7

文章の訳

質問の 155 から 156 は、次の招待状に関するものです。

(155) アントニオ・フェルナンデス課長のためのサプライズ送別会があります。ご存知の通り、アントニオとご家族は我が社のマドリッド新支店へ転勤します。彼はここで我々と 8 年近くも一緒にいたので彼がいなくなることを寂しく思いますが、彼の成功を祈りたいと思います。

食べ物、飲み物とデザートが用意されます。(156) 参加されるみなさんにアントニオへの商品券のために 10 ドルの寄付をお願いいたします。

サプライズのままにするために、どうかそのことをオフィスで話さないようにしてください。みなさんとそこでお会いできるのを楽しみにしています。

日付:7 月 11 日　火曜日
時間:午後 6 時から午後 8 時
場所:アロハ・ハワイアン・レストラン

設問の訳

155

なぜアントニオ・フェルナンデスのためにパーティが開かれるのですか。
(A) 彼はほぼ 8 年会社で働いている。
(B) 彼は新しい支店に転勤する。
(C) 彼は献身的なマネージャーである。
(D) 彼はマドリッドへ出張に行く。

156

皆は何のために 10 ドル払うように頼まれているのですか。
(A) ディナー
(B) 飲み物
(C) ケーキ
(D) 贈り物

正解&ポイント解説

155

正解:(B)

文頭に There will be a surprise farewell party 〜. とあり、パーティの趣旨は「送別会」であることがわかる。また、Antonio and his family will be transferred to our new branch in Madrid. とあり、アントニオの新支店への転勤が送別会の理由であるとわかるので、正解は (B)。

156

正解:(D)

文中に 〜 chip in $10 for a gift certificate for Antonio.「アントニオに商品券を送るために 10 ドルの寄付を」とあるので、正解は (D) の「贈り物」。

✓ ボキャブラリー

- farewell party　送別会
- branch　支店
- provide　提供する
- gift certificate　商品券
- transfer　転勤させる
- wish *someone* all the best　〜の成功を祈る
- chip in 〜　〜を出す、寄付する
- devoted　献身的な

Part 7

文章の訳

質問の 157 から 158 は、次のメモに関するものです。

社内伝言

宛先：全従業員
発信者：社長、ミッチェル・フラワーズ
件名：コンピュータ使用について
日付：3月14日

(157) みなさんに我が社のオフィスのコンピュータ使用に関する社内規定を思い出していただきたいと思います。社員はオフィスのコンピュータで個人のソフトウェアを起動してはいけません。個人的な用事でEメールをすることもまた許されていません。(158) コンピュータは会社のビジネスのためだけに使われるべきものです。

私達はコンピュータ使用を追跡記録するプログラムを導入することを考えています。これは、個人情報が外部の人からアクセスされないことを確かにするためのものです。多くの社員は、上層部が社員の生産性を調べるためにこのシステムを使うと感じるかもしれませんが、そうではありません。

もしこのシステムに関して質問や懸念があれば匿名で意見をもらうことを歓迎します。すべての質問にお答えしそのコピーは全社員にお渡しします。
変わらぬご協力と規定の順守をよろしくお願いします。

Part 7

設問の訳	正解&ポイント解説

157

メモの目的は何ですか。
(A) 新しいシステムを導入すること
(B) ソフトウェアのインストール法を説明すること
(C) 規定に従うように社員に頼むこと
(D) 社員の業務評価を本人に提供すること

正解：(C) ★★

冒頭で従業員に対して the company policy regarding the use of our office computers. 「オフィスのコンピュータ使用についての社内規定」を再度思い出すように言っているので、正解は (C)。

158

社員は何をすることを禁じられていますか。
(A) オフィスのコンピュータを私用に使うこと
(B) コンピュータプログラムをインストールすること
(C) 会社業務のことでEメールを使うこと
(D) Eメールプログラムを使うこと

正解：(A) ★★

第1段落に The computers are to be used for company business purposes only. とあり、「会社の業務のためだけにコンピュータを使用する」ように言っている。言い換えれば、「オフィスのコンピュータを私用に使うことを禁じている」ので、正解は (A)。

✓ ボキャブラリー

- □ remind 動 思い出させる
- □ run 動 (ソフトウェアを) 起動する、実行する
- □ track 動 追跡する
- □ outside party 外部の人間
- □ concerns 名〈複数形で〉懸念
- □ adherence 名 厳守
- □ observe 動 従う
- □ regarding 前 ～に関して
- □ install 動 据え付ける、インストールする
- □ ensure 動 確かにする
- □ productivity 名 生産性
- □ anonymous 形 匿名の
- □ instruct 動 説明する
- □ prohibit 動 禁止する

Part 7

文章の訳

質問の 159 から 161 は、次の指示に関するものです。

デジタルビデオカメラの修理

(159) もしあなたのデジタルビデオカメラが修理を必要とする場合には、同封の用紙に記入して次の指示に注意して従ってください。

- 破損を防ぐため、発泡ビニールシートや他の梱包資材を使ってデジタルビデオカメラがしっかりと梱包されていることを確認してください。
- (161) デジタルビデオカメラの何がおかしいのかを詳しく述べた手紙を一緒に入れてください。

もし修理費用が 30 ドル以上の場合は、いくらになるのかお知らせのご連絡をいたします。修理費用の見積もりが出ましたら、電話かファックス、あるいは E メールで約 1 週間後に見積もりと修理にかかるおおよその時間をご連絡いたします。お客様に一番ご連絡しやすい方法をお知らせください。(160) 見積もりをご承認いただけましたら、カメラを修理する前にお客様の有効なクレジットカードをお支払いのためにお願いいたします。この同意をもとにカメラは修理され、その後お客様に返送されます。

設問の訳 / 正解&ポイント解説

159

誰がおそらくこれらの指示を出しましたか。
- (A) 銀行
- (B) 電力会社
- (C) 運送会社
- **(D) 修理サービス**

正解：(D)
デジタルビデオカメラが壊れた場合に、修理に出す手順を細かに指示している文章なので、正解は (D)。(B) は「電化製品の会社」ではなく「電力会社」なので注意しよう。

160

30 ドルを超えた修理を始める前に、何が必要とされますか。
- (A) 客の署名
- (B) デジタルビデオカメラの ID ナンバー
- **(C) 客の承認**
- (D) 梱包材

正解：(C)
修理費が 30 ドルを超える場合の説明は第 2 段落全体に書かれている。直接正解につながる部分は下から 3 行目の If you approve the estimate,「見積もりをご承認いただけましたら」から最後まで。

設問の訳

161

客はデジタルカメラと一緒に何を送るべきですか。

(A) デジタルビデオカメラの問題について詳しく述べた手紙
(B) デジタルビデオカメラがどうやって壊れたのか詳しく述べた手紙
(C) どこでデジタルビデオカメラを購入したのか述べた手紙
(D) クレジットカード番号が何番か述べた手紙

正解&ポイント解説

正解：(A) ★★

文中に Include a detailed letter of what is wrong with the digital video camera. とあり、デジタルビデオカメラの問題点を詳しく説明した手紙を添えるように書いてあるので、正解は (A)。what is wrong が problem に言い換えられている。

ボキャブラリー

- fill out 〜　〜に必要事項を書き込む
- instructions　名 指示、説明
- securely　副 安全に
- bubble wrap　バブルラップ（泡状の空気を入れたプラスチック製の梱包材）
- packing material　梱包材
- detail　動 詳しく述べる
- approximate　形 おおよその
- approve　動 承認する
- valid　形 有効な
- signature　名 署名
- enclose　動 同封する
- pack　動 梱包する
- prevent　動 予防する
- estimate　動 （〜の）見積もりを出す
- fix　動 修理する
- ask for 〜　〜を要求する
- consent　名 同意
- state　動 述べる

Part 7

文章の訳

質問の 162 から 164 は、次の広告に関するものです。

⁽¹⁶²⁾**機械技術者**
募集

セントアンのアクミ社では、そのサービスチームに、信頼できる勤勉な社員を加えようとしています。

⁽¹⁶³⁾提供するもの：

- ・高給
- ・健康保険
- ・車両購入割引
- ・有給休日
- ・有給休暇
- ・退職金

機械工学の学位と製品開発か自動車業界での経験が 5 年ある方は、有利になるでしょう。候補者は上級のコンピュータスキルと英語での高度なコミュニケーションスキルが必要です。チームワーク、協力、適応能力と創造的思考は、⁽¹⁶⁴⁾極めて重要な特質です。応募者はまた進んで転勤に応じ、異なるシフトでも働けることが必要です。興味のある応募者は E メールで履歴書、カバーレターと 3 通の照会状を添付して私までご連絡ください。

履歴書は、こちらにお送りください：アクミ社　人事部　2378 シルバーバレイ通り、セントアン市、ミネソタ州 38999

設問の訳 / 正解&ポイント解説

162

この会社が探しているのは何ですか。
- (A) 医者
- (B) 販売担当者
- **(C) 機械工**
- (D) 運転手

正解：(C) ★

広告タイトルに Mechanical Technician WANTED「機械技術者募集」とあるので、正解は (C)。

163

会社が提供しないのは何ですか。
- (A) 高給
- (B) 有給休日
- (C) 退職金
- **(D) 生命保険**

正解：(D) ★★

提供するものは、We offer: 以下に列挙してある。その中に Health insurance は含まれているが、Life insurance「生命保険」は含まれていないので、正解は (D)。

164

第 3 段落 4 行目 prized に最も近い意味の語は
- (A) 素晴らしい
- (B) 不可欠な
- (C) 表彰された
- **(D) 貴重な**

正解：(D) ★★★

「チームワーク、協力、適応能力と創造的思考」が「この仕事に極めて貴重な」特質であると言っている。最も近い意味は (D) valued「貴重な、高く評価される」である。

96

Part 7

ボキャブラリー

- dependable 形 頼りになる
- paid holiday 有給休日
- paid vacation 有給休暇
- purchase 名 購入
- degree 名 学位
- automotive industry 自動車業界
- candidate 名 候補者
- prized 形 貴重な、重要な
- applicant 名 応募者
- shift 名 交代勤務
- résumé 名 履歴書
- reference 名 照会状
- Human Resources Department 人事部
- sales representative 販売担当者、営業担当者
- life insurance 生命保険
- awarded 形 表彰された
- hardworking 形 勤勉な
- health insurance 健康保険
- vehicle 名 乗り物、車
- retirement 名 退職
- mechanical engineering 機械工学
- beneficial 形 ためになる
- adaptability 名 順応性
- attribute 名 特質
- relocate 動 転勤する、移転する
- attach 動 添付する
- cover letter カバーレター
- essential 形 不可欠な
- valued 形 貴重な、高く評価される

Part 7

文章の訳

質問の 165 から 168 は、次の E メールに関するものです。

宛先：全従業員
送信者：アルバート・オルシーニ
件名：オンライン支払いできるランチ
日付：2 月 20 日

(165) カフェテリアでのランチをオンラインでクレジットカード決済するオプションを社員に提供することにしました。現金処理に比べて、(166) この新しいシステムはより便利なオプションで、食事をより素早く提供できます。さらに、社員とカフェテリアスタッフの両方の手間が省けます。

(168) オンライン支払いをするためには、あなたの社員 ID 番号とクレジットカード番号とその有効期限日が必要となります。(167) 社員は、1 カ月、3 カ月、あるいは 1 年の支払いプランを選べます。興味のある社員は、ナターシャ・ブルックさんに 267-318-7865 で詳しい情報を問い合わせることをお勧めします。支払いは、1 カ月前にされなければならないことに注意してください。

アルバート・オルシーニ
総務部

設問の訳 / 正解&ポイント解説

165
E メールの目的は何ですか。
(A) カフェテリアのオープンを知らせること
(B) 社員に新しい支払いオプションを知らせること
(C) 社員に支払いを思い出させること
(D) メニューに関してアイディアを求めること

正解：(B) ✪
冒頭に We are going to begin offering employees the option of making online credit card payments 〜. とあるので、正解は (B)。

166
支払いシステムの特徴のひとつは何ですか。
(A) 無料のランチサービスである。
(B) カフェテリアの省力化につながる。
(C) どこでも利用できる。
(D) クレジットカードを使うよりもより便利である。

正解：(B) ✪✪
第 1 段落に this new system is a more convenient option and provides meals quicker and easier for both employee and cafeteria staff 〜. とあり、このシステムの導入により労力負担が減ることがわかるので、正解は (B)。

設問の訳	正解&ポイント解説

167

支払いプランについて何が推測できますか。
(A) 必要条件を満たさなければならない。
(B) それには独自のプログラムがある。
(C) 一般的に受け入れられている。
(D) いくつかの違ったオプションがある。

正解：(D)

第2段落に Employees can choose a one month, three month or one year payment plan. とあり、支払いプランの期間を3つのオプションから選ぶことができるとわかる。よって、正解は (D)。

168

オンラインによる支払いをしたい場合、必要ないものは何ですか。
(A) 有効なクレジットカード
(B) 社員 ID ナンバー
(C) 保証金
(D) クレジットカードの有効期限日

正解：(C)

「必要ないもの」を聞かれていることに注意。(A)「有効なクレジットカード」、(B)「社員 ID ナンバー」、(D)「クレジットカードの有効期限日」については第2段落の1行目〜2行目に明記されているが、A security deposit は明記されていないことから (C) が正解。

ボキャブラリー

- option 名 選択権、オプション
- meal 名 食事
- expiration 名 有効期限
- note 動 注意する
- infer 動 推測する
- universally 副 例外なく
- security deposit 保証金
- convenient 形 便利な
- cash transaction 現金処理
- encourage 動 勧める
- labor-saving 形 省力化の
- meet the requirement 必要条件を満たす
- valid 形 有効な

Part 7

文章の訳

質問の169から172は、次の手紙に関するものです。

タイラー法律事務所

67、4番通り、ブルックリン、ニューヨーク州 11217

マイケル・チュウ様
308 アムステルダム通り、ニューヨーク市、ニューヨーク州 10025
7月22日

チュウ様

(169) 弊社のオフィスを9月1日付で移転することをお知らせいたします。この20年間、私達のオフィスは、ブルックリン地区にありました。時々、私達にはもっと採光が必要で (170) ロビーはお客様にとって十分な広さがないことに気付いていました。

オフィスは、8月31日は閉鎖いたします。弊社の新しいオフィスはリッチモンドに位置しており、これらの問題に対応できるもので、これまでよりずっと近代化されます。(171) 8月31日は、すべての電話回線が一時的に不通となり電話でもEメールでも連絡が取れなくなります。これによって生じるあらゆる不都合をお詫びいたします。

(172) 新しいオフィスでみなさまをお迎えできることを楽しみにいたしております。

新住所
1634 リッチモンド通り、ニューヨーク市、ニューヨーク州 10304
電話 : (915) 333 2222

敬具
ジャニス・タイラー

設問の訳 / 正解&ポイント解説

169

手紙の目的は何ですか。
(A) オフィスの最近の改築を説明すること
(B) 顧客にオフィスが移転することを知らせること
(C) 顧客をもっと呼び込むこと
(D) オフィスを訪ねるよう顧客を誘うこと

正解：(B)
顧客に relocation「移転」を知らせる手紙である。「移転」を moving と言い換えている (B) が正解。

170

なぜオフィスは移転しますか。
(A) 来客を受け入れるには狭すぎるから。
(B) 電気的な問題があるから。
(C) オフィスが明るすぎるから。
(D) オフィスが行きにくい場所にあるから。

正解：(A)
第1段落で the lobby was not big enough for our clients. と、オフィスのロビーが接客には手狭であることが書かれているので、正解は (A)。

設問の訳	正解&ポイント解説

171

手紙によると、8月31日に何が起こりますか。
(A) オフィスは工事のため閉鎖される。
(B) 開業式典が開かれる。
(C) 電話が不通になる。
(D) ロビーが拡張される。

正解：(C) ★★★

オフィスは引っ越しのために閉鎖されるのであり、工事のために閉鎖されるのではないので、(A) は不適切。第2段落に All telephone lines will be temporarily disconnected 〜. とあり、電話が一時的に不通になることがわかるので、正解は (C)。

172

タイラーさんは顧客に何をするよう勧めていますか。
(A) 新しいオフィスに立ち寄る
(B) E メールを送る
(C) ホテルの予約を確認する
(D) 彼女との提携関係を検討する

正解：(A) ★★

We look forward to having you visit our new office. と最後にあり、新オフィスをぜひ訪ねてほしいと書かれている。visit が drop by「立ち寄る」に言い換えられている (A) が正解。

ボキャブラリー

- relocation 名 移転
- address 動 (問題に) 取り組む
- disconnect 動 電源を切る
- inconvenience 名 不便
- describe 動 説明する
- relocate 動 移転させる
- access 動 (〜に) 到達する
- drop by 〜 〜に立ち寄る
- partnership 名 提携関係
- at times たまに
- temporarily 副 一時的に
- accessible 形 利用できる
- cause 動 起こす
- renovation 名 改築
- bright 形 明るい
- suspend 動 不通にする
- confirm 動 確認する

Part 7

文章の訳

質問の 173 から 175 は、次の情報に関するものです。

無料のコンピュータ研修

(173) セントジョージズ・コミュニティセンターは、高齢者のための様々なコンピュータ研修を提供しています。高齢者の方にコンピュータの刺激的な世界をお見せしたいと思います。登録は 10 人限定なので、各人が講師と最大限の時間を得られます。授業日は講師の都合で変更になる場合がありますので、前もって登録してください。すべての授業は X10 の OS によって指導されます。

  (174) コンピュータの基礎　　月曜日　2月15日　午後6時～8時
  インターネットの使い方　月曜日　2月22日　午後6時～8時
  書類の作成と保存　　　　月曜日　2月29日　午後6時～8時

申し訳ありませんが駐車場はご用意しておりません。

(175) 登録または詳細は 654-785-2233 までお電話ください。

セントジョージズ・コミュニティセンター
住所：300 – 489 W 9 番通り
バンクーバー、BC V6Z 4H5
ウェブサイト：www.vch.ca/community/
E メール：stgeorges@vch.ca

Part 7

設問の訳	正解&ポイント解説

173

研修の主な目的は何ですか。
(A) ビジネスマンのコンピュータ技術を向上させること
(B) 講師になるライセンスを得ること
(C) 高齢者にコンピュータを紹介すること
(D) レジの操作方法を教えること

正解：(C) ★★
この研修は高齢者がコンピュータを基礎から学ぶことによって世界を広げる手助けをするものであり、ビジネスマンを対象にしたとする (A) は不適切。高齢者にコンピュータを紹介するという (C) が正解。

174

ワークショップで取り上げられないのはどのトピックですか。
(A) 書類の保存
(B) コンピュータプログラムの作成
(C) インターネットの使用
(D) コンピュータの基礎知識

正解：(B) ★★
「取り上げられない」ものを聞かれているので要注意。(B) だけが文中に書かれていないので、正解は (B)。

175

興味を持った人はどのように登録できますか。
(A) ウェブサイトを訪ねることによって
(B) センターに電話することによって
(C) 手紙を送ることによって
(D) E メールを送ることによって

正解：(B) ★
文の最後に Call 654-785-2233 to register or for more information. とあるので、正解は (B)。

ボキャブラリー

- □ workshop 名 研修
- □ registration 名 登録
- □ maximum 形 最大限の
- □ availability 名 有効性、利用の可能性
- □ beforehand 副 前もって
- □ obtain 動 得る
- □ address 動 取り上げる
- □ senior citizen 高齢者
- □ limited 形 限られた
- □ instructor 名 講師
- □ register 動 登録する
- □ regret 動 残念に思う
- □ cash register レジ、金銭登録器
- □ store 動 保存する

Part 7

文章の訳

質問の176から180は、次の記事に関するものです。

ラファ家庭・園芸用品販売がコールセンターを新設
ロンドン発、10月9日

ラファ家庭・園芸用品販売は昨日、ニューカッスルにコールセンターを開設する予定であると発表した。(176)ムンバイに本社を置く小売業者によるこの計画は、最初は300名ほどの雇用を創出し、以後の5年間でさらに200名の増員となる可能性を持つと見込まれている。応募者に期待されていることは、応募職種に合った十分な教育があり、(177)一般的なオフィス用ソフトウェアシステムを扱えることである。

このセンターは、同社のオンラインストアに集まる英国およびアイルランド共和国全土からの電話による問い合わせや注文に対応することになる。最高経営責任者アクシャイ・グラティは、(178)(179)同社はすでにインドとバングラデシュの市場で優位を占めており、今はヨーロッパにおける顧客基盤を拡大したいと望んでいる、と述べた。(179)業界アナリストは、同社が運営費用を比較した結果ロンドンよりも北部イングランドを選んだと見ている。(179)何らかのアクセントを持つ電話応対者のほうが電話をする人から信用される、とする調査結果に影響を受けた可能性もある。

同社はすでに採用者選考の過程が始まっていることを明らかにした。人事部長ハンナ・ウォールズは、適した資質を持つ人を教育することに会社は前向きではあるものの、同様職種での勤務経験のある志望者が優先的に選択されるだろうと語った。同社はチェンナイにある現在のコールセンターを拡張するという選択肢もあったが、地元の文化的・社会的慣習を理解するイギリスの労働者を採用したかった、と彼女は付け加えた。そうした労働者はこういうことに(180)精通しているだろうと、同社は判断したのだ。

この計画は地元の就職希望者にとって強力な後押しとなるであろう。彼らは今オンラインで応募ができ、面接を受けるべく選考された者は11月初めに面接に呼ばれることになる。

設問の訳 / 正解&ポイント解説

176

会社の本社はどこにありますか。
(A) ロンドン
(B) ニューカッスル
(C) ムンバイ
(D) チェンナイ

正解：(C) ★★
The move by the Mumbai-based retailer is 〜の部分から、この会社は Mumbai に本拠を置く会社だとわかるので、正解は (C)。-based は「〜に本拠 [本社、本部] を置く」の意味を表す連結語である。

177

求職者の要件として述べられていることは何ですか。
(A) 修理の経験
(B) コンピュータの知識
(C) リーダーシップがとれること
(D) 外国語が堪能なこと

正解：(B) ★
第 1 段落の Applicants are expected to have enough schooling to match the jobs for which they apply and be able to handle common office software systems. の部分に応募者に期待されている事柄が 2 つ書かれている。「応募職種に合った十分な教育」と「一般的なオフィス用ソフトウェアシステムを扱えること」であるが、そのうちの 2 つ目が選択肢の (B) に相当する。

178

ラファ家庭・園芸用品販売についてわかることは何ですか。
(A) それはアイルランドの会社を買収した。
(B) それはインドのウェブサイトを改善した。
(C) それは電話勧誘販売のコンサルタント業務を専門とする。
(D) それは相当な地域的市場占有率をもっている。

正解：(D) ★★
第 2 段落の the company already dominates Indian and Bangladeshi markets「この会社はすでにインドとバングラデシュの市場で優位を占めている」から、正解は (D)。

179

記事の中で述べられていないことは何ですか。
(A) 専門家が述べる意見
(B) 顧客の好みに関する分析結果
(C) 現在開発中の商品
(D) 多数の国にわたる事業拡大

正解：(C) ★★★
第 2 段落の the company already dominates Indian and Bangladeshi markets に (D)、Industry analysts believe the company chose northern England rather than London after comparing operational costs. に (A)、It may have also been influenced by research suggesting callers place greater trust in representatives with certain accents. に (B) がそれぞれ述べられている。しかし、(C) については記事の中で一切触れられていないので、これが正解。

Part 7

設問の訳

180

第3段落8行目の familiar に最も近い意味の語は
(A) 認識できる
(B) 好ましい
(C) 把握している
(D) 標準的な

正解&ポイント解説

正解：(C) ★★

be familiar with の familiar は「精通している、よく知っている」の意味である。最も近い意味の語は (C) comprehending「把握している、理解している」である。(B) の likeable「好ましい」は likable と綴ることも可能。

ボキャブラリー

- □ supplies 名 必需品、物品
- □ retailer 名 小売業者
- □ schooling 名 (学校) 教育
- □ enquiry (= inquiry) 名 問い合わせ
- □ dominate 動 独占する、牛耳る
- □ representative 名 担当者
- □ recruitment 名 採用、募集
- □ similar 形 同様の
- □ existing 形 現在の、現行の
- □ *be* familiar with ～ ～に精通している
- □ headquarters 名 本社、本部
- □ upgrade 動 改善する、向上させる
- □ substantial 形 相当な

- □ launch 動 起こす、始める
- □ initially 副 最初は
- □ handle 動 操作する、扱う
- □ generate 動 作り出す、もたらす
- □ operational cost 運用コスト
- □ confirm 動 正式に発表する
- □ preference 名 優先権
- □ expand 動 拡張する
- □ practice 名 慣習、慣行
- □ boost 名 後押し
- □ fluency 名 流暢さ
- □ specialize in ～ ～を専門とする
- □ profile 名 分析結果

文章の訳

質問の 181 から 185 は、次の手紙と E メールに関するものです。

[パッセージ①　手紙]

コリーン・グレイディ
49 ビーコン通り、アパートメント 813
ボストン、マサチューセッツ州 02108
E- メール：cgrady@zejeemail.com

(184) 6 月 8 日

リネン・ビューティ社
www.linenbeautyco.net
ダグラス・プラザ
27 エッジャリー・ロード
ボストン、マサチューセッツ州 02114

リネン・ビューティ社様

(181) 5 月 13 日に私は貴社の店舗でリネンのナプキン 60 セットと、それと揃いのテーブルクロス 10 枚を注文しました。

私はリネンのデザインと、商品の贅沢な外観が気に入りました。(182) またそれがエチオピア製であることも気に入りました。というのも、私は世界のその地域の布製品を常に愛好してきたからです。(183) そのリネンは私の娘の 7 月 24 日の結婚披露宴のためのものでしたので、花嫁と花婿の頭文字の「M」と「J」の文字をナプキンに手刺しで刺繍してもらうように私は手配しました。このサービスに 360 ドルの追加料金がかかりました。

(181) この手紙の日付の時点で、私はまだ購入商品を受け取っていません。貴社の顧客サービス部に 6 月 1 日に E メールしたのですが、何の返事もありませんでした。

(181) もし 7 月 1 日までにナプキンが届かなければ、私は他の業者に頼むことにします。その時点で、商品に対する払い戻しもお願いしたいと思います。

敬具
コリーン・グレイディ

Part 7

[パッセージ②　Eメール]

発信者：r.gomez@linenbeautyco.net
宛　先：cgrady@zejeemail.com
件　名：ご結婚式のリネン
日　付：6月14日

グレイディ様

お客様のご注文の品のお届けが遅れていますことを心よりお詫び申し上げます。こうしたあらゆる問題に対して即座に対応することは当社の方針であることを私は保証いたします。(184) 遺憾ながら、お客様のお手紙は当社の移転作業のあった週の日付になっておりました。その間にいくつかの通信文書が誤って処理されたようで、結果的に私は今朝お手紙を受け取ったところでございます。

領収証に説明してありますように、手刺しの刺繍の品は仕上げるのに時間がかかってしまうことが時々ございます。これは刺繍のとても細かい作業という性質によるものです。しかしながら、お客様ご注文の品の配送の準備が整いましたことをここにご連絡いたします。品物は宅配便にて、明日午前10時までにお届けします。

グレイディ様は当社にとって非常に大切なお客様です。今回おかけしましたご迷惑の埋め合わせといたしまして、当社の 150 ドル分の商品券をどうぞご利用ください。(185) それには有効期限はなく、このEメールに添付されています。印刷して、最寄の店舗までお持ちいただくか、オンラインでご利用いただけます。当社の婚礼用ギフト売り場には特に関心を持っていただけるかと存じます。

敬具

レイチェル・ゴメス
顧客サービス部長

設問の訳	正解＆ポイント解説

181

手紙の目的は何ですか。
(A) 注文を更新すること
(B) 日程を変更すること
(C) 苦情を言うこと
(D) 受領を確認すること

正解：(C) ★

On May 13, I placed an order at your store for ～「5月13日に私は貴社の店舗で～を注文しました」、As of the date of this letter, I have still not received my purchase. 「この手紙の日付の時点で、私はまだ購入商品を受け取っていません」、If I do not receive the napkins by July 1, I will turn to another supplier. 「もし7月1日までにナプキンが届かなければ、私は他の業者に頼むことにします」などから、この手紙は苦情を言うためのものだと言える。よって、正解は (C)。

設問の訳	正解&ポイント解説

182

グレイディさんについてわかることは何ですか。
(A) 彼女はある地域に由来する素材を好む。
(B) 彼女はエチオピアという国によく旅行する。
(C) 彼女はリネン製品を国際的に販売している。
(D) 彼女は時々手刺しで刺繍した作品を作る。

正解：(A) ★★
手紙の第2段落のI also liked the fact that they were Ethiopian, as I have always favored cloth products from that part of the world.「またそれがエチオピア製であることも気に入りました。というのも、私は世界のその地域の布製品を常に愛好してきたからです」の部分を言い換えた (A) が正解。

183

手紙によると、なぜ360ドルの追加料金がグレイディさんに請求されましたか。
(A) 彼女はより速い配送を依頼した。
(B) 彼女は披露宴の仕出し料理を注文した。
(C) 彼女は婚礼用の登録をするのが遅れた。
(D) 彼女は特別注文の作業を依頼した。

正解：(D) ★★
手紙の第2段落にI arranged for the napkins to be hand-embroidered with "M" and "J," the initials of the bride and groom. This service cost an additional $360.「花嫁と花婿の頭文字の「M」と「J」の文字をナプキンに手刺しで刺繍してもらうように私は手配しました。このサービスに360ドルの追加料金がかかりました」と書かれている。「M」と「J」の文字を特注で刺繍してもらったために、360ドルの追加料金がかかったわけだから、正解は (D)。

184

リネン・ビューティ社は6月8日に何をしていましたか。
(A) 商品の製造ラインを中断していた。
(B) 事業所の場所を変更していた。
(C) 供給業者の通信物を発送していた。
(D) 主要な宅配業務を拡張していた。

正解：(B) ★★ （クロスレファレンス）
Eメールの第1段落にUnfortunately, your letter was dated the week of our office relocation.「遺憾ながら、お客様のお手紙は当社の移転作業のあった週の日付になっておりました」とあるので、(B) が正解。your letter was dated とは、手紙の最初の日付を見ればわかる通り、June 8 のことである。

185

グレイディさんは店で使える商品券をどこで見つけることができますか。
(A) 顧客サービス担当センターで
(B) 期限切れの文書の下に
(C) 別の添付ファイルの中に
(D) 婚礼用ギフト売り場のそばで

正解：(C) ★★
Eメールの最後の段落にIt has no expiration date and is attached to this e-mail.「それには有効期限はなく、このEメールに添付されています」と書かれている。これを言い換えたのが、(C) である、It has no expiration 〜のItは、voucher「商品券」を指している。

Part 7

ボキャブラリー

- place an order 注文する
- luxurious 形 ぜいたくな
- favor 動 好む
- hand-embroider 動 手刺しで刺繍を施す
- groom 名 花婿
- purchase 名 購入品
- refund 名 払い戻し
- deal with ～ ～に対応する、対処する
- correspondence 名 通信文書
- outline 動 概説する
- express courier 宅配便
- compensate A for B AにBの埋め合わせをする
- voucher 名 商品券
- attach A to B AをBに添付する
- discontinue 動 中断する
- primary 形 主要な
- linen 名 リネン
- appearance 名 外観、見かけ
- wedding reception 結婚披露宴
- bride 名 花嫁
- as of ～ ～の時点で
- response 名 返事
- assure 動 保証する
- relocation 名 移転
- mishandle 動 取り扱いを誤る
- due to ～ ～が原因で
- value 動 大事にする、尊重する
- expiration date 有効期限
- revise 動 変更する、修正する
- supplier 名 供給業者
- expired 形 期限切れの

文章の訳

質問の 186 から 190 は、次の手紙に関するものです。

[パッセージ①　手紙]

ジョリーン・モンゴメリー
498 ブルンズウィック通り
メルボルン、ビクトリア州

ベイサイド社
153 ケント通り
シドニー、ニューサウスウェールズ州
4月14日

サムソン様

　(186)(187)本日の『モーニングヘラルド』紙に掲載されていた経理部の秘書職に応募させていただきたいと思います。(188)私は現在メルボルンに住んでいますが、今の仕事をもうすぐやめてシドニーに移り住み、私の職歴と資格が利益となるところでの新しいやりがいのある仕事を求めています。

　御社の広告を拝読した後で、私の能力と経験が御社のお役に立てると感じ、面接で直接お話しできる機会をいただければと思っています。

　(189)私は来月の初めにシドニーに着き、それ以降はいつでも面接可能です。どうか同封した履歴書の写しといくつかの照会状をご覧ください。

敬具
ジョリーン・モンゴメリー

[パッセージ②　手紙]

ベイサイド社
153 ケント通り
シドニー、ニューサウスウェールズ州

ジョリーン・モンゴメリー
498 ブルンズウィック通り
メルボルン、ビクトリア州
4月23日

モンゴメリー様

　経理部の秘書職にご応募いただき、ありがとうございました。(190)残念ながらその職はもうふさがっておりますが、他に請求部の秘書職にご興味がおありでしょうか。(187)条件と手当は前の新聞広告のものと同様で、もっと詳しいことは面接でご相談可能です。もしも興味を持たれましたら面接の手配のために 59-2783-7631 の私宛にご連絡ください。

　お返事をお待ちしております。

敬具
ジョー・サムソン

Part 7

設問の訳	正解&ポイント解説

186

なぜモンゴメリーさんはサムソンさんに手紙を書いているのですか。
(A) 予約の変更をするため
(B) 職に応募するため
(C) 問い合わせをするため
(D) 彼女の事情を説明するため

正解：(B) ★

カバーレター冒頭に I would like to apply for the position of secretary ～. とあるので、正解は (B)。

187

モンゴメリーさんは、どのようにしてこの職を知ったのですか。
(A) 新聞から
(B) ラジオから
(C) 職業紹介所から
(D) ウェブサイトから

正解：(A) ★

カバーレターに today's *Morning Herald* とあり、サムソンさんからの返事に The conditions and benefits are similar to the previous advertisement in the paper ～. とあることから、広告は新聞に載っていたことがわかるので、正解は (A)。

188

モンゴメリーさんはなぜこの会社に職を求めているのですか。
(A) 彼女はその地域に移り住むから。
(B) 今よりも高い給料がほしいから。
(C) 彼女はメルボルンよりシドニーの方が好きだから。
(D) 彼女は旅行がしたいから。

正解：(A) ★★

モンゴメリーさんは I will be leaving my present job shortly and moving to Sydney and am looking for a new challenging position ～. と書いているので、「シドニーで新しいやりがいのある仕事を求めている」とわかる。この会社がその地域、つまりシドニーにあることも理由と思われるので、正解は (A)。

189

モンゴメリーさんはいつサムソンさんに会いたいのですか。
(A) 来月の初めに
(B) 来月の終りに
(C) できるだけ早く
(D) いつでも

正解：(A) ★★

I will be arriving in Sydney at the beginning of next month and available for an interview anytime after that. とあるので、正解は (A)。

190

サムソンさんはなぜモンゴメリーさんに他の職を持ちかけているのですか。
(A) 彼は彼女がその職にもっと向いていると思うから。
(B) 広告に出た職はもう有効でないから。
(C) 彼はその職を直ちに補充しなければならなかったから。
(D) 彼女のカバーレターが素晴らしかったから。

正解：(B) ★★★

サムソンさんの手紙に Unfortunately, the position has already been filled ～. とあり、募集していた経理部の秘書職はすでに決まったと書いてある。そのため、他の部での仕事を持ちかけているので、正解は (B)。

ボキャブラリー

- accounting 名 経理、会計
- shortly 副 まもなく
- benefit 名 利益
- in person 直接に、自ら
- secretarial 形 秘書の
- reschedule 動 (〜の) 予定を変更する
- circumstances 名 事情
- seek 動 求める
- impressive 形 印象的な
- division 名 課、事業部
- challenging 形 やりがいのある
- asset 名 有用な人材、財産
- unfortunately 副 不運にも、残念ながら
- hear from 〜 〜から連絡をもらう
- make inquiries 問い合わせる
- job bank 職業紹介所
- suited 形 適した

Part 7

文章の訳

質問の 191 から 195 は、次の記事と E メールに関するものです。

[パッセージ①　記事]

合併の結果、クローバー銀行グループで 2000 人解雇の可能性が生じる

(191)(192) クローバー銀行グループは、競争の激しい銀行市場と 2 年以上の収益の損失に対処するため 10 月 1 日付でスター銀行グループと合併することを発表した。この合併は、新会社を世界で最も大きい国際銀行の上位 15 行のひとつにする。クローバー銀行から 2000 人が解雇されるだろうと見られている。上層部はこれまでのところさらなる詳細は発表していない。

[パッセージ②　E メール]

送信者：アキヒコ・タナカ
宛　先：全社員
件　名：合併
日　付：9 月 1 日

みなさんの多くが解雇の可能性のうわさをニュースや社内で聞いたことと思います。(194) 私はみなさんに、これらはあくまでうわさであり、まだ何も確実ではないということを申し上げたいと思います。私達はみなさんの職と会社を守るためにあらゆる努力をしています。私達はみなさんの献身と誠実さに (193) 感謝するとともに、みなさんとクローバー銀行にとって有益となるようにスター銀行との調停を進めています。

(195) どうかよい仕事とプロ意識を維持してください。最新の情報を受け取り次第お知らせします。みなさんの上司は、これ以上の情報を持っていませんので、彼らに質問をするのは避けてください。

敬具
アキヒコ・タナカ
人事部長
クローバー銀行

設問の訳

191

記事の目的は何ですか。
(A) 調査の結果を報告すること
(B) 地元の銀行を紹介すること
(C) 催しを説明すること
(D) 業務提携を発表すること

正解&ポイント解説

正解：(D) ★★

記事の目的は merger「合併」を知らせるものである。それを business agreement と言い換えている (D) が正解。

Part 7

設問の訳	正解&ポイント解説

192

クローバー銀行はなぜスター銀行と合併するのですか。
(A) もっと競争力を持つため
(B) 海外投資を始めるため
(C) もっと社員を雇うため
(D) 市場に参入するため

正解：(A) ★★★
記事の2行目に～ in order to deal with the competitive banking market ～.「競争の激しい銀行市場に対処するため」とあるので、正解は (A)。

193

Eメールの第1段落4行目の appreciate に最も近い意味の語は
(A) 期待する
(B) 要求する
(C) 高く評価する
(D) 値踏みする

正解：(C) ★★★
value には「高く評価する、重視する」の意味があり、選択肢の中では appreciate「高く評価する」に最も近い。他の選択肢の意味は (A) expect「期待する」、(B) request「要求する」、(D) evaluate「値踏みする」。

194

Eメールによると、合併について正しいのはどれですか。
(A) 無駄である。
(B) 何千人もの社員が解雇される。
(C) 解雇はまだ確定していない。
(D) 重役は真実を隠している。

正解：(C) ★★★
質問の In the e-mail「Eメールによると」ということに要注意。タナカさんのEメールでは「解雇は確定していない」と書かれているので、正解は (C)。

195

タナカさんは社員に何をすることを頼んでいますか。
(A) (今まで通り) 働き続ける
(B) 上司に連絡する
(C) 彼らの仕事を守る
(D) 退社する

正解：(A) ★★
Eメールに Please keep up the good work and your professionalism. とあるので、正解は (A)。keep up が continue に言い換えられている。

✓ ボキャブラリー

- merger 名 合併
- layoff 名 (一時) 解雇
- so far これまでは
- make every effort あらゆる努力をする
- devotion 名 献身
- broker a deal 調停を進める
- keep up ～ ～を維持する
- survey 名 調査
- business agreement 業務提携
- ineffective 形 無駄な
- result in ～ 結果として～をもたらす
- competitive 形 競争の激しい
- rumor 名 うわさ
- protect 動 守る
- loyalty 名 忠誠
- beneficial 形 利益になる
- professionalism 名 プロ意識
- profile 動 紹介する
- take on ～ ～を雇う
- hide 動 隠す

Part 7

文章の訳

質問の 196 から 200 は、次の広告と E メールに関するものです。

[パッセージ①　広告]

ラシッド不動産が自信を持って発表する最新の開発物件
フェアモント・ビルディング
現在テナント申し込みを受け付け中

正式営業開始：1月26日

(197)新しく修復・拡張された幹線道路7号線沿い、カルパー・バレーに位置する当ビルはカービー流通センターからわずか3km、アボンダー国際空港からは4kmという距離で、(196)そのためにこの開発物件はビジネスに理想的な場所となっています。

無線、広帯域、衛星回線、その他の機能を含む最新の電気通信機器すべてが装備された、(196)近代的で広々とした事務所を私達はご提供しています。当ビルはまた環境に優しくエネルギー効率も良く設計されています。(197)丈夫な絶縁材料を用いた設計で、テナントは同等の物件と比較して大幅に安い光熱費が見込めます。そのエリアで生活し仕事をするスタッフは、(197)極めて優れた生活の質とともに家族に優しい環境も享受できることでしょう。エリア内の学校はそれぞれトップクラスの教育水準で有名であり、近隣は格別に安全です。そして当ビルは工場などが一つもない手付かずの自然のエリアに立地しております。

期間限定ではありますが、私達は入居見込みのテナントに対し財政的な報奨も提供しております。リース価格はこの物件の技術的および立地的優位性を反映するものです。(200)しかし、最低3年以上の契約をされるテナントには特典を付与させていただきます。12月1日までにそのような契約に署名されるテナントには、料金据え置きでリース契約を1度更新できる権利を保証いたします。

お問い合わせはイーサン・ハーカーまでご連絡ください：
ethan.harker@rashidproperties.com.
当施設のインターネット上でのツアーもご覧いただけます：
www.rashidproperties.com/virtualtours/fairmont/

Part 7

[パッセージ② Eメール]

送信者：ミナミ・ウチヤマ <m.uchiyama@endo_tech.net>
宛　先：イーサン・ハーカー <ethan.harker@rashidproperties.com>
日　付：11月27日、午後2:13
件　名：フェアモント・ビルディング

イーサン様

(198) ご承知のように、先月私達はフェアモント・ビルディングとその周辺エリアを視察しました。あの10月24日の体験はいろいろな点で印象的でした。貴社の施設内の事務所は私達が現在使っている場所よりも相当広いです。(199) 幹線道路7号線に対し行われてきた改修についても私達は好ましく思いましたし、現在の状態を特に気に入っております。ビルへの通勤は今やはるかに容易になったことでしょう。

(200) 今月の貴社との一連の会合を踏まえまして、最近いただいた5年リースの申し出を我が社は受け入れる用意がございます。添付しました、署名し日付を入れたリース契約書をご覧ください。本日宅配便により写しを送りましたので、午後5時までに届くはずです。我が社の従業員が正式営業開始日までに入居できることを確認させていただきたく存じます。

宅配便の荷物を受け取られましたら、できるだけ早くEメールをお願いいたします。

敬具

ミナミ・ウチヤマ
業務部長
エンドー・テック

設問の訳	正解＆ポイント解説

196

ラシッド不動産について何が暗示されていますか。
(A) それは保安要員を募集している。
(B) それは商業施設を管理している。
(C) それは住宅を販売している。
(D) それは不動産の投資家に助言を与えている。

正解：(B)

広告の中に書かれている this makes the development an ideal site for business.「そのためにこの開発物件はビジネスに理想的な場所となっています」や We are offering modern spacious offices「私達は広々とした事務所をご提供しています」などから、ラシッド不動産は商業施設をリースしていることがわかるので、正解は (B)。

117

Part 7

| 設問の訳 | 正解&ポイント解説 |

197

フェアモント・ビルディングの特色として述べられていないことは何ですか。
(A) 美しい建築
(B) 便利な立地
(C) 高い生活の質
(D) 低いエネルギー費

正解：(A) ★★
広告の第1段落の the building is only 3 kilometers from the Kurby Distribution Center and 4 kilometers from Avondar International Airport; this makes the development an ideal site for business. に (B)、第2段落の energy efficient; designed with robust insulation materials, tenants can expect utilities to be substantially lower than comparable properties. に (D)、enjoy a family-friendly environment with an outstanding quality of life. に (C) がそれぞれ述べられている。しかし、(A) については記事の中で一切触れられていないので、正解は (A)。

198

Eメールによると、10月24日に何が起こりましたか。
(A) 会議の予定が変更された。
(B) 価格の再交渉が行われた。
(C) エリア内の視察が行われた。
(D) 契約がまとまった。

正解：(C) ★★
Eメールの初めに As you know, we toured the Fairmont Building and the surrounding area last month. We found that October 24 experience impressive in many ways. 「ご承知のように、先月私達はフェアモント・ビルディングとその周辺エリアを視察しました。あの10月24日の体験はいろいろな点で印象的でした」と書かれている。その部分を言い換えた (C) が正解。

199

ウチヤマさんは特に何を気に入っていますか。
(A) 工業団地の修復
(B) 道路工事の完成
(C) 幹線道路の交通渋滞がないこと
(D) 建築会社の成功

正解：(B) ★★
ウチヤマさんが送ったEメールには、We also liked the changes that have been made to Highway 7 and are especially pleased about its current status. 「幹線道路7号線に対し行われてきた改修についても私達は好ましく思いましたし、現在の状態を特に気に入っております」と書かれている。彼は Highway 7 の改修を特に喜んでいるので、(B) が正解。

Part 7

設問の訳

200

エンドー・テックについてわかることは何ですか。
(A) その契約書が監査のために提出される。
(B) その入居は当初の日付から変更される。
(C) その事務所は以前よりも狭くなる。
(D) 更新に際して、リース料金は変わらないだろう。

正解＆ポイント解説

正解：(D) ★★★ （クロスレファレンス）

広告の第3段落の Nevertheless, concessions are being granted to tenants with contracts lasting at least three years. Tenants signing such contracts by December 1 are guaranteed the one-time right to renew their leases at the same rate. とEメールの After a series of meetings with you this month, we are prepared to accept your most recent 5-year lease offer. を関連づけて読む必要のある問題である。11月27日付けのEメールにて、エンドー・テックは5年リースの契約を望んでいることをラシッド不動産に伝えている。よって、(D)が正解と判断できる。

Part 7

ボキャブラリー

- property 名 地所、不動産物件
- alongside 前 ～沿いに
- outfitted with ～ ～が装備されている
- eco-friendly 形 環境に優しい
- robust 形 丈夫な
- utilities 名 光熱費
- comparable 形 同等の
- be noted for ～ ～で有名である
- pristine 形 手付かずの
- incentive 名 奨励、刺激
- reflect 動 反映する
- concession 名 特典、利権
- guarantee 動 保証する
- tour 動 視察する
- occupy 動 使用する、占有する
- commute 動 通勤する
- no later than （遅くとも）～までに
- real estate 不動産
- renegotiate 動 再交渉する
- industrial complex 工業団地
- submit 動 提出する
- move-in 名 入居
- launch 名 開始
- spacious 形 広々とした
- gear 名 装置、機器
- energy-efficient 形 エネルギー効率の良い
- insulation 名 絶縁体
- substantially 副 大幅に
- outstanding 形 優れた
- exceptionally 副 格別に
- whatsoever 副 少しの～もない
- prospective 形 見込みのある
- nevertheless 副 しかし、とは言え
- grant 動 供与する
- renew 動 更新する
- considerably 副 相当に、かなり
- current status 現状
- by courier 宅配便で
- residential 形 住居の
- architecture 名 建築
- finalize 動 まとめる、最終決定する
- roadwork 名 道路工事
- audit 名 監査
- renewal 名 更新

TEST 2 解説

リスニング・セクション
Part 1 122
Part 2 126
Part 3 138
Part 4 158

リーディング・セクション
Part 5 178
Part 6 188
Part 7 192

TEST 2 解答一覧

問題	解答	問題	解答	問題	解答	問題	解答	問題	解答
1	D	41	A	81	C	121	D	161	D
2	B	42	C	82	A	122	D	162	D
3	C	43	C	83	B	123	A	163	B
4	D	44	A	84	C	124	C	164	D
5	C	45	C	85	C	125	C	165	C
6	D	46	C	86	D	126	D	166	B
7	A	47	B	87	C	127	D	167	D
8	B	48	C	88	C	128	B	168	B
9	A	49	C	89	B	129	C	169	D
10	C	50	D	90	C	130	D	170	B
11	A	51	A	91	C	131	D	171	D
12	B	52	C	92	B	132	C	172	B
13	B	53	D	93	D	133	B	173	D
14	C	54	D	94	C	134	D	174	C
15	C	55	C	95	B	135	C	175	D
16	A	56	D	96	B	136	D	176	C
17	C	57	B	97	C	137	A	177	C
18	C	58	A	98	D	138	A	178	B
19	C	59	D	99	A	139	B	179	D
20	A	60	A	100	D	140	A	180	A
21	C	61	D	101	B	141	B	181	A
22	C	62	D	102	C	142	D	182	A
23	B	63	A	103	B	143	B	183	C
24	C	64	C	104	B	144	C	184	A
25	A	65	D	105	A	145	A	185	A
26	C	66	C	106	D	146	B	186	C
27	C	67	C	107	B	147	B	187	D
28	C	68	D	108	C	148	D	188	A
29	A	69	C	109	C	149	A	189	D
30	C	70	C	110	D	150	D	190	C
31	C	71	B	111	A	151	B	191	D
32	B	72	C	112	B	152	A	192	A
33	C	73	C	113	A	153	D	193	C
34	A	74	C	114	D	154	A	194	A
35	A	75	B	115	B	155	B	195	A
36	C	76	B	116	C	156	C	196	C
37	A	77	B	117	A	157	B	197	B
38	C	78	C	118	C	158	D	198	A
39	C	79	D	119	C	159	A	199	C
40	A	80	B	120	C	160	C	200	B

Part 1 CD 2 | 2-6

スクリプト	スクリプトの訳
1 加	
(A) The woman has a piece of litter in her hand. (B) The woman is reviewing a document. (C) The woman is checking out a book. **(D) The woman is reading a paper.**	(A) 女性はごみを1つ手に持っている。 (B) 女性は書類を見直している。 (C) 女性は本を借りている。 **(D) 女性は新聞を読んでいる。**
2 豪	
(A) He's hanging up the phone. **(B) He's doing two things at once.** (C) He's installing a computer. (D) He's cleaning the keyboard.	(A) 彼は電話を切っている。 **(B) 彼は同時に2つのことをしている。** (C) 彼はコンピュータをインストールしている。 (D) 彼はキーボードを掃除している。
3 英	
(A) They're looking above their heads. (B) They're sitting at the table facing each other. **(C) They're looking at the computer.** (D) They're reading a manual.	(A) 彼らは頭上を見ている。 (B) 彼らは向かい合わせで食卓についている。 **(C) 彼らはコンピュータを見ている。** (D) 彼らは説明書を読んでいる。
4 米	
(A) The man is driving a convertible. (B) The man is sitting in the front seat. (C) They're standing next to the vehicle. **(D) They're riding in a buggy.**	(A) 男性はオープンカーを運転している。 (B) 男性は前部座席に座っている。 (C) 彼らは乗り物のそばに立っている。 **(D) 彼らはバギーに乗っている。**
5 英	
(A) The woman is piling the plates. (B) The woman is scrubbing the pan. **(C) The woman is washing a dish.** (D) The woman is setting the dishes on the table.	(A) 女性は皿を積み上げている。 (B) 女性は平鍋を磨いている。 **(C) 女性は皿を洗っている。** (D) 女性はテーブルに皿を並べている。

正解&ポイント解説

正解：(D) ★

写真の人物の行動が問われている。「女性は新聞を読んでいる」の (D) が正解。paper だけで「新聞」（= newspaper）の意味があることを覚えておこう。

✓ ボキャブラリー
- ☐ litter 名 ごみ
- ☐ check out 〜 （本を）借りる
- ☐ review 動 見直す
- ☐ paper 名 新聞

正解：(B) ★★★

男性は電話をしながら、同時にコンピュータを操作している。「同時に2つのことをしている」という意味の (B) が正解。at once には「すぐに」のほか、「同時に、一度に」の意味もあるので覚えておこう。

✓ ボキャブラリー
- ☐ hang up the phone 電話を切る
- ☐ install 動 インストールする、設置する

正解：(C) ★

4人の人物が1台のコンピュータ画面を見ているので、正解は (C)。彼らは同じ方向を向き、コンピュータ画面のある前方を見ているので、(A) と (B) は不適切。説明書かどうかは写真ではわからないので、(D) は不適切。

✓ ボキャブラリー
- ☐ look above one's head 頭上を見る
- ☐ face each other 向かい合う
- ☐ sit at the table 食卓につく
- ☐ manual 名 説明書

正解：(D) ★★

写真の男性が運転しているのは、convertible「オープンカー」ではなく、buggy「バギー」なので、(A) は不適切。男性はバギーの後部座席に座っており、2人とも乗り物に乗っているので、(B) と (C) は不適切。

✓ ボキャブラリー
- ☐ convertible 名 オープンカー
- ☐ buggy 名 バギー
- ☐ vehicle 名 乗り物

正解：(C) ★

写真の女性は皿を洗っているので、正解は (C)。plates「皿」という単語だけで判断して選ばないようにしよう。dish は料理を盛る「大皿」のことを言い、plate はめいめいに取り分ける「小皿」のことを言う。

✓ ボキャブラリー
- ☐ pile 動 積み上げる
- ☐ scrub 動 磨く
- ☐ plate 名 皿
- ☐ pan 名 平鍋

Part 1 CD 2 | 7〜11

スクリプト	スクリプトの訳

6 豪

(A) She's lying on the couch.
(B) She's wearing glasses.
(C) She's carrying a guitar case.
(D) She's playing an instrument.

(A) 彼女は長いすに横になっている。
(B) 彼女は眼鏡をかけている。
(C) 彼女はギターケースを運んでいる。
(D) 彼女は楽器を演奏している。

7 米

(A) There's a cash machine between the chairs.
(B) There's a picture above the ATM.
(C) Some people are putting money in the bank.
(D) The machine doesn't work well.

(A) 椅子の間に現金自動預払機がある。
(B) ATMの上部に絵がかかっている。
(C) 銀行で預金している人がいる。
(D) 機械はうまく作動しない。

8 米

(A) The woman is eating some cake.
(B) The woman is stretching to reach an item.
(C) The woman is displaying the goods.
(D) The shelf is full of books.

(A) 女性はケーキを食べている。
(B) 女性は商品を取ろうと手を伸ばしている。
(C) 女性は商品を展示している。
(D) 棚は本でいっぱいである。

9 英

(A) He's using a power tool.
(B) He's repairing his car.
(C) He's working in the garage.
(D) He's remodeling the house.

(A) 彼は電動工具を使っている。
(B) 彼は車を修理している。
(C) 彼は倉庫で作業をしている。
(D) 彼は家を改築している。

10 米

(A) The fruit is scattered around on the floor.
(B) Many manufacturers are displaying their goods.
(C) Vegetables have been arranged in baskets.
(D) The woman is paying for some vegetables.

(A) 果物が床にちらばっている。
(B) たくさんの製造業者が製品を展示している。
(C) 野菜が籠に並べられている。
(D) 女性が野菜の代金を払っている。

正解&ポイント解説

正解：(D) ★★
写真の女性は長いすに腰かけているが横になってはいないので、(A) は不適切。女性は眼鏡をかけてはいないので、(B) も不適切。「楽器を演奏している」の (D) が正解である。play an instrument とは、play a musical instrument のこと。

✔ ボキャブラリー
- □ couch 名 長いす、ソファ
- □ glasses 名〈複数形で〉眼鏡

正解：(A) ★★
2脚の椅子の間に現金自動預払機があるので、(A) が正解。ATM の右手にポスターのようなものが見えるが ATM の上部ではないので、(B) は不適切。写真の中に人の姿は見えないし、機械が動かないかどうかは写真から判断できないため、(C) と (D) は不適切。

✔ ボキャブラリー
- □ cash machine 現金自動預払機
- □ above 前 〜の上部に

正解：(B) ★★★
写真の女性は棚のお菓子を取ろうとしているが、ケーキは食べてはいないので (A) は不適切。(C) は女性の行動が「商品を展示している」かどうかが不明なので、不適切。動作をそのまま表している (B) が正解。

✔ ボキャブラリー
- □ stretch 動 手を伸ばす
- □ reach 動 取る、つかむ
- □ goods 名〈複数形で〉商品
- □ shelf 名 棚

正解：(A) ★★
写真の男性は power tool「電動工具」を使って作業をしているので、正解は (A)。男性は、車を修理したり家を改造しているようには見えないし、倉庫ではなく屋外で作業しているので、他の選択肢は不適切。

✔ ボキャブラリー
- □ power tool 電動工具
- □ garage 名 倉庫
- □ remodel 動 改築する

正解：(C) ★★★
さまざまな種類の野菜や果物が籠の中に入れられているので、(C) が正解。manufacturer「製造業者」が作るものは、manufacture「製品」であり machine「機械」が作ったものなので、野菜は該当しない。よって、(B) は不適切。

✔ ボキャブラリー
- □ scatter 〜 around 〜をばらまく
- □ arrange 動 並べる

Part 2　CD 2 | 13〜17

スクリプト	スクリプトの訳

11　豪 ▶ 力

Why did Mr. Osman's presentation fail?

(A) He didn't prepare well enough.
(B) He didn't like that present.
(C) He was a great performer.

なぜオズマンさんのプレゼンテーションは失敗したのですか。

(A) 彼は十分に準備しませんでした。
(B) 彼はそのプレゼントが気に入りませんでした。
(C) 彼は素晴らしいパフォーマーでした。

12　米 ▶ 英

When will the next seminar be held?
(A) It was on July 13th.
(B) I'll check and let you know.
(C) I'm sure it will improve next year.

次のセミナーは、いつ開かれるのですか。
(A) 7月13日でした。
(B) 調べてお知らせします。
(C) きっと来年は改善すると思います。

13　豪 ▶ 英

Who should I contact when I need stationery?

(A) The station is over there.
(B) Anita is in charge of it.
(C) Anytime you want.

文房具が必要な時は誰に連絡すべきですか。

(A) 駅は向こうです。
(B) アニータがその担当です。
(C) いつでも欲しい時に。

14　力 ▶ 豪

Can you give me a discount if I pay in cash?
(A) Yes, we accept all credit cards here.
(B) I'll give it to her for free.
(C) It depends on the order volume.

現金で支払えば割引してもらえますか。
(A) はい、ここではすべてのクレジットカードを受け付けております。
(B) 私はそれを彼女に無料であげます。
(C) 注文の量によります。

15　米 ▶ 力

Didn't you get in touch with the shipping company?
(A) No, they didn't ship them.
(B) Keep in touch, will you?
(C) Yes, I called last Friday.

運送業者に連絡をしなかったのですか。
(A) はい、彼らは発送しませんでした。
(B) 連絡してくれるよね？
(C) いいえ、先週の金曜日に電話しました。

Part 2

正解&ポイント解説

正解：(A) ✖✖
Why ～？で「理由」について尋ねている。「なぜ失敗したのか」と聞かれているのに対して、He didn't prepare well enough.「彼は十分に準備しなかった」と理由を答えている (A) が正解。

✓ ボキャブラリー
☐ presentation 名 プレゼンテーション　　☐ performer 名 パフォーマー、演じる人

正解：(B) ✖✖
When ～？で始まる疑問文で「時」を尋ねている。(A) は、日付は答えているが「時制」が「過去形」なので不適切。「調べて知らせる」と答えている (B) が正解。(C) は next で混乱させようとしているので注意しよう。

✓ ボキャブラリー
☐ seminar 名 セミナー　　☐ improve 動 よくなる、向上する

正解：(B) ✖✖
Who ～？で「人」について尋ねている。「誰に連絡すべきか」を聞いているので、「担当者」を答えている (B) が正解。(A) は stationery と station で混乱させようとしている。(C) は When ～？で始まる疑問文に対してなら正解になり得る。

✓ ボキャブラリー
☐ stationery 名 文房具　　☐ in charge of ～ ～を担当して

正解：(C) ✖✖
Can you ～？に対する答えは Yes / No とは限らない。「割引ができるか」を尋ねているので、It depends on the order volume.「注文の量による」と答えている (C) が正解。cash からの連想で credit cards を含む (A) を選ばないこと。(B) は give で混乱させようとしている。

✓ ボキャブラリー
☐ discount 名 割引

正解：(C) ✖✖
Didn't you ～？「～しなかったのですか」と相手に確認する疑問文。I called last Friday.「先週の金曜日に電話しました」と答えている (C) が正解。(A) は ship で、(B) は touch で混乱させようとしている。

✓ ボキャブラリー
☐ get in touch with ～ ～と連絡を取る　　☐ shipping company 運送会社
☐ ship 動 発送する　　☐ keep in touch 連絡を取る、接触を保つ

Part 2 CD 2 | 18〜22

| スクリプト | スクリプトの訳 |

16 豪 ▶ 米

The secretary knows Dr. Barnard's schedule, doesn't she?
(A) Of course. That's her job.
(B) His schedule is very tight.
(C) Yes, she has known him since she joined the company.

秘書は、バーナード博士のスケジュールを知っていますよね。
(A) もちろんです。それが彼女の仕事ですから。
(B) 彼のスケジュールはとても詰まっています。
(C) はい、彼女は会社に入ってからずっと彼を知っています。

17 英 ▶ 米

Who was my replacement while I was gone?
(A) I didn't go any place.
(B) The secretary can type.
(C) I don't know.

私がいない間、誰が私の代わりだったのですか。
(A) 私はどこにも行きませんでした。
(B) その秘書はタイプができます。
(C) わかりません。

18 加 ▶ 英

What is the dress code for the celebration?
(A) Lots of celebrities are coming to the party.
(B) It's very expensive.
(C) You can dress casually.

祝賀会での服装規定はどのようなものですか。
(A) 多くの有名人がパーティに来ます。
(B) それはとても高いです。
(C) 普段着で構いません。

19 英 ▶ 米

How did Ian build his editorial skills?
(A) By doing an internship at a publishing house.
(B) With a hammer and nails.
(C) Yes, those are his skills.

イアンはどうやって編集技術を築き上げたのですか。
(A) 出版社でインターンシップをすることによって。
(B) 金づちと釘で。
(C) はい、それらが彼の技能です。

20 加 ▶ 豪

What caused the power outage?
(A) The storm knocked down power lines.
(B) It happened downtown.
(C) During the evening.

停電の原因は何ですか。
(A) 嵐で送電線が断線したのです。
(B) 町の中心部で起こりました。
(C) 夜の間に。

Part 2

正解&ポイント解説

正解：(A) ★★★
「〜ですよね」と念押しや確認をする「付加疑問文」である。(B) は schedule で、(C) は know で混乱させようとしている。Of course.「もちろん（知っている）」と答えている (A) が正解。

✓ ボキャブラリー
☐ secretary 名 秘書
☐ tight 形 きつい、詰まっている

正解：(C) ★
Who 〜？で「人」について尋ねている。(A) は replacement と any place で混乱させようとしている。(B) は「人」は含まれているが、あとに続く文が質問の内容に合っていないので不適切。I don't know.「わからない」と答えている (C) が正解。

✓ ボキャブラリー
☐ replacement 名 代わり

正解：(C) ★★★
What is the dress code 〜？「服装規定は何か」と尋ねているので、You can dress casually.「普段着で構わない」と答えている (C) が正解。(A) は celebration と celebrities で混乱させようとしている。

✓ ボキャブラリー
☐ dress code 服装規定
☐ celebrity 名 有名人
☐ celebration 名 祝賀会
☐ dress 動 着る

正解：(A) ★★★
How 〜？で「手段」について尋ねている。「どうやって編集技術を築き上げたか」と尋ねているので、「出版社でインターンシップをすることによって」という (A) が正解。(B) は build から連想される a hammer and nails で、(C) は skills で混乱させようとしている。

✓ ボキャブラリー
☐ editorial 形 編集の
☐ internship 名 実習訓練、インターンシップ
☐ publishing house 出版社

正解：(A) ★★
What caused 〜？「何が〜を起こしたのか」と尋ねているので、The storm knocked down power lines.「嵐で送電線が断線した」と「原因」を答えている (A) が正解。「場所」を答えている (B)、「時」を答えている (C) は不適切。

✓ ボキャブラリー
☐ power outage 停電
☐ knock down 〜 〜を崩壊させる、〜を倒す

Part 2 CD 2 | 23〜27

スクリプト	スクリプトの訳

21 英 ▶ 米

Do you know the stock number of the item? | 商品の在庫番号をご存知ですか。

(A) Sorry. It's out of stock. | (A) すみません。それは在庫切れです。
(B) Yes, the order number is 135. | (B) はい、発注番号は 135 です。
(C) I'll check and call you as soon as I find out. | **(C) 調べて、わかり次第すぐにお電話いたします。**

22 米 ▶ カ

Should I reserve a ticket right now or do it later? | チケットを今すぐ予約すべきですか、それとも後にしますか。

(A) Yes, I'll do it right away. | (A) はい、今すぐやります。
(B) I'd like two tickets, please. | (B) チケットを 2 枚お願いします。
(C) Let me think about it for a while. | **(C) しばらく考えさせてください。**

23 英 ▶ 米

The application I submitted to the boss last Monday was accepted. | 先週の月曜日に私が上司に提出した応募用紙は受理されました。

(A) Yes, I submitted it yesterday. | (A) はい、昨日提出しました。
(B) Congratulations! | **(B) おめでとう!**
(C) He didn't like that idea. | (C) 彼はその考えが嫌いでした。

24 豪 ▶ カ

Why don't you drive to work? | 車で通勤したらどうですか?

(A) Yes, he drives me crazy. | (A) はい、彼は私をいらいらさせます。
(B) It's easier to take the bus. | **(B) バスに乗る方が簡単です。**
(C) No, I'm working tomorrow. | (C) いいえ、明日は働きます。

25 米 ▶ カ

Where are you going to work after you resign? | 辞職した後はどこで働くのですか。
(A) I'm going back to school. | **(A) 復学します。**
(B) Please sign here. | (B) ここに署名してください。
(C) I'm going shopping. | (C) 私は買い物に行きます。

正解：(C) ★★

Do you ~? に対する答えは Yes / No とは限らないので注意しよう。(B) は Yes 以下で「在庫番号」ではなく「発注番号」を答えているので不適切。(A) は stock で混乱させようとしている。「知っているか、いないか」にはっきり答えてはいないが、「知らないこと」に対して対処しようとしている (C) が正解。

✓ ボキャブラリー

☐ stock number　在庫番号　　　　　　☐ out of stock　在庫切れで

正解：(C) ★★

「今すぐ予約するか」それとも「後にするか」で聞かれているので、そのどちらかで答えるのが基本だが、その場では決めかねて Let me think about it for a while.「しばらく考えさせてほしい」と答えている (C) が正解。(A) は right now と right away で混乱させようとしている。チケットの枚数は尋ねていないので (B) は不適切。

✓ ボキャブラリー

☐ right away　今すぐ　　　　　　　☐ for a while　しばらくの間

正解：(B) ★★★

「上司に提出した応募用紙が受理された」と述べる平叙文に対して最も適切な応答文は、Congratulations!「おめでとう！」である。(A) は submitted で混乱させようとしているし、(C) は内容が応答文としてはかみ合わない。

✓ ボキャブラリー

☐ application　名 応募用紙　　　　　☐ submit　動 提出する

正解：(B) ★★

Why don't you drive to work?「車で通勤したらどうですか」という「提案」の疑問文に対して、It's easier to take the bus.「バスに乗る方が簡単である」と答えている (B) が正解。(A) は drive で、(C) は work で混乱させようとしている。

✓ ボキャブラリー

☐ drive *someone* crazy　（人の）気を狂わせる、〜を怒らせる

正解：(A) ★★

Where are you going to work ~? と「これからどこで働くつもりか」と尋ねているが、I'm going back to school.「復学する」と答えている (A) が正解。(B) は resign と sign で混乱させようとしている。(C) は、Where are you going? で質問が終わっていれば正解となり得るが、to 以下が続いていることに注意。最後まできちんと聞き取って早合点しないようにしよう。

✓ ボキャブラリー

☐ resign　動 辞職する　　　　　　☐ go back to school　復学する

Part 2 CD 2 | 28〜32

スクリプト	スクリプトの訳

26 豪 ▶ 英

Which consumer group is interested in our products?
(A) Form a group of five, please.
(B) The new production is very interesting.
(C) Younger people seem to be.

どの消費者層が我々の製品に興味を持っているのですか。
(A) 5人ずつのグループを作ってください。
(B) 新作はとてもおもしろいです。
(C) 若者のようです。

27 カ ▶ 豪

Do you know the agenda of this conference?
(A) Yes, the meeting will be held in Algeria.
(B) Yes, I do know about the legend.
(C) Yes, it's about our new product.

この会議の議題を知っていますか。
(A) はい、会議はアルジェリアで開かれます。
(B) はい、その伝説については確かに知っています。
(C) はい、我が社の新製品についてです。

28 英 ▶ 米

Ms. Hatchard has been away on business, hasn't she?
(A) Hong Kong is too far for a day trip.
(B) No, she has never been there.
(C) She is on vacation.

ハチャードさんは出張中なんですよね。
(A) 香港は日帰り旅行には遠すぎます。
(B) いいえ、彼女はそこに行ったことはありません。
(C) 彼女は休暇中です。

29 豪 ▶ カ

Who designed your company's Web site?

(A) Someone in the IT department.
(B) I'm an interior designer.
(C) I built a new house.

どなたが御社のウェブサイトをデザインしたのですか。
(A) IT部の誰かです。
(B) 私はインテリア・デザイナーです。
(C) 新しい家を建てました。

30 カ ▶ 豪

How often do I have to charge the battery?

(A) Charge it to my card, please.
(B) It's about 2 dollars.
(C) Every 10 hours or so.

どのくらいの頻度で電池を充電しなければならないのですか。
(A) それを私のカードに請求してください。
(B) 約2ドルです。
(C) だいたい10時間ごとです。

Part 2

正解&ポイント解説

正解：(C) ★★★
Which consumer group is ～？「どの消費者層が～？」と尋ねているので、Younger people seem to be.「若者のようだ」と答えている (C) が正解。(A) は group で混乱させようとしている。(B) は products と production、interested と interesting で混乱させようとしている。

✓ ボキャブラリー
☐ consumer group　消費者層　　　　☐ form　動 作る

正解：(C) ★★
「議題を知っているか」と尋ねているので、議題を具体的に答えている (C) が正解。(A) は agenda と Algeria で、(B) は agenda と legend で混乱させようとしている。(B) の do know の do は「ほんとうに、確かに」の意味を表す強調の助動詞。

✓ ボキャブラリー
☐ agenda　名 議題　　　　☐ conference　名 会議
☐ legend　名 伝説

正解：(C) ★★
「ハチャードさんが出張中かどうか」を「確認」する付加疑問文。She is on vacation.「彼女は休暇中です」と答えている (C) が正解。(A) は、「出張中かどうか」の答えにはなっていない。(B) は has been で混乱させようとしている。

✓ ボキャブラリー
☐ away　副 留守で　　　　　☐ on business　商用で、仕事で
☐ day trip　日帰り旅行　　　☐ on vacation　休暇中で

正解：(A) ★
Who ～？で「人」について尋ねている。「誰が会社のウェブサイトをデザインしたか」と尋ねているので、Someone in the IT department.「IT 部の誰か」と答えている (A) が正解。(B) は designed と designer で混乱させようとしている。

正解：(C) ★★
How often ～？で「頻度」について尋ねている。(A) は「請求する」の意味の charge で混乱させようとしている。(B) は charge で連想される dollar で混乱させようとしている。Every 10 hours or so「だいたい 10 時間ごと」と「頻度」を答えている (C) が正解。

✓ ボキャブラリー
☐ charge　動 充電する、請求する　　　☐ battery　名 電池

Part 2 CD 2 | 33〜37

スクリプト	スクリプトの訳

31 米 ▶ 英

I'm amazed she applied for the position.

(A) Yes, it is a maze.
(B) Yes, you are in a difficult position.
(C) Yes, I didn't expect it, either.

私は彼女がその職に応募したのには驚きました。

(A) はい、それは迷路です。
(B) はい、あなたは困った立場にいます。
(C) はい、私も予想していませんでした。

32 豪 ▶ 米

When did you notice your key was missing?

(A) I put up a notice on the door.
(B) When I got home.
(C) I lost my wallet last night.

あなたの鍵がなくなっていることにいつ気づいたのですか。

(A) ドアにメモを貼りました。
(B) 家に着いた時にです。
(C) 私は昨夜、財布をなくしました。

33 カ ▶ 英

Is Roger checking his e-mail every day?

(A) Net surfing is his favorite hobby.
(B) He often sends mail.
(C) I don't think he is.

ロジャーはEメールを毎日チェックしていますか。

(A) ネットサーフィンは彼のお気に入りの趣味です。
(B) 彼は郵便をたびたび送ります。
(C) 彼がそうしているとは思いません。

34 米 ▶ 豪

What made the manager so angry?

(A) The new employee's rude behavior.
(B) She is a gentle manager.
(C) I'm so hungry right now.

何がマネージャーをそんなに怒らせたのですか。

(A) 新入社員の無礼な態度です。
(B) 彼女は優しいマネージャーです。
(C) 私は今とてもお腹が空いています。

35 英 ▶ カ

Should we order takeout?

(A) I brought my own lunch.
(B) We have deliveries every day.
(C) I took it out already.

出前を取りましょうか。

(A) 自分の昼食を持ってきました。
(B) 配達は毎日あります。
(C) もう取り出しました。

正解&ポイント解説

正解：(C) ✪✪
「彼女がその職に応募したのに驚いた」と述べている平叙文に最も適切な応答文は、I didn't expect it, either.「私も予想していなかった」の (C) である。(A) は amazed と a maze で、(B) は position で混乱させようとしている。

✓ ボキャブラリー
- amaze 動 驚かせる
- maze 名 迷路

正解：(B) ✪
When 〜? で「時」について尋ねている。notice につられて (A) を、missing から連想される lost を含む (C) を選ばないようにしよう。「いつ」と聞かれているので、When I got home.「家に着いた時にです」と答えている (B) が正解。

✓ ボキャブラリー
- missing 形 紛失した
- put up 〜 〜を貼る
- wallet 名 財布

正解：(C) ✪
「ロジャーは毎日 E メールをチェックしているか」を尋ねているので、I don't think he is.「彼がそうしているとは思わない」と答えている (C) が正解。(A) は e-mail から連想される net surfing で、(B) は e-mail と mail で混乱させようとしている。

✓ ボキャブラリー
- favorite 形 お気に入りの

正解：(A) ✪✪
「何がマネージャーをそんなに怒らせたのか」と尋ねているので、The new employee's rude behavior.「新入社員の無礼な態度」と答えている (A) が正解。(B) は manager で、(C) は angry と hungry で混乱させようとしている。

✓ ボキャブラリー
- rude 形 無礼な
- behavior 名 態度
- gentle 形 優しい

正解：(A) ✪✪
「出前を取るべきか」と確認しているのに対して、「私は昼食を持ってきた」から「不要」であると答えている (A) が正解。(B) は takeout から連想される deliveries で、(C) は took it out で混乱させようとしている。

✓ ボキャブラリー
- takeout 名 出前
- delivery 名 配達
- take out 〜 〜を取り出す

Part 2 CD 2 | 38〜42

スクリプト	スクリプトの訳

36 豪▶英

When will the inspection of the facility be conducted?
(A) Yes, it will.
(B) Last Friday.
(C) Sometime next week.

その施設の点検はいつ行われますか。
(A) はい、そうです。
(B) 先週の金曜日です。
(C) 来週のいつかです。

37 米▶カ

How about ordering a new printer?

(A) What's wrong with this one?
(B) Yes, I'm printing it out.
(C) It's out of order.

新しいプリンタを注文するのはどうですか。
(A) このプリンタの何が悪いのですか。
(B) はい、私はそれを印刷しています。
(C) 故障中です。

38 英▶米

The movie I saw yesterday was impressive.

(A) I went shopping yesterday.
(B) Oh, you didn't enjoy it?
(C) Which one was it?

私が昨日見た映画は感動的でした。
(A) 昨日買い物に行きました。
(B) おや、その映画を楽しめなかったのですか。
(C) どの映画だったのですか。

39 カ▶豪

How can I fix the printer when it gets stuck?

(A) Yes, I'm stuck with it.
(B) You can buy it on the Internet.
(C) I'll show you how to do it.

プリンタが詰まったらどうやって修理すればよいのですか。
(A) はい、私は行き詰っています。
(B) インターネット上で買えますよ。
(C) どうしたらよいかお見せしましょう。

40 米▶英

Would you like to watch the video of the last seminar?

(A) I'd love to.
(B) I like comedies.
(C) The seminar was a great success.

前回のセミナーのビデオをご覧になりますか。
(A) ぜひそうしたいです。
(B) コメディーが好きです。
(C) そのセミナーは大成功でした。

Part 2

正解&ポイント解説

正解：(C) ★★
When ～？で「時」について尋ねている。質問文は「未来」のことを聞いているので、(B) は不適切。「施設の点検がいつ行われるのか」と聞かれているので、Sometime next week.「来週のいつか」と答えている (C) が正解。

✓ ボキャブラリー
☐ inspection　名 点検　　　　　　☐ facility　名 施設
☐ conduct　動 行う

正解：(A) ★★★
How about ～ing? は「～するのはどうですか」という「提案」の疑問文。「新しいプリンタを注文するのはどうですか」という提案に対して「このプリンタの何が悪いのか」と異議を唱えている (A) が正解。printing を含む (B)、order を含む (C) を選ばないように注意。

✓ ボキャブラリー
☐ print out ～　～を印刷する　　☐ out of order　故障中で

正解：(C) ★
「私が昨日見た映画は感動的だった」と述べている平叙文に対して最も適切な応答文は、Which one was it?「どの映画だったのか」と興味を持って聞き返している (C) である。

✓ ボキャブラリー
☐ impressive　形 感動的な、印象的な

正解：(C) ★★
How ～？で「どうやって修理したらいいのか」と「手段」を尋ねている。I'll show you how to do it.「どうしたらいいか見せよう」と答えている (C) が正解。(A) は stuck で混乱させようとしている。(B) は「修理の手段」を答えてはいない。

✓ ボキャブラリー
☐ fix　動 修理する　　　　☐ get stuck　（人・物などが）動けなくなる、（仕事などが）行き詰る

正解：(A) ★
Would you like to ～？は「～しませんか」とていねいに勧誘する疑問文。I'd love to.「ぜひそうしたいです、喜んで」と受け入れている (A) が正解。

Part 3

CD 2 | 44 女英／男米

スクリプトと訳

Questions 41 through 43 refer to the following conversation.

W: (41)Welcome to Tyson Electronics. Do you have a member's card?

M: No, I don't. I've just moved here and this is the first time to visit your shop. If I have your card, what kind of benefits do I get? (42)Is there a fee to join?

W: (42)It's free and if you join today, every item in our store will be 10% off from today. Would you like to join?

M: It sounds good, but (41)I don't buy electrical appliances so often and I'm in a little bit of a hurry today. (43)Maybe another time.

質問の 41 から 43 は、次の会話に関するものです。

女：(41) タイソン電器へようこそ。会員カードをお持ちですか？

男：いいえ、持っていません。私はこちらに引っ越してきたばかりでこちらの店に来るのは初めてなのです。もしカードを持っていたら、どんな特典が得られるのですか。(42) 入会金はいるのですか。

女：(42) 無料ですし、もし本日ご入会いただけましたら、当店のすべての商品が本日から 10%引きになります。ご入会されますか。

男：よさそうだけど、(41) 私は電化製品をそう頻繁に買わないし、今日はちょっと急いでいます。(43) たぶん別の機会にでも。

✓ ボキャブラリー

- □ move 動 引っ越しする
- □ fee 名 料金
- □ electrical appliance 電化製品
- □ imply 動 意味する
- □ free of charge 無料で
- □ quite a bit of 〜 かなりの〜
- □ benefit 名 特典
- □ item 名 商品
- □ in a hurry 急いで
- □ limited 形 限られた
- □ sign up 入会する

Part 3

| 設問の訳 | 正解&ポイント解説 |

41

Where does the woman most likely work?
(A) **At an electrical appliance shop**
(B) At a credit card company
(C) At a fitness center
(D) At a moving company

女性はおそらくどこで働いていると思われますか。
(A) 電器店で
(B) クレジットカード会社で
(C) フィットネスセンターで
(D) 引っ越し業者で

正解：(A) ✪

会話冒頭で女性が Welcome to Tyson Electronics. と言っている。また最後に男性が I don't buy electrical appliances so often 〜. と言っているので、女性は「電器店」で働いているとわかる。

42

What does the woman imply?
(A) You can get a discount with the card from your next visit.
(B) You can get 10% off on limited items.
(C) The card is free of charge.
(D) It takes a long time to sign up.

女性は何を示唆していますか。
(A) 次に来た時からカードで割引が受けられる。
(B) 限られた品目に対して 10％割引を受けられる。
(C) カードは無料である。
(D) 入会するのに時間がかかる。

正解：(C) ✪✪

男性が入会金について確認したところ女性は It's free 〜.「無料である」と言及しているので、(C) が正解。女性は、if you join today, every item in our store will be 10% off from today.「今日入会すれば全商品が今日から 10％割引になる」と言っているので、(A) と (B) は不適切。入会に時間がかかるかどうかは言及されていないので、(D) も不適切。

43

What does the man tell the woman?
(A) He will buy electrical appliances later.
(B) He has quite a bit of time to shop.
(C) He will consider getting a card later.
(D) He would like a bigger discount.

男性は女性に何と言っていますか。
(A) 彼は電化製品を後で買う。
(B) 彼には買い物をする時間が少しある。
(C) 彼はカードを入手することを後で考える。
(D) 彼はより大きな割引を望んでいる。

正解：(C) ✪✪

男性は It sounds good, 〜「とてもよさそうに思う」、そして最後に Maybe another time.「次の機会まで保留にする」と言っている。つまり「入手を今ではなく後で考える」と思われるので、正解は (C)。

Part 3 CD 2 | 45 男豪／女力

スクリプトと訳

Questions 44 through 46 refer to the following conversation.

M： Good morning. This is Max Morris. (44)I have an appointment with Mr. Turner at 10 A.M., but I'm lost. I'm not sure how to get to your office.
W： Good morning, Mr. Morris. Let me help you. Where are you now and what can you see?
M： I'm at the corner of Queen Street and Parliament Street and (45)I can see the New City Bank in front of me.
W： You're very close to us, actually. Our office is on the fifth floor of the Turner building next to the New City Bank. (46)Would you like me to meet you at the entrance of our building?

質問の 44 から 46 は、次の会話に関するものです。

男：おはようございます。マックス・モリスと申します。(44) ターナーさんと午前 10 時にお約束があるのですが、道に迷ってしまいました。御社への行き方がわからないのです。
女：モリス様、おはようございます。私にお任せください。今どちらにいらっしゃいますか、そして何が見えますか。
男：私はクイーン通りとパーラメント通りの角にいて、(45) 目の前にはニューシティ銀行が見えます。
女：実は、とても近くにいらっしゃいますよ。弊社のオフィスは、ニューシティ銀行の隣にあるターナービルの 5 階にあります。(46) ビルの入口までお迎えに参りましょうか。

✓ ボキャブラリー

- ☐ at the corner of ～　～の角に
- ☐ actually　副 実は、本当は
- ☐ at the end of ～　～の端に
- ☐ in front of ～　～の前に
- ☐ next to ～　～の隣に

設問の訳	正解&ポイント解説

44

Why did the man call the woman?

(A) To let her know he is lost
(B) To let her know he will be late
(C) To ask for directions to the New City Bank
(D) To ask her to pick him up

なぜ男性は女性に電話しましたか。

(A) 彼が道に迷ったことを知らせるため
(B) 彼が遅れることを知らせるため
(C) ニューシティ銀行への行き方を尋ねるため
(D) 彼女に彼を迎えに来てくれるよう頼むため

正解：(A) ★★

第1問目の答えは会話の冒頭にあることが多い。男性は冒頭で、「約束があるが道に迷ってしまった」ことを告げているので (A) が正解。

45

Where is Mr. Morris now?

(A) At the entrance of the Turner building
(B) On the fifth floor of the Turner building
(C) In front of the New City Bank
(D) At the end of Queen Street

モリスさんは今どこにいますか。

(A) ターナービルの入口
(B) ターナービルの5階
(C) ニューシティ銀行の前
(D) クイーン通りの端

正解：(C) ★

選択肢には Turner building、New City Bank、Queen Street など会話中の建物や通りが出てくるので混乱しやすい。I can see the New City Bank in front of me. というセリフだけが正解につながる。

46

What does the woman offer to do for the man?

(A) Take him to the entrance of the bank
(B) Contact Mr. Turner for him
(C) Meet him at the entrance of the Turner building
(D) Make another appointment

女性は男性のために何を申し出ていますか。

(A) 銀行の入口まで彼を連れていく
(B) 彼のためにターナーさんに連絡を取る
(C) ターナービルの入口で彼に会う
(D) 別の予約をする

正解：(C) ★

女性は最後に Would you like me to meet you at the entrance of our building? と「ビルの入口まで迎えに行くこと」を申し出ている。よって、正解は (C)。

Part 3

CD 2 | 46　女豪／男米

スクリプトと訳

Questions 47 through 49 refer to the following conversation.

W： (47)Good afternoon, Express Travel. How may I help you?
M： I'm calling about the one-day tour to Heath Village tomorrow. According to the weather forecast, there might be a thunderstorm.
W： If we don't have a weather warning before 7 A.M., the tour will go ahead as planned. However, the schedule may be changed depending on the weather. In the case of heavy rain, we'll have a wine tasting inside as a substitute for the grape picking.
M： Oh, really? (48)I'm looking forward to the grape picking the most. (49)Is there any way I can reschedule the tour if the weather is bad?

質問の 47 から 49 は、次の会話に関するものです。

女：(47) こんにちは、エクスプレス・トラベルでございます。ご用件をお伺いいたします。
男：明日のヒース村への日帰りツアーについてお問い合わせしています。天気予報によれば、嵐になるかもしれませんよね。
女：午前 7 時までに気象警報が出ていなければ、ツアーは予定通り実施されます。しかし、天候によってはスケジュールが変更になる可能性がございます。豪雨の場合は、ぶどう狩りの代わりに屋内でワインの試飲を行います。
男：えっ、本当ですか。(48) 私はぶどう狩りを一番楽しみにしていたのですが。(49) もし天候が悪ければ、なんとかツアーの日程を変更できませんか。

ボキャブラリー

- according to 〜　〜によると
- thunderstorm　名 嵐
- go ahead　（計画などが）進む
- in the case of 〜　〜の場合には
- grape picking　ぶどう狩り
- crop　名 収穫高
- weather forecast　天気予報
- warning　名 警報
- depend on 〜　〜次第である
- substitute for 〜　〜の代わり
- tight　形 過密な
- reschedule　動 (〜の) スケジュールを変更する

Part 3

設問の訳	正解&ポイント解説

47

What is most likely the woman's job?
(A) A weather forecaster
(B) A travel agent
(C) A tour guide
(D) A farmer

女性の職業はおそらく何であると思われますか。
(A) 天気予報官
(B) 旅行代理店の社員
(C) ツアーガイド
(D) 農場経営者

正解：(B) ★

これも冒頭が決め手となる。女性が、最初に Good afternoon, Express Travel. How may I help you? と言っており、女性は「旅行代理店の社員」と思われるので正解は (B)。

48

What is the man concerned about?
(A) The tight schedule of the tour
(B) The possibility of a wine tasting
(C) Changes in the tour
(D) The grape crop

男性は何を心配していますか。
(A) ツアーの過密なスケジュール
(B) ワイン試飲の可能性
(C) ツアーの変更
(D) ぶどうの収穫高

正解：(C) ★★

会話全体の理解度を問われる問題。男性は始めに thunderstorm「嵐」の心配をし、その後「豪雨の場合はスケジュールが変更になるかもしれない」ことを知る。そして「ぶどう狩りを楽しみにしていたのに」と言っている。これらを総合すると、「ツアーの変更」によってぶどう狩りができなくなることを心配しているので、正解は (C)。

49

What does the man ask the woman?
(A) If he can reschedule the tour right away
(B) If he can cancel the grape picking
(C) If it is possible to take the tour another time
(D) If there will be a wine tasting tomorrow

男性は女性に何を尋ねていますか。
(A) 今すぐにツアーの日程を変更できるかどうか
(B) ぶどう狩りをキャンセルできるかどうか
(C) ツアーへの参加を別の機会にできるかどうか
(D) 明日ワインの試飲があるかどうか

正解：(C) ★★★

男性は最後に Is there any way I can reschedule the tour if the weather is bad?「もし天候が悪ければ、なんとかツアーの日程を変更できませんか」と尋ねているので、正解は (C)。reschedule the tour が take the tour another time に言い換えられている。(A) は、会話の一番最後の〜 if the weather is bad? を聞き逃すと正解と勘違いしやすいので注意。

Part 3   CD 2 | 47   女豪／男豪

スクリプトと訳

Questions 50 through 52 refer to the following conversation.

W: Have you got the estimate for the computer's repair yet?
M: I did. (50)The total came to $400 because the hard disk needs to be completely replaced. I didn't think it would be so expensive.
W: (50)(51)For that price you might as well get a new one. Have you considered it?
M: (52)Actually, I've come to realize I don't really use that computer that much anymore. If I buy anything, it'll be one of those new tablets.

質問の 50 から 52 は、次の会話に関するものです

女：もうコンピュータの修理の見積もりはもらったの？
男：もらったよ。(50)ハードディスクを全部交換する必要があるから、総額が 400 ドルになったよ。そんなに高くなるとは思ってなかった。
女：(50)(51)その値段なら、新しいのを買ったほうがよさそうね。それは考えてみた？
男：(52)実を言うと、僕はもうそれほどそのコンピュータを使わないことに気づいたんだ。もし何か買うとなれば、新しいタブレット型になるだろうね。

✓ ボキャブラリー

- ☐ estimate 名 見積もり
- ☐ replace 動 交換する
- ☐ come to realize (that) ～　～であることに気づく
- ☐ not ～ anymore　もう～しない
- ☐ give out ～　～を出す、提供する
- ☐ ask for ～　～を要求する、頼む
- ☐ properly 副 適切に
- ☐ repair 名 修理
- ☐ might as well *do*　～した方がいい
- ☐ tablet 名 タブレット型（コンピュータ）
- ☐ get rid of ～　（望ましくないものを）除く
- ☐ broken 形 壊れた

設問の訳	正解&ポイント解説

50

What are the speakers discussing?
(A) Giving out an estimate for the work
(B) Where to get the money for a computer
(C) How to get rid of the man's computer
(D) How to spend the man's money

話者たちは何について話していますか。
(A) その作業に対する見積もりを出すこと
(B) コンピュータのためのお金をどこから得るか
(C) 男性のコンピュータをどう処分するか
(D) 男性のお金をどのように使うか

正解：(D) ✪✪

男性の壊れたコンピュータの修理は高額になることが判明した。そこで、二人は金銭的に何が賢明な選択になるかについて話をしている。よって、正解は (D)。

51

What does the woman suggest to the man?
(A) To replace the broken computer
(B) To ask for a better price
(C) To repair the computer as soon as possible
(D) To save money by repairing it himself

女性は男性に何をすることを提案していますか。
(A) 壊れたコンピュータを交換すること
(B) より安い価格を求めること
(C) できるだけ早くコンピュータを修理すること
(D) 自分で修理することで金を節約すること

正解：(A) ✪

女性は For that price you might as well get a new one. Have you considered it? と言っているので、正解は (A)。つまり、女性は古いコンピュータは処分して、その代わりに新しいコンピュータの購入を勧めているのである。

52

What does the man imply about his computer?
(A) It never worked properly.
(B) It was too expensive.
(C) He does not have a need for it.
(D) He bought it recently.

男性は彼のコンピュータについて何を示唆していますか。
(A) 全然適切に機能しなかった。
(B) 高額すぎた。
(C) 彼はそれを必要としていない。
(D) 彼はそれを最近買った。

正解：(C) ✪✪

男性は I've come to realize I don't really use that computer that much anymore.「僕はもうそれほどそのコンピュータを使わないことに気づいたんだ」と述べている。もう必要性を感じていないということなので、正解は (C)。

Part 3 CD 2 | 48 男米／女力

スクリプトと訳

Questions 53 through 55 refer to the following conversation.

M : (53)I'm so surprised that Harry quit suddenly. He left without telling anyone.
W : I know. The sales department was in chaos after he left. (54)But thanks to Sam's finding a replacement, everything is going smoothly now.
M : Yes. By the way, what made Harry quit? I've worked with him for 10 years. I thought he was a very reliable person.
W : (55)He had a conflict with his boss, but he shouldn't have left that way.

質問の53から55は、次の会話に関するものです。

男：(53)ハリーが急にやめたことにはとても驚いたよ。彼は誰にも告げないでやめたんだよ。
女：知ってるわ。彼が去った後の営業部の混乱はひどいものだったわ。(54)でもサムが代わりの人を見つけてくれたおかげで、今はすべてがスムーズに行ってるわ。
男：そうだね。ところで、何でハリーはやめたの？ 僕は彼と10年間一緒に働いたんだ。彼はとても信頼できる人物だと思ったけどな。
女：(55)彼は上司と衝突したんだけど、でもあんな風にやめるべきではなかったわね。

✓ ボキャブラリー

- quit 動 やめる
- thanks to 〜 〜のおかげで
- smoothly 副 スムーズに
- reliable 形 信頼できる
- coworker 名 同僚
- go wrong 〜がうまく行かない
- resignation 名 辞職
- eliminate 動 除去する
- get along with 〜 〜と仲良くやる
- in chaos 大混乱で
- replacement 名 後任者
- by the way ところで
- conflict 名 衝突
- promotion 名 昇進
- unexpected 形 予期せぬ
- resolve 動 解決する
- substitute 名 代わり、代理

設問の訳	正解&ポイント解説

53

What are the speakers talking about?
(A) A coworker's promotion
(B) A sale that went wrong
(C) Trouble with their boss
(D) An unexpected resignation

話者たちは何について話していますか。
(A) 同僚の昇進
(B) うまく行かなかったセール
(C) 彼らの上司とのトラブル
(D) 予期せぬ退職

正解：(D) ★★

ハリーが誰にも告げずに急にやめたことについて話している。「同僚の昇進」や「セール」は関係ないので (A)、(B) は不適切。上司と衝突したのは、話者たちではなくハリーなので、(C) も不適切。An unexpected resignation「予期せぬ退職」の (D) が正解。

54

How was the problem resolved?
(A) Harry found a replacement.
(B) They increased their sales.
(C) They eliminated Harry's position.
(D) A substitute was found.

問題はどのように解決されましたか。
(A) ハリーは代わりの人を見つけた。
(B) 彼らは売上を増やした。
(C) 彼らはハリーの職をなくした。
(D) 代わりの人物が見つかった。

正解：(D) ★★★

But thanks to Sam's finding a replacement, everything is going smoothly now. から、サムが代わりの人を見つけたことで問題が解決されたことがわかるので、正解は (D)。ハリーが代わりの人を見つけたのではないので (A) は不適切。

55

According to the woman, why did Harry leave the company?
(A) He did not like his job.
(B) He was not a reliable person.
(C) He did not get along with his boss.
(D) He lost confidence in his job.

女性によると、なぜハリーは会社をやめたのですか。
(A) 彼は自分の仕事を好きではなかった。
(B) 彼は信頼できる人ではなかった。
(C) 彼は上司と仲良くやらなかった。
(D) 彼は自分の仕事に自信を失った。

正解：(C) ★★★

男性の「なぜハリーはやめたのか」との質問に女性は He had a conflict with his boss, ～ .「彼は上司と衝突した」と答えているので、正解は (C)。had a conflict が did not get along に言い換えられている。

Part 3

CD 2 | 49 女英／男豪

スクリプトと訳

Questions 56 through 58 refer to the following conversation.

W: Steve, (56) there is a problem with the train I am on, so I might be late for the meeting at three. (58) Can you call Mr. Gordon and explain the circumstances? (57) You'll also have to contact everyone joining us and ask them to reschedule for me.

M: OK, I can do that, but wouldn't it be easier if I set up the meeting for you? I just need to know where you put the materials.

W: That would be a great help. The agenda and meeting handouts are in the black tray on my desk. Please make twenty copies. I'll also need the laptop with the slide presentation on it.

M: OK. (58) I'll make sure everything is ready after I talk to Mr. Gordon. See you as soon as you can make it.

質問の56から58は、次の会話に関するものです。

女：スティーブ、(56) 私が乗っている電車に問題が生じているから、3時の会議に遅れるかもしれないの。(58) ゴードンさんに電話して、事情を話してもらえる？ (57) それから会議に出席予定の全員に連絡して、スケジュールを変更してもらわないといけないわ。

男：わかった、それならできるよ。でも、僕が会議の準備をした方が簡単じゃないの？　君が資料をどこに置いたかわかればいいだけだから。

女：そうしてもらえると本当に助かるわ。私の机の上の黒いトレイに議題と会議について書かれたプリントがあるわ。コピーを20部作ってちょうだい。スライド・プレゼンテーションの入ったラップトップコンピュータも必要なの。

男：わかったよ。(58) ゴードンさんと話をしてから、すべてきちんと準備が整うようにするよ。君が到着次第すぐに会おう。

✓ ボキャブラリー

- □ circumstances 名〈複数形で〉事情
- □ material 名 資料
- □ handout 名 プリント、配布物
- □ make it 到着する
- □ delay 動 遅らせる
- □ hand out ～ ～を配布する
- □ set up ～ ～の準備をする
- □ agenda 名 議題
- □ tray 名 トレイ、お盆
- □ miss 動 乗りそこなう
- □ traffic jam 交通渋滞

Part 3

設問の訳	正解&ポイント解説

56

What is the woman's problem?
(A) She missed the train.
(B) She left the agenda on her desk.
(C) She was delayed by the traffic jam.
(D) She might arrive late.

女性の問題は何ですか。
(A) 電車に乗り遅れた。
(B) 机に議題を置き忘れた。
(C) 交通渋滞で遅れた。
(D) 遅れて到着するかもしれない。

正解：(D) ★★

女性は冒頭で there is a problem with the train I am on, so I might be late for the meeting at three. と言っているので、(D)「遅れて到着するかもしれない」が正解。女性は「自分が乗っている電車の問題」により遅れそうになっているのであり、「交通渋滞」によるものではないので、(C) は不適切。

57

What does the woman ask the man to do?
(A) Give her Mr. Gordon's phone number
(B) Contact all the attendees
(C) Prepare for the meeting
(D) Return the materials to her desk

女性は男性に何をするように頼んでいますか。
(A) ゴードンさんの電話番号を知らせる
(B) すべての出席者に連絡をする
(C) 会議の準備をする
(D) 資料を彼女の机に戻す

正解：(B) ★

女性は You'll also have to contact everyone joining us and ask them to reschedule for me. と言っているので、正解は (B)。everyone joining us が all the attendees に言い換えられている。(C) は男性が女性に提案していることなので、不適切。

58

What will the man probably do next?
(A) Call someone
(B) Hand out materials
(C) Reschedule the meeting
(D) Start the meeting

男性はおそらく次に何をするでしょうか。
(A) 誰かに電話をする
(B) 資料を配布する
(C) 会議のスケジュールを変更する
(D) 会議を始める

正解：(A) ★

女性は冒頭で Can you call Mr. Gordon and explain the circumstances? と男性に依頼している。そして、男性は最後に I'll make sure everything is ready after I talk to Mr. Gordon. と言っていることから、おそらく男性はこの後すぐにゴードンさんに電話で連絡を取ることが予想される。よって、(A) が正解。

Part 3

Questions 59 through 61 refer to the following conversation.

W : (59)We need to set up a better firewall. We are dealing with confidential information and it would be a disaster if the data were leaked or our accounts were hacked.

M : I agree. We haven't paid enough attention to information security in the past. (60)However, it might be expensive and we're on a tight budget. I wonder if we can afford it.

W : I know that, but it will be even more expensive if something happens. Think of what it would do to our company's reputation.

M : You're right. (61)I will inform the boss of our concerns.

質問の 59 から 61 は、次の会話に関するものです。

女：(59) より良いファイアウォールを設置する必要がありますね。私達は機密情報を扱っているのですから、もしデータが漏れたりアカウントがハックされたりすればとんでもないことになりますよ。

男：同感です。私達は今まで情報保護に十分に関心を払ってきませんでしたね。(60) でも、ひょっとして高いかもしれないし、予算は厳しいです。そんなことができる余裕があるのかと思います。

女：それはそうですが、もし何か起こればもっと高くつくことになります。そうなると我が社の評判にどう影響するか考えてみてください。

男：あなたの言う通りです。(61) 我々の懸念を上司に知らせておきますね。

✓ ボキャブラリー

- ☐ set up ～ ～を設置する、立ち上げる
- ☐ deal with ～ ～を扱う
- ☐ disaster 名 災害、不運
- ☐ account 名 アカウント
- ☐ pay attention to ～ ～に関心を払う
- ☐ wonder 動 ～だろうかと思う
- ☐ reputation 名 評判
- ☐ protection 名 防御、保護
- ☐ do research on ～ ～を調べる
- ☐ make a proposal 提案する
- ☐ firewall 名 ファイアウォール
- ☐ confidential information 機密情報
- ☐ leak 動 漏らす
- ☐ hack 動 不正侵入する、ハッキングする
- ☐ on a tight budget きつい予算で
- ☐ afford 動 （～に対する）金銭的な余裕がある
- ☐ maintenance 名 維持管理、メンテナンス
- ☐ misplace 動 紛失する、置き間違える
- ☐ electronic means 電子的手段
- ☐ supervisor 名 上司、管理者

設問の訳	正解&ポイント解説

59

What are the speakers mainly discussing?

(A) Maintenance of an alarm system
(B) The company's tight budget
(C) Opening new accounts for customers
(D) Setting up a better protection system

話者たちは主に何について話していますか。

(A) 警報システムの維持管理
(B) 会社の厳しい予算
(C) 顧客に新しいアカウントを設けること
(D) より良い防御システムの設置

正解：(D) ★★

女性が We need to set up a better firewall. と「ファイアウォールの設置」について提案し、その必要性と問題点を男性と話し合っている。それを言い換えた「より良い防御システムの設置」の (D) が正解。(B) と (C) は会話の主題ではない。

60

What is the man concerned about?

(A) The cost of the system
(B) Misplacing data in the system
(C) The possibility of damage to the system
(D) Customer reaction to the system

男性は何を心配していますか。

(A) システムのコスト
(B) システムの中でデータを紛失すること
(C) システムへの損害の可能性
(D) システムへの顧客の反応

正解：(A) ★★

男性は it might be expensive and we're on a tight budget. I wonder if we can afford it.「導入にはお金がたくさんかかり、きつい予算の中では無理ではなかろうか」と言っている。よって、正解は (A)。expensive、tight budget などがキーワードになっている。

61

What will the man probably do next?

(A) Do more research on firewall systems
(B) Contact customers by electronic means.
(C) Introduce a new system to employees
(D) Make a proposal to his supervisor

男性はおそらく次に何をするでしょうか。

(A) ファイアウォールシステムについてもっと調べる
(B) 電子的手段で顧客に連絡を取る
(C) 社員に新しいシステムを紹介する
(D) 上司に提案をする

正解：(D) ★★

男性は最後に I will inform the boss of our concerns.「我々の懸念を上司に知らせておきますね」と言っているので、正解は (D)。inform A of B が make a proposal に、boss が supervisor に言い換えられている。

Part 3 CD 2 | 51 男米／女力

スクリプトと訳

Questions 62 through 64 refer to the following conversation.

M： Good morning. This is Stan Chapman from West Point Corporation. I don't have an appointment, (62)but is it possible to meet Mr. Ian Alders of the marketing department? I was in the neighborhood for another engagement and I wanted to say hello.

W： We are very sorry, but (63)Mr. Alders is in a meeting. I'm not sure when it will finish. Is it urgent?

M： No, it's not urgent. (64)I just wanted to give him our new catalog. Could you make sure he gets it?

質問の 62 から 64 は、次の会話に関するものです。

男： おはようございます。ウェストポイント・コーポレーションから参りましたスタン・チャップマンと申します。お約束はしていないのですが、(62)マーケティング部のイアン・アルダーズさんにお会いすることは可能でしょうか。他の用事で近くまで参りましたので、ご挨拶したかったのですが。

女： 大変申し訳ございませんが、(63)アルダーズさんは会議中です。いつ終わるのかわかりません。緊急の御用ですか。

男： いいえ、緊急ではありません。(64)弊社の新カタログをお渡ししたかっただけです。ぜひお渡しいただけますでしょうか。

✓ ボキャブラリー

- appointment 名 約束
- engagement 名 用事
- urgent 形 緊急の
- available 形 応対できる
- give *one's* regards to 〜　〜によろしく伝える
- neighborhood 名 付近、近辺
- say hello　挨拶する
- no longer　もはや〜ない

152

設問の訳	正解&ポイント解説

62

What department does Mr. Alders work in?
(A) Personnel
(B) Engineering
(C) Public relations
(D) Marketing

アルダーズさんはどの部署で働いていますか。
(A) 人事（部）
(B) 技術（部）
(C) 広報（部）
(D) マーケティング（部）

正解：(D)

男性は〜, but is it possible to meet Mr. Ian Alders of the marketing department? と言っている。この部分を正確に聞き取れれば、すぐに正解は (D) とわかる問題である。

63

Why is the man unable to meet Mr. Alders?
(A) Mr. Alders is having a meeting.
(B) Mr. Alders no longer works there.
(C) Mr. Alders is out of the office.
(D) Mr. Alders is not available without an appointment.

男性はなぜアルダーズさんに会えないのですか。
(A) アルダーズさんは会議中である。
(B) アルダーズさんはもうそこでは働いていない。
(C) アルダーズさんはオフィスにいない。
(D) アルダーズさんは約束なしでは会えない。

正解：(A)

女性が Mr. Alders is in a meeting.「アルダーズさんは会議中」と答えているので、正解は (A)。

64

What does the man ask the woman to do?
(A) Give his regards to Mr. Alders
(B) Give his business card to Mr. Alders
(C) Give a catalog to Mr. Alders
(D) Contact Mr. Alders as soon as possible

男性は女性に何をするように頼んでいますか。
(A) アルダーズさんによろしく伝える
(B) アルダーズさんに彼の名刺を渡す
(C) アルダーズさんにカタログを渡す
(D) アルダーズさんにできるだけ早く連絡を取る

正解：(C)

男性は最後に I just wanted to give him our new catalog. Could you make sure he gets it? と「新カタログをアルダーズさんに必ず渡してもらうように頼んでいる」ので、正解は (C)。

Part 3

CD 2 | 52 女英／男豪

スクリプトと訳

Questions 65 through 67 refer to the following conversation.

W： Is this an internal document? (65)I had thought we were going to try to use recycled paper for internal documents.

M： That's true. However, a lot of employees find it difficult to replace the paper in the copier each time.

W： But we should really focus on the environment more.

M： (66)Perhaps we should delegate one photo copier for regular documents and one for company documents. This would be easier for everyone. (67)I'll talk to the supervisor now.

質問の 65 から 67 は、次の会話に関するものです。

女：これは社内の文書なの？ (65)社内の文書にはリサイクル用紙を使うようにするのだと思ったけど。

男：その通りだよ。でも、毎回コピー機の中の紙を取り替えるのが難しいと感じる社員がたくさんいるんだ。

女：でも、もっと本当に環境に目を向けるべきだわ。

男：(66)たぶん 1 台のコピー機を普通の文書に、もう 1 台のコピー機を社内の文書専用にすべきだと思うよ。この方がみんなにとって楽になると思うから。(67)今から上司に話してみるよ。

✓ ボキャブラリー

- [ ] internal 形 内部の
- [ ] copier 名 コピー機
- [ ] focus on ~ ～に焦点を合わせる
- [ ] delegate 動 ゆだねる、委任する
- [ ] run short of ~ ～が不足する
- [ ] recommend 動 勧める
- [ ] recycled 形 再利用された
- [ ] replace 動 取り替える
- [ ] environment 名 環境
- [ ] supervisor 名 上司
- [ ] preserve 動 保護する、保存する

設問の訳	正解&ポイント解説

65

What are the speakers discussing?
(A) A machine that needs to be repaired
(B) A copier that is running short of paper
(C) Documents that were left in a copier
(D) People who did not follow the rules

話者たちは何について話していますか。
(A) 修理が必要な機械
(B) コピー用紙が残り少なくなっているコピー機
(C) コピー機の中に置き忘れられた書類
(D) ルールを守らなかった人

正解：(D) ★★★
女性は「社内の文書にリサイクル用紙を使う」というルールが破られていることに気づき、その問題点を論じているので、正解は (D)。

66

What does the man suggest they do?
(A) Purchase a new copy machine
(B) Contact a repair person
(C) Use two copy machines
(D) Preserve the environment

男性は何をすることを提案していますか。
(A) 新しいコピー機を購入する
(B) 修理工に連絡する
(C) 2台のコピー機を使う
(D) 環境を保護する

正解：(C) ★★
男性はコピー機のうち1台は「普通の文書」に、もう1台は「社内文書」専用に分けることを提案しているので、正解は (C)。

67

What will the man probably do next?
(A) Buy another copy machine
(B) Recommend another copy machine
(C) Speak with someone
(D) Make a copy of the document

男性はおそらく次に何をするでしょうか。
(A) 別のコピー機を買う
(B) 別のコピー機を勧める
(C) 誰かと話す
(D) 書類のコピーをする

正解：(C) ★
男性は会話の最後に I'll talk to the supervisor now. と言っているので、正解は (C)。

Part 3　CD 2 | 53　男豪／女カ

スクリプトと訳

Questions 68 through 70 refer to the following conversation.

M： Hello. This is Craig Combs from Smith Arts & Crafts. (68)We received an order this morning and there were only 30 items. We ordered 60.

W： We're terribly sorry about that. We'll send another 30 in a few days.

M： It'll be too late by then. We are holding a British Fair from tomorrow and we need them immediately. We have reminded you about this delivery many times. (69)We need them by 10 A.M. tomorrow.

W： I understand. (70)I'll deliver them directly to your office this afternoon.

質問の 68 から 70 は、次の会話に関するものです。

男：こんにちは。スミス・アーツ＆クラフツのクレイグ・コームズです。(68)今朝注文品を受け取ったのですが、たった 30 個しかありませんでした。私達は 60 注文したのですが。

女：大変申し訳ありません。数日中に残りの 30 をお送りします。

男：それでは遅すぎます。私達は明日から英国フェアを開くので今すぐに必要なのです。この配達については何度も念押ししたはずです。(69)明日の午前 10 時までに必要なのです。

女：了解しました。(70)今日の午後私が直接オフィスまでお届けします。

✓ ボキャブラリー

- □ terribly　副 とても
- □ hold　動（会などを）催す
- □ immediately　副 直ちに
- □ in time for 〜　〜に間に合って
- □ missing　形 不足している、欠けている
- □ arrange for 〜　〜を手配する
- □ in a few days　近日中に、2、3 日のうちに
- □ fair　名 フェア、見本市
- □ remind　動 思い出させる
- □ additional order　追加注文
- □ solve　動 解決する

Part 3

設問の訳	正解&ポイント解説

68

What is the problem?
(A) The man cannot be in time for the fair.
(B) The woman forgot to send the items.
(C) The man wants to make an additional order.
(D) The number of the products is wrong.

何が問題ですか。
(A) 男性はフェアに間に合うことができない。
(B) 女性は品物を送るのを忘れた。
(C) 男性は追加注文をしたい。
(D) 品物の数が違う。

正解：**(D)** ✪

男性は注文した商品の数が60だったにもかかわらず30しか届いていないとクレームの電話を入れているので、正解は(D)。

69

When should the missing item be delivered?
(A) In a few days
(B) In a half hour
(C) By tomorrow morning
(D) By this afternoon

不足している品物はいつ配達されるべきですか。
(A) 2、3日のうちに
(B) 30分以内に
(C) 明日の朝までに
(D) 今日の午後までに

正解：**(C)** ✪✪

質問がWhen should ～であることに注意。これがWhen will ～であれば「いつ配達されるか」という質問になり、正解は(D)になり得る。When should ～で「いつ配達されなければならないか」に対して、男性はWe need them by 10 A.M. tomorrow.「明日の午前10時までに商品が必要だ」と言っているので、正解は(C)。

70

What will the woman do to solve the problem?
(A) Drive home to get the items
(B) Arrange for a delivery tomorrow
(C) Bring the products directly
(D) Go to the British Fair

女性はどうやって問題を解決しますか。
(A) 品物を取りに家まで車で帰る
(B) 明日の配達の手配をする
(C) 商品を直接届ける
(D) 英国フェアに行く

正解：**(C)** ✪✪

女性はI'll deliver them directly to your office ～ . と「直接オフィスまで配達する」ことを申し出ているので、正解は(C)。deliverがBringに言い換えられている。

Part 4   CD 2 | 55

スクリプトと訳

Questions 71 through 73 refer to the following announcement.

(71)Thank you for joining us on our Sunset Dinner Cruise today. While sailing, you can see the beautiful shoreline of the Victoria Peninsula. Please enjoy the spectacular views and exclusive scenery. (72)We're going to serve refreshments at 5 P.M. Once you have boarded, you will have time to stroll around the open decks. After you enjoy a beautiful sunset, dinner will start at 7 P.M. (73)You may choose a meat, fish or vegetarian meal. All our dishes are made with the finest, fresh ingredients. Relax after dinner and enjoy the live entertainment. Tonight's entertainment features one of the most popular gospel singers, Ms. Emily Jackson. If you have any questions, feel free to ask any staff member at any time.

質問の71から73は、次のアナウンスに関するものです。

(71)本日は、私どものサンセットディナークルーズにご参加いただきましてありがとうございます。航海中、みなさまにはビクトリア半島の美しい海岸線をご覧いただけます。目を見張る眺めと類のない景色をどうぞお楽しみください。(72)午後5時に軽食をお出しします。ご乗船いただきましたら、オープンデッキを散歩する時間もあります。美しい日暮れを楽しんでいただいた後、ディナーは午後7時から始まります。(73)肉、魚、野菜だけの食事の中からどれかをお選びいただけます。私達の料理はすべて最高級の新鮮な材料から作られています。ディナーの後はリラックスして生演奏をお楽しみください。今夜の催しは最も人気のあるゴスペルシンガーのうちの1人であるエミリー・ジャクソンさんに特別出演していただきます。もしも何かご質問がございましたら、スタッフの誰にでもいつでもご遠慮なくお尋ねください。

ボキャブラリー

- sail 動 航海する
- peninsula 名 半島
- exclusive 形 類を見ない
- serve 動 出す
- board 動 乗船する
- open deck オープンデッキ
- ingredient 名 材料
- feel free to *do* 自由に〜する
- vegetarian 形 菜食主義者の
- entertainer 名 エンターテイナー
- shoreline 名 海岸線
- spectacular 形 目を見張る
- scenery 名 景色
- refreshments 名〈複数形で〉軽食
- stroll 動 散歩する、ぶらつく
- vegetarian meal 野菜だけの食事
- feature 動 特別出演させる
- intended 形 意図された
- passenger 名 乗客

設問の訳	正解&ポイント解説

71

Who is the intended audience of this talk?

(A) Vegetarians
(B) Passengers
(C) Entertainers
(D) Singers

この話は誰を対象にしていますか。
(A) 菜食主義者
(B) 乗客
(C) エンターテイナー
(D) 歌手

正解：(B) ★

最初に Thank you for joining us on our Sunset Dinner Cruise today. と言っていることから「サンセットディナークルーズ」の参加者に向けたアナウンスであることがわかる。よって、正解は (B)。

72

What will happen at 5 o'clock?

(A) Dinner will be served.
(B) The live entertainment will start.
(C) A light meal will be served.
(D) The sunset cruise will finish.

5時に何が起こりますか。
(A) ディナーが出される。
(B) 生演奏が始まる。
(C) 軽食が出される。
(D) サンセットクルーズが終わる。

正解：(C) ★★

We're going to serve refreshments at 5 P.M. と言っているので、(C) の「軽食が出される」が正解。refreshments が a light meal に言い換えられている。

73

What is implied about the Sunset Dinner Cruise?

(A) You can enjoy the live show during dinner.
(B) You can see the beautiful mountains.
(C) There will be dinner options.
(D) Beer or wine will be served.

サンセットディナークルーズについて何が示唆されていますか。
(A) ディナーの間ライブショーを楽しむことができる。
(B) 美しい山々の景色を楽しむことができる。
(C) ディナーは選択可能である。
(D) ビールかワインが出される。

正解：(C) ★★★

生演奏はディナーの「後」に行われるので、(A) は不適切。美しい海岸線の景色を楽しめるとは言っているが山々の景色を楽しめるとは言っていないので、(B) も不適切。飲み物に関しては何が出されるか触れられていないので、(D) も不適切。You may choose a meat, fish or vegetarian meal. からディナーは「選択可能」であることがわかるので、正解は (C)。

Part 4 CD 2 | 56

スクリプトと訳

Questions 74 through 76 refer to the following recorded information.

Thank you for calling the Aurora Group Support Center. (74)Our business office is closed for the observance of the Independence Day holiday. Our regular business hours are Monday through Sunday 9 A.M. to 8 P.M., except for holidays. (75)If you have an emergency, please call 1-555-2953 and leave a message, and include your name, phone number and a brief description of the problem. (76)We check voice mail periodically and we will call you back as soon as we can. For non-urgent problems, our support team cannot respond until the next regular business day. You can also send your support questions to support@aurora.com. You should receive a reply within 24 hours. If you do not, please resend your e-mail. Thank you for your patience.

質問の 74 から 76 は、次の録音メッセージに関するものです。

オーロラグループ・サポートセンターにお電話くださいましてありがとうございます。(74)私どもの営業所は独立記念日に従って閉まっております。通常の営業時間は、祝日を除く月曜日から日曜日までの午前 9 時から午後 8 時までです。(75)緊急の場合は、どうぞ 1-555-2953 までお電話の上、お客様のお名前、電話番号と問題の簡潔な説明を含んだメッセージをお残しください。(76)私どもはボイスメールを定期的に確認し、できる限り早く折り返しお電話いたします。緊急でない問題につきましては、私どものサポートチームは、次の通常営業日までお返事できません。お客様はまた、サポートに関する質問を support@aurora.com までお送りいただけます。24 時間以内にお返事をお受け取りになれます。もしお受け取りにならない場合は、どうぞもう 1 度 E メールをお送りください。今しばらくお待ちください。

✓ ボキャブラリー

- ☐ observance 名 順守
- ☐ business hours 営業時間
- ☐ emergency 名 緊急
- ☐ description 名 説明
- ☐ non-urgent 形 緊急ではない
- ☐ reply 名 返事、返答
- ☐ patience 名 我慢、辛抱
- ☐ handle 動 処理する
- ☐ due to ~ ~のせいで、~のため
- ☐ emergency room 緊急治療室
- ☐ Independence Day 独立記念日
- ☐ except for ~ ~を除いて
- ☐ brief 形 簡潔な
- ☐ periodically 副 定期的に
- ☐ respond 動 返事をする
- ☐ resend 動 再送する
- ☐ available 形 対応できる
- ☐ urgent 形 緊急の
- ☐ national holiday 国民の休日

設問の訳	正解&ポイント解説

74

Why is the Aurora Group Support Center not available?
(A) They only handle urgent problems.
(B) They are on vacation.
(C) They are closed due to the national holiday.
(D) They can respond only by e-mail.

オーロラグループ・サポートセンターはなぜ対応できないのですか。
(A) 彼らは緊急の問題だけを処理する。
(B) 彼らは休暇中である。
(C) 彼らは国民の休日のため閉まっている。
(D) 彼らはEメールによってのみ返事できる。

正解：(C) ★★
メッセージの冒頭で Our business office is closed for the observance of the Independence Day holiday. と言っており、「独立記念日」の「祝日」で閉まっていることがわかるので、正解は (C)。

75

If the listeners have urgent problems, what are they asked to do?
(A) Call during business hours
(B) Call and leave a message
(C) Reply within 24 hours
(D) Send an e-mail to the emergency room

もし聞き手に緊急の問題があれば、どうするように依頼されていますか。
(A) 営業時間中に電話する
(B) 電話してメッセージを残す
(C) 24時間以内に返答する
(D) Eメールを緊急治療室に送る

正解：(B) ★★
If you have an emergency, please call 1-555-2953 and leave a message, と「電話してメッセージを残す」ように言っているので、正解は (B)。emergency が質問文で urgent problems に言い換えられている。

76

According to the recording, what is checked periodically?
(A) Non-urgent problems
(B) Voice mail
(C) E-mail
(D) The support team

メッセージによると、定期的に何が確認されていますか。
(A) 緊急ではない問題
(B) ボイスメール
(C) Eメール
(D) サポートチーム

正解：(B) ★
We check voice mail periodically ～．「ボイスメールを定期的に確認している」と言っているので、正解は (B)。

Part 4 　CD 2 | 57

スクリプトと訳

Questions 77 through 79 refer to the following broadcast.

Good evening. I'm Rick Ferguson and I'll be your host on *Health Talk Today*. (77) We've invited Kate Blackman, a qualified macrobiotic cook and nutritionist, to be our guest speaker. She has been conducting workshops all over the world for over 15 years. She has dedicated herself to providing thorough information about macrobiotic diets. She is the author of several books including *Your Macrobiotic Diet*. Her books are considered the bible for beginners and experts of the macrobiotic diet and have been translated into many languages. (78)(79) Tonight, she'll talk about the benefits of a macrobiotic diet and introduce us to a simple soup recipe to make you more energetic. So, now let's hear from Ms. Blackman.

質問の 77 から 79 は、次の放送に関するものです。

こんばんは。「ヘルストーク・トゥデイ」でお相手を務めますリック・ファーガソンです。(77) 自然食調理師と栄養士の資格を持つケイト・ブラックマンさんをゲストスピーカーにお迎えしています。彼女は 15 年以上もの間世界中でワークショップを運営してきました。彼女は自然食療法について十分な情報を提供することに彼女の人生を捧げてきました。彼女は『あなたの自然食療法』を含む数冊の本の著者です。彼女の本は自然食療法の初心者および上級者のバイブルと考えられていて、多くの言語に翻訳されています。(78)(79) 今夜、彼女は自然食療法の効果について話し、またあなたをもっと元気にしてくれる簡単なスープのレシピを紹介してくださります。さあ、ブラックマンさんからお話を聞きましょう。

ボキャブラリー

- □ host　名 司会者、案内人
- □ macrobiotic　形 自然食の、長寿食の
- □ conduct　動 運営する、行う
- □ all over the world　世界中で
- □ thorough　形 詳細な
- □ author　名 著者
- □ recipe　名 レシピ
- □ publisher　名 出版業者
- □ dieter　名 食事療法者
- □ qualified　形 資格のある
- □ nutritionist　名 栄養士
- □ workshop　名 研修、ワークショップ
- □ dedicate *oneself* to ~　~に身を捧げる
- □ diet　名 食事療法、食習慣
- □ translate A into B　A を B に翻訳する
- □ energetic　形 精力的な、活気に満ちた
- □ nutrition　名 栄養学、栄養分
- □ advantage　名 利点

設問の訳	正解&ポイント解説

77

Who is Kate Blackman?
(A) A publisher
(B) **An expert on nutrition**
(C) A radio show host
(D) A successful dieter

ケイト・ブラックマンとはどのような人ですか。
(A) 出版業者
(B) **栄養学の専門家**
(C) ラジオ番組のホスト
(D) 成功した食事療法者

正解：(B)

冒頭近くで We've invited Kate Blackman, a qualified macrobiotic cook and nutritionist, 〜 . と紹介されているので、「栄養学の専門家」の (B) が正解。彼女自身が「成功した食事療法者」とは明確に述べられてはいないので、(D) は不適切。

78

What will Ms. Blackman talk about?
(A) A new diet program
(B) The schedule of her next workshop
(C) **The advantage of some types of food**
(D) The many languages in her books

ブラックマンさんは何について話しますか。
(A) 新しい食事療法プログラム
(B) 彼女の次のワークショップの予定
(C) **ある種類の食事の利点**
(D) 彼女の本の中の多言語

正解：(C)

最後の部分で Tonight, she'll talk about the benefits of a macrobiotic diet 〜 . と言っているので、「ある種類の食事の利点」の (C) が正解。benefits が advantage に言い換えられている。

79

What is going to happen in the show?
(A) Ms. Blackman will cook special food.
(B) A workshop will be conducted.
(C) Listeners will ask Ms. Blackman some questions.
(D) **A recipe will be introduced.**

番組で何が行われようとしていますか。
(A) ブラックマンさんが特別な料理を作る。
(B) ワークショップが行われる。
(C) 聞き手がブラックマンさんにいくつか質問をする。
(D) **レシピが紹介される。**

正解：(D)

同じく最後の部分で she'll talk about 〜 and introduce us to a simple soup recipe 〜 . と言っているので、「レシピが紹介される」の (D) が正解。

Part 4 CD 2 | 58

スクリプトと訳

Questions 80 through 82 refer to the following telephone message.

This message is for Ray Prichard. This is Philip Lee from the Eastern Ballroom Dancing Society. (80) There was a cancellation in the basic class that starts from April 10th, and your name is next on the waiting list. If you are still interested, you're welcome to join our class. This will be an 8-week session. The whole session costs $100, and (81) we still have our $10 discount if you pay a week or more in advance. (82) Please let us know whether you will join us or not as soon as you can. Contact me at 562-876-3421 for more details.

質問の 80 から 82 は、次の電話メッセージに関するものです。

このメッセージはレイ・プリチャードさんにあてたものです。こちらは、イースタン・ボールルーム・ダンシング・ソサエティのフィリップ・リーです。(80) 4 月 10 日から始まる基礎クラスのキャンセルが出たのですが、あなたのお名前が順番待ちリストで次の順番となっております。もしまだご興味をお持ちなら私達のクラスにぜひご参加ください。これは 8 週間の授業になります。全授業は 100 ドルで、(81) 1 週間以上前にお支払いいただけましたらまだ 10 ドル割引させていただきます。(82) ご参加されるかどうかをできるだけ早くお知らせください。詳細については 562-876-3421 の私までご連絡ください。

ボキャブラリー

- ballroom dancing　社交ダンス
- waiting list　順番待ちリスト
- whole　形 全体の
- discount　名 割引
- registration　名 登録
- vacancy　名 空き
- register　動 登録する
- cancellation　名 キャンセル
- session　名 授業
- cost　動 (ある金額が) かかる
- in advance　前もって、前金で
- deadline　名 締め切り
- upcoming　形 来たるべき

Part 4

設問の訳	正解&ポイント解説

80

What is the message mainly about?
(A) A registration deadline
(B) A class vacancy
(C) A payment request
(D) An upcoming dance party

メッセージの主な内容は何ですか。
(A) 登録の締め切り
(B) クラスの空き
(C) 支払いの要求
(D) 来るべきダンスパーティ

正解：(B) ✪✪

There was a cancellation in the basic class 〜 . と「クラスの空き」を知らせる音声メッセージなので、正解は (B)。cancellation が vacancy に言い換えられている。

81

What will happen if Mr. Prichard pays in advance?
(A) He will only have to pay $100 for the course.
(B) He will receive a free lesson.
(C) He will receive a discount.
(D) He will receive $10 in cash.

もしプリチャードさんが前金で払えば何が起こりますか。
(A) 彼はコースに 100 ドル払わなければならないだけである。
(B) 彼は無料のレッスンを受ける。
(C) 彼は割引を受ける。
(D) 彼は 10 ドルの現金を受け取る。

正解：(C) ✪✪

〜 we still have our $10 discount if you pay a week or more in advance.「1 週間以上前に支払いをすればまだ 10 ドル割引する」とあるので、正解は (C)。

82

What does Philip Lee suggest Mr. Prichard do?
(A) Register as soon as possible
(B) Wait for eight weeks to join
(C) Put his name on the waiting list
(D) Pay $10 in advance

フィリップ・リーはプリチャードさんに何をすることを提案していますか。
(A) できるだけ早く登録する
(B) 参加するのに 8 週間待つ
(C) 彼の名前を順番待ちリストに載せる
(D) 前金で 10 ドル払う

正解：(A) ✪✪

最後に Please let us know whether you will join us or not as soon as you can.「できるだけ早く参加するかどうかを知らせてほしい」と言っており、早期に登録すれば割引になることも述べている。よって、正解は (A)。

165

Part 4 CD 2 | 59

スクリプトと訳

Questions 83 through 85 refer to the following advertisement.

No time to clean your house? Do you have friends coming but your house is a mess? At Mickey's Cleaning Service we clean your house exactly the way you want it. We customize our services to meet your needs. (84) We are happy to do a one-time cleaning or regularly scheduled cleanings. No service is too small or too big for us. Our professionally-trained staff specializes in residential cleaning, in particular, kitchens, bathrooms and floors. For your security, all employees undergo intensive background checks. For over 30 years, we have been providing top-quality cleaning services to our customers throughout the region. (83)(85) Call Mickey's Cleaning Service at 567-207-6782 today for your free estimate.

質問の 83 から 85 は、次の広告に関するものです。

あなたの家の掃除をする時間はありませんか。友人がやって来るのにあなたの家は散らかり放題でしょうか。ミッキーズ・クリーニングサービスでは、ご希望通りにあなたの家をきれいにします。私どもはご要望に合わせてサービスを変更いたします。(84) 1 回限りのクリーニングでも定期的なクリーニングでも喜んでやらせていただきます。私どもにとってサービスが小さすぎるとか大きすぎるとかということはありません。当社の専門的に訓練されたスタッフは、住宅内のクリーニング、特にキッチン、バスルームと床のクリーニングを得意としています。お客様の安全のために、全従業員は徹底的な経歴照会を受けます。30 年以上もの間、当社は地域一帯でお客様に最上質のクリーニングを提供し続けています。(83)(85) 本日、567-207-6782 のミッキーズ・クリーニングサービスまで無料の見積もりのためにお電話ください。

✓ ボキャブラリー

- ☐ mess 名 散らかり放題
- ☐ exactly 副 正確に
- ☐ customize 動 特別注文に応じて（～を）作る
- ☐ meet *someone's* needs ～のニーズに合わせる
- ☐ specialize in ～ ～を得意とする、～を専門とする
- ☐ residential 形 住居の
- ☐ in particular 特に
- ☐ undergo 動（人・物が検査・治療などを）受ける
- ☐ intensive 形 徹底的な
- ☐ background check 経歴照会
- ☐ region 名 地域
- ☐ free estimate 無料の見積もり
- ☐ promote 動 宣伝する
- ☐ expand 動 拡大する
- ☐ year by year 年ごとに
- ☐ inspect 動 調査する
- ☐ via 前 ～を通して
- ☐ stop by ～ ～に立ち寄る

設問の訳

83
What is the purpose of the advertisement?
(A) To inform customers of a sale
(B) To get new customers
(C) To promote a new product
(D) To provide free services

広告の目的は何ですか。
(A) 顧客にセールを知らせること
(B) 新しい顧客を得ること
(C) 新しい商品を宣伝すること
(D) 無料サービスを提供すること

84
What is implied about Mickey's Cleaning Service?
(A) Their services are the least expensive in the region.
(B) They have been expanding year by year.
(C) A one-time service is available.
(D) All customers' homes will be inspected.

ミッキーズ・クリーニングサービスについて何が示唆されていますか。
(A) 彼らのサービスは、地域中で一番安い。
(B) 彼らは年ごとに拡大している。
(C) 単発のサービスが可能である。
(D) すべての顧客の家が調査される。

85
How can listeners get a free estimate?
(A) By sending an application to Mickey's Cleaning Service
(B) By ordering via their Web site
(C) By calling Mickey's Cleaning Service
(D) By stopping by Mickey's Cleaning Service

聞き手はどうすれば無料の見積もりを得ることができますか。
(A) ミッキーズ・クリーニングサービスに応募用紙を送ることによって
(B) ウェブサイトを通して注文することによって
(C) ミッキーズ・クリーニングサービスに電話することによって
(D) ミッキーズ・クリーニングサービスに立ち寄ることによって

正解&ポイント解説

83
正解：(B) ★★
具体的なセールや商品の宣伝はしていないので、(A) と (C) は不適切。無料の見積もりを勧め、新しい顧客を得ようとしていると考えられるので、正解は (B)。

84
正解：(C) ★★★
(A) は料金の安さに関しては言及しておらず、(B) は 30 年以上営業の実績があると述べられているが、拡大しているとは明確に述べられていないので不適切。(D) は調査されるのは顧客の家ではなく全従業員なので不適切。We are happy to do a one-time cleaning 〜 . から、(C) が正解。

85
正解：(C) ★★
最後の部分の Call Mickey's Cleaning Service 〜 . で「無料の見積もりには電話をするよう」に言っているので、正解は (C)。

Part 4 　CD 2 | 60　英

スクリプトと訳

Questions 86 through 88 refer to the following telephone message.

Hello, Mr. Santos. ⁽⁸⁶⁾This is Natalie Foster from the Midtown Library. ⁽⁸⁷⁾I'd like to let you know that the book you ordered *The Trip to Prince Edward* has come in. As this book is from the Maple Library, the lending period will be shorter than usual. You have to return this book within 10 days. Extending the lending period is not possible even if there is no other reservation afterward. ⁽⁸⁸⁾You can pick up the book at the service counter on the second floor. Please do not forget your library card. We look forward to seeing you soon.

質問の 86 から 88 は、次の電話メッセージに関するものです。

こんにちは、サントスさん。⁽⁸⁶⁾こちらはミッドタウン図書館のナタリー・フォスターです。⁽⁸⁷⁾あなたが注文された『プリンスエドワードへの旅』が届いたことをお知らせしたいと思います。この本はメープル図書館から来ているので、貸出期間は通常より短くなります。この本を 10 日以内にご返却ください。その後に他の予約がなくても貸出期間の延長はできません。⁽⁸⁸⁾本は 2 階のサービスカウンターでお受け取りになれます。図書館カードをどうかお忘れにならないでください。すぐにお目にかかれることを楽しみにいたしております。

ボキャブラリー

- ☐ lending period　貸出期間
- ☐ reservation　名 予約
- ☐ look forward to ~ing　~を楽しみにする
- ☐ extend　動 延長する
- ☐ pick up ~　~を受け取る
- ☐ borrow　動 借りる

Part 4

設問の訳	正解&ポイント解説

86

Where is the speaker most likely calling from?
(A) A bookstore
(B) A school
(C) A travel agency
(D) A library

話者はおそらくどこから電話をかけていますか。
(A) 書店
(B) 学校
(C) 旅行代理店
(D) 図書館

正解：(D) ★

冒頭で This is Natalie Foster from the Midtown Library. と告げているので、正解は (D) の「図書館」。

87

What is the reason for the message?
(A) To announce a new schedule
(B) To ask Mr. Santos to return a book
(C) To inform Mr. Santos of an arrival of a book
(D) To extend Mr. Santos' book-borrowing period

メッセージが残された理由は何ですか。
(A) 新しいスケジュールを知らせるため
(B) サントスさんに本を返却するように頼むため
(C) サントスさんに本の到着を知らせるため
(D) サントスさんの本の借出期間を延長するため

正解：(C) ★★

I'd like to let you know ～と「サントスさんの注文した本が届いたことを知らせる」ために電話メッセージを残しているので、正解は (C)。let you know が inform に言い換えられている。

88

What does the woman ask Mr. Santos to do?
(A) Bring his credit card
(B) Pick up the book on the first floor
(C) Borrow the item he ordered
(D) Return her call

女性はサントスさんに何をするように頼んでいますか。
(A) 彼のクレジットカードを持ってくる
(B) 1階で本を受け取る
(C) 彼が注文した品物を借りる
(D) 彼女に折り返し電話をかける

正解：(C) ★★

届いた本を受け取るように頼んでいるので、正解は (C)。女性はサントスさんに「図書館カード」を持ってくるように頼んでいるのであって「クレジットカード」ではないので、(A) は不適切。(B) は、本を受け取ることができるのは「2階」のサービスカウンターで、「1階」ではないので不適切。細かい引っかけに気をつけよう。

Part 4

Questions 89 through 91 refer to the following speech.

(89) Thank you very much for having a farewell party for me. Due to this being a surprise I don't have a speech prepared, so I will just speak off the top of my head. I enjoyed working here with you very much. (90) Over these past five years of teaching English, I also learned a lot about different cultures. At first I struggled with the cultural gaps and the language barrier, but you all have been supportive and kind to me. I love Seoul and hate to leave you all, but I think this is the time to take on a new challenge. (91) I will go back to Australia to attend graduate school and study International Cultural Exchange. It is my dream to link Korea and Australia in the future. I would like to say thanks to each one of you, and I will never forget your kindness.

質問の89から91は、次のスピーチに関するものです。

(89) 私のために送別会を開いてくださって本当にありがとうございます。これは予想もしなかったことでスピーチを用意していないので、頭に浮かんだことをただ口に出します。私はみなさんと一緒にここで働けて大変楽しかったです。(90) 英語を教えたこの5年間、私はまたたくさんの異文化を学びました。最初私は文化の違いと言葉の壁に苦労しましたが、みなさん全員が私の支えとなり、親切にしてくださいました。私はソウルが大好きでみなさんの元を離れたくありませんが、今こそ新しい挑戦をする時だと思います。(91) 私は大学院に行って国際文化交流学を学ぶためにオーストラリアに帰ります。将来、韓国とオーストラリアをつなぐことが私の夢です。みなさま方の1人ひとりにお礼を言いたいと思います。そしてみなさんのご親切を決して忘れません。

ボキャブラリー

- farewell party　送別会
- due to ～　～により
- off the top of *one's* head　即座に、深く考えないで
- struggle with ～　～に苦労する
- language barrier　言葉の壁
- supportive　形 支えとなる
- take on ～　～に挑む
- go back to ～　～に戻る
- graduate school　大学院
- international cultural exchange　国際文化交流
- link A and B　AとBをつなぐ
- colleague　名 同僚
- overseas student　留学生
- anniversary　名 記念日
- launch　動 (事業などを) 立ち上げる

Part 4

設問の訳	正解&ポイント解説

89

Why is the speaker making this speech?
(A) To thank employees for their help
(B) To say goodbye and thank colleagues
(C) To welcome overseas students
(D) To celebrate a company anniversary

話者はなぜこのスピーチをしているのですか。
(A) 社員に彼らの援助を感謝するため
(B) 同僚に別れを告げて感謝するため
(C) 海外留学生を歓迎するため
(D) 会社の記念日を祝うため

正解：(B) ★★

冒頭の Thank you very much for having a farewell party for me. から、スピーチは「送別会」でのものとわかるので、正解は (B)。

90

What did the speaker do in Seoul?
(A) Study
(B) Conduct business
(C) Teach
(D) Trade goods

話者はソウルで何をしましたか。
(A) 勉強する
(B) ビジネスを行う
(C) 教える
(D) 商品を売買する

正解：(C) ★

Over these past five years of teaching English、から、正解は (C)。他の選択肢はどれも明確に述べられてはいない。

91

What will the speaker most likely do next?
(A) Launch a new business
(B) Go back to Korea
(C) Become a student
(D) Do a cultural exchange

話者はおそらく次に何をしますか。
(A) 新しいビジネスを立ち上げる
(B) 韓国に帰る
(C) 学生になる
(D) 国際交流をする

正解：(C) ★★

I will go back to Australia to attend graduate school and study International Cultural Exchange.「大学院に行って国際文化交流学を学ぶためにオーストラリアに帰る」と述べているので、正解は (C)。

Part 4

Questions 92 through 94 refer to the following speech.

Ladies and gentlemen, (92)welcome to the grand opening of the Farrell Opera Theater. I'm George Rodriguez, and I feel extremely pleased that I am a manager of this fabulous establishment. It's a great honor to see our distinguished guests celebrating this special occasion. We felt it fitting that a new opera theater should open with an original, never-before shown opera. Please enjoy the first-class performance of *Tycoon*, created by Broadway composer Dan Cohen and (93)Hollywood screenwriter Jack O'Neal. (94)Enjoy the show and we look forward to entertaining you again in the future.

質問の 92 から 94 は、次のスピーチに関するものです。

みなさま、(92)ファレル・オペラシアターのグランドオープンにようこそおこしくださいました。私、ジョージ・ロドリゲスは、この素晴らしい施設のマネージャーであることを大変うれしく思っております。この特別な時を祝ってくださる高名なゲストの方々にお目にかかれて大変光栄です。私達は新しいオペラシアターのオープンには、未だかつて上演されたことのないオリジナルのオペラがふさわしいと感じました。ブロードウェイの作曲家ダン・コーヘンと (93)ハリウッドの映画脚本家ジャック・オニールによって作られた「タイクーン」の最上級の演技をお楽しみください。(94)ショーをお楽しみいただき、また近い将来おもてなしできることを心待ちにいたしております。

ボキャブラリー

- grand opening 開業
- fabulous 形 素晴らしい
- honor 名 光栄
- celebrate 動 祝う
- fitting 形 ふさわしい、適切な
- performance 名 演技
- screenwriter 名 脚本家
- extremely 副 極度に
- establishment 名 施設
- distinguished 形 高名な
- occasion 名 機会
- first-class 形 最上級の
- composer 名 作曲家
- entertain 動 もてなす

Part 4

| 設問の訳 | 正解&ポイント解説 |

92

Where is the event being held?
(A) At a concert hall
(B) At a theater
(C) At a hotel
(D) At a school

どこで催しは開かれていますか。
(A) コンサートホール
(B) 劇場
(C) ホテル
(D) 学校

正解：**(B)** ⭐

冒頭で welcome to the grand opening of the Farrell Opera Theater.「ファレル・オペラシアターのオープンにようこそおこしくださいました」と言っているので、正解は「劇場」の (B)。

93

Who is Jack O'Neal?
(A) A manager
(B) A guest
(C) A composer
(D) A writer

ジャック・オニールとはどのような人ですか。
(A) マネージャー
(B) ゲスト
(C) 作曲家
(D) ライター

正解：**(D)** ⭐

スピーチの後半〜 Hollywood screenwriter Jack O' Neal. から、正解は (D) の「ライター」(脚本家)。その前の composer と間違えないように注意しよう。

94

What will happen next?
(A) The entertainer will answer questions.
(B) The lecture will start.
(C) The audience will watch the show.
(D) The event will end.

この後何が起こりますか。
(A) エンターテイナーが質問に答える。
(B) 講義が始まる。
(C) 聴衆がショーを見る。
(D) 催しが終わる。

正解：**(C)** ⭐⭐

最後に Enjoy the show 〜 . と言っているので、正解は (C)。

173

Part 4 CD 2 | 63

スクリプトと訳

Questions 95 through 97 refer to the following telephone message.

Hi Rose, this is Tom. (95)(96)Thank you for inviting me to your birthday party this Friday, but I'm afraid I will not be able to come. I'll be on a business trip to Thailand from this Thursday. I'm responsible for finalizing the contract with the Thai Craft Company in Bangkok. I remember we had a great time at your birthday party last year and I was looking forward to it again. I'm terribly sorry I can't make it this year. I arranged a delivery of flowers to your house on your birthday. I'll be back on Saturday. (97)What about having dinner together to celebrate your birthday after I come back? I'll try to call you later, and you can let me know then.

質問の 95 から 97 は、次の電話メッセージに関するものです。

やあローズ、トムだよ。(95)(96)この金曜日の君の誕生日パーティに招待してくれてありがとう。でも行けそうにないんだ。この木曜日からタイに出張に行くんだ。バンコクのタイクラフト社と契約をまとめる責任があるんだ。昨年の君の誕生日パーティで僕たちが素晴らしい時間を過ごしたことを覚えているし、またそれを楽しみにしていたんだ。今年は行けなくて本当にごめんよ。誕生日に君の家に花を送る手配をしたよ。僕は土曜日に戻る。(97)僕が帰ってきてから君の誕生日を祝う食事を一緒にするのはどうだろう？　後で電話してみるから、その時それについて知らせてよ。

ボキャブラリー

- on a business trip　出張中で
- contract　名 契約
- make it　出席する、都合をつける
- What about ~ing?　~してはどうですか
- invitation　名 招待
- dine　動 食事をする
- finalize　動 仕上げる、終える
- terribly　副 本当に
- delivery　名 配達
- decline　動 断る
- congratulate A on B　AにBのことで祝う

Part 4

| 設問の訳 | 正解&ポイント解説 |

95

What is the main purpose of the message?
(A) To thank Rose for a birthday present
(B) To decline an invitation to an event
(C) To congratulate Rose on her birthday
(D) To make an appointment with Rose

メッセージの主な目的は何ですか。
(A) ローズに誕生日プレゼントの礼を言う
(B) 催しの招待を断る
(C) ローズの誕生日を祝う
(D) ローズと会う約束をする

正解：(B) ★★

冒頭で Thank you for inviting me to your birthday party this Friday, but I'm afraid I will not be able to come.「この金曜日の君の誕生日パーティに招待してくれてありがとう。でも行けそうにないんだ」と言っているので、正解は (B)。

96

When will the party be held?
(A) On Thursday
(B) On Friday
(C) On Saturday
(D) On Sunday

パーティはいつ開かれますか。
(A) 木曜日
(B) 金曜日
(C) 土曜日
(D) 日曜日

正解：(B) ★

同じく冒頭、~ your birthday party this Friday, から、正解は (B)。

97

What does the man offer to do?
(A) Buy some flowers
(B) Change the schedule
(C) Dine together
(D) Go to Thailand together

男性は何を申し出ていますか。
(A) 花を買う
(B) 予定を変更する
(C) 一緒に食事をとる
(D) タイに一緒に行く

正解：(C) ★★

最後の部分で What about having dinner together ~？と言っているので、「一緒に食事をする」の (C) が正解。having dinner を dine に言い換えている。

Part 4

Questions 98 through 100 refer to the following advertisement.

(98)We're looking for people who are interested in a full-time position in the exciting field of automobile sales. (99)If you're confident, talkative, enjoy meeting new people and have a strong interest in vehicles, we would like to hear from you. Successful applicants will be working at the St. Kilda Beach Foreign Motors Store starting on weekends and evenings. We are open every day from 10 A.M. to 8 P.M. (100)Please call 653-256-3419 for more information and to find out where to send your résumé.

質問の 98 から 100 は、次の広告に関するものです。

(98) 弊社では刺激的な自動車セールス業界で常勤の職に興味がある方を探しています。(99) もしあなたが自信にあふれていて話好きで新しい人に会うことを楽しむことができて、自動車に深い興味があるなら、ぜひご連絡をいただきたいと思います。合格者にはセントキルダビーチ・フォーリンモーターズストアで週末と夜の勤務から始めてもらいます。弊社は午前 10 時から午後 8 時まで毎日営業しています。(100) 詳細と履歴書の送付先については、653-256-3419 までお電話ください。

ボキャブラリー

- full-time 形 常勤の
- field 名 分野
- talkative 形 話好きな
- hear from ～ ～から連絡をもらう
- résumé 名 履歴書
- job opening 求人
- respond to ～ ～に対応する、応じる
- exciting 形 刺激的な
- automobile 名 自動車
- vehicle 名 乗り物
- successful applicant 合格した応募者
- temp staff 臨時のスタッフ
- promising 形 見込みがある

Part 4

| 設問の訳 | 正解&ポイント解説 |

98

What is this advertisement for?
(A) To promote some products
(B) To introduce a store
(C) To hire a temp staff
(D) To announce a job opening

何のための広告ですか。
(A) ある製品を宣伝するため
(B) 店を紹介するため
(C) 臨時のスタッフを雇うため
(D) 求人を告知するため

正解：(D) ★

冒頭で We're looking for people who are interested in a full time position 〜 . と述べられ、「常勤の」求人をしていることがわかる。よって (C) は不適切で、正解は (D)。

99

Which applicants are considered promising?
(A) Those who are sociable
(B) Those who are interested in a part-time position
(C) Those who want to work on weekdays
(D) Those who want a management position

どんな応募者が可能性がありますか。
(A) 社交的な人
(B) パートタイムの仕事に関心がある人
(C) 平日に働きたい人
(D) 管理職を望んでいる人

正解：(A) ★★★

If you're confident, talkative, enjoy meeting new people 〜 . と言っている。話し好きで人好きの人、つまり sociable「社交的な」と要約されている (A) が正解。週末と夜に働ける人が条件となっているので、(C) は不適切。(D) についてはまったく言及されていないので、不適切。

100

How are listeners advised to respond to the advertisement?
(A) Visit a store
(B) Send an e-mail
(C) Send a fax
(D) Make a phone call

広告に応募するには聞き手はどうするよう言われていますか。
(A) 店を訪ねる
(B) E メールを送る
(C) ファックスを送る
(D) 電話をかける

正解：(D) ★

最後に Please call 653-256-3419 for more information and 〜 と言っているので、正解は (D)。

Part 5

| 訳 | 正解&ポイント解説 |

101

ロジャー・ミラーさんは昨年の12月に退職して、現在は数社の企業の取締役会のメンバーである。

正解：(B) ★★

直前に currently「現在のところ」という副詞があり、主語が「ロジャー・ミラーさん」（3人称単数）のため、現在形の (B) sits が正解。

✓ ボキャブラリー

- retire 動 退職する
- on the boards of ~ ~の取締役会のメンバーで
- currently 副 現在のところ

102

不明情報は余計な遅延を起こすので、提出する前に応募用紙をダブルチェックすべきです。

正解：(C) ★

文意を考えると「提出する前」に応募用紙をダブルチェックした方がよいという意味になる (C) before が正解。

✓ ボキャブラリー

- double-check 動 再確認する
- submit 動 提出する
- cause 動 引き起こす
- application form 応募用紙
- missing 形 欠けている、不明の

103

キングさんは、90日以上カナダ国内に滞在するので、カナダ行きのために労働ビザを取得する必要がある。

正解：(B) ★★★

「労働ビザ」を「手に入れる」必要があるという意味になる (B) obtain が正解。他の選択肢の意味は (A) reject「拒否する」、(C) issue「発行する」、(D) borrow「借りる」。

✓ ボキャブラリー

- obtain 動 取得する
- business visa 労働ビザ

104

このラウンジは、スタッフが昼食や休憩中にくつろいで楽しむためのものです。

正解：(B) ★★

enjoy *oneself* で「楽しく過ごす」という意味。staff は単数形であるが、人の集合名詞として複数扱いになるので、(B) themselves が正解。

✓ ボキャブラリー

- lounge 名 ラウンジ
- break 名 休憩

Part 5

訳 | 正解&ポイント解説

105

就職面接での第一印象はとても重要なので、外見が職業にふさわしいものか確かめてください。

正解：(A)

文意に合い、前の First「第一の、初めの」に続けて意味が通るものは、(A) impressions「印象」である。他の選択肢の意味は (B) questions「質問」、(C) priorities「優先事項」、(D) opportunities「機会」。

▼ ボキャブラリー

□ important 形 重要な　　□ appearance 名 外見、容姿

106

私達は事業を始めてからずっとマッケイ社と提携してきた。

正解：(D)

have been in partnership ～ という現在完了「継続」の表現から、空所の後に「～以来」という意味の (D) since が入ることがわかる。

▼ ボキャブラリー

□ in partnership with ～　～と提携して

107

クインシー先生は、患者を安心させるようにいつも親しみやすくほがらかでいるように心がけている。

正解：(B)

feel at ease で「安心する」という意味になるので、正解は (B)。他の選択肢の意味は (A) at intervals で「時々」、(C) at best で「せいぜい」、(D) at any rate は「とにかく」。

▼ ボキャブラリー

□ friendly 形 親しみやすい　　□ cheerful 形 ほがらかな
□ patient 名 患者　　□ feel at ease 安心する

108

事故の原因は、ドライバーの不注意と無謀さによるものだった。

正解：(D)

空所の直前に名詞の cause「原因」、直後に the accident「事故」があるので、「事故の原因」という意味になる (D) of が正解。

▼ ボキャブラリー

□ cause 名 原因　　□ inattentiveness 名 不注意
□ recklessness 名 無謀さ

Part 5

訳	正解&ポイント解説

109

新進気鋭のアーティストによってデザインされた新しい携帯電話のモデルは、独創的でもなければ興味をそそるものでもない。

正解：(C)

文中で空所の前に neither が出てきたら、選択肢で nor を探そう。(C) nor を入れると neither A nor B で「A も B も～ない」という意味になるので、(C) が正解。either A or B「A か B のどちらか」と混同しないようにしよう。

▼ ボキャブラリー

☐ up-and-coming　形 新進気鋭の、やり手の　　☐ appealing　形 興味をそそる

110

ジーン・フィットネスクラブが制作したフィットネスビデオは大変なヒットとなっているので、市場には多数のよく似た商品が出回っている。

正解：(D)

on the market で「売りに出て」という意味になるので、(D) on が正解。at the market は「時価で」の意味。

▼ ボキャブラリー

☐ thousands of ～　多数の～　　☐ item　名 商品

111

著しい復旧をしているので、通常のサービスは正午までに再開されます。

正解：(A)

by は直後に「日付」や「時刻」を伴って「（未来のある時点）までには」という意味で使われる。よって、「正午までに再開される」という意味になる (A) by が正解。

▼ ボキャブラリー

☐ remarkable　形 著しい　　☐ recovery　名 復旧
☐ resume　動 再開する

112

当社商品を製品仕様外に使用した場合に生じた損害につきましては、補償金はお支払いできません。

正解：(B)

「商品を製品仕様外に使用した場合」に「支払えない」ものとしてふさわしいのは compensation「補償金」で、これ以外は文意が通らないので (B) が正解。他の選択肢の意味は (A) fine「罰金」、(C) fault「過失」、(D) attention「注意」。

▼ ボキャブラリー

☐ damage　名 損傷　　☐ product specifications　製品仕様（書）

Part 5

訳	正解&ポイント解説

113

最高経営責任者は、互いを信頼して意見の交換を気軽にするように言った。

正解：(A)

互いを信頼して意見を自由に share「共有する」という意味になる (A) が一番文意が通る。他の選択肢の意味は (B) discard「放棄する」、(C) accuse「非難する」、(D) quote「引用する」。

ボキャブラリー
- trust 動 信頼する
- feel free to *do* 自由に〜する

114

団体入場券は、大人、子供そして高齢者のひとまとめで通常の切符売場の入場料より10%引きの割引価格で入手できる。

正解：(D)

「入場券」を意味する admission ticket のみ文意が通るので、正解は (D)。他の選択肢の意味は (A) admit「入れる」、(B) admitted「公然の」、(C) admittee「入場者」。

ボキャブラリー
- group admission ticket 団体入場券
- package 名 一括、パック
- admission price 入場料
- senior citizen 高齢者
- box office 切符売り場

115

もしあなたが建設業界でのやりがいのあるキャリアを探しているのなら、これこそあなたのための仕事です。

正解：(B)

空所の直後に名詞 career があるので、形容詞を入れるのがふさわしい。また、文意より (B) challenging「やりがいのある」が正解とわかる。他の選択肢の意味は (A) challenge「挑戦」、(C) challenger「挑戦者」、(D) challenged「困難を背負った」。

ボキャブラリー
- construction 名 建設

116

このCDは限定版で、たった1万枚だけ生産されました。

正解：(C)

CDは1万枚しか生産されない limited edition「限定版」であるという意味になる (C) が正解。他の選択肢の意味は (A) repeated「繰り返された」、(B) used「中古の」、(D) settled「安定した」。

ボキャブラリー
- edition 名 版
- copy 名 枚、部

TEST 2 Listening Reading

Part 5

| 訳 | 正解&ポイント解説 |

117

社長は、彼の会社内で抜本的な改革を行っていくことを決め、そしてそれは大変有益になった。

正解：(A)

it turned out の it は restructuring「改革」を指す。よって、turned out の後には補語として形容詞 (A) beneficial「有益な」を置くのが正解。他の選択肢は (B) beneficent「情け深い」、(C) benefit「利益」、(D) beneficially「有益に」。

ボキャブラリー
- conduct 動 実施する
- restructuring 名 改革、再編成
- radical 形 抜本的な
- turn out ~ ~に終わる

118

T&P コーポレーションは、過去3年間この地域の居住者に質の高い家事サービスを提供することに専念してきた。

正解：(C)

dedicate oneself to ~ で「~に専念する、~に身を捧げる」という意味。ここでは主語が T&P Corporation なので、再帰代名詞は単数の itself がふさわしい。

ボキャブラリー
- dedicate 動 捧げる
- housekeeping 名 家事
- provide 動 供給する
- resident 名 居住者

119

あなたの質問を我々の宣伝広報専門家と話し合っていただければ、彼らは革新的なウェブサイトを作り出し、あなたの考えを伝えることができます。

正解：(C)

publicity experts で「宣伝広報の専門家」という意味になり最も文意が通るので、正解は (C)。他の選択肢の意味は (A) public「公共の」、(B) publicly「公然と」、(D) publication「発表、出版」。

ボキャブラリー
- create 動 作り出す
- convey 動 伝える
- innovative 形 革新的な

120

エール・コミュニティセンターは親切にも、彼らのホールをチーム内でのモチベーション構築に重点を置いた国際管理職トレーニングプログラムのために我々に提供してくれました。

正解：(C)

エール・コミュニティセンターがホールを「親切にも」提供してくれたという意味になる (C) kindly が正解。他の選択肢の意味は (A) truly「本当に」、(B) discreetly「目立たないように」、(D) thoroughly「徹底的に」。

ボキャブラリー
- executive 名 管理職
- motivation 名 やる気
- with a focus on ~ ~に重点を置いて

Part 5

訳 / 正解&ポイント解説

121

もしテナントが契約に述べられているルールを破ったら、建物から立ち退きさせられるかもしれない。

正解：(D)
空所の前に be 動詞があり、テナントが契約に書いてあるルールを破れば、「立ち退きさせられる」とすると文意が通るので、受動態になる (D) ejected がふさわしい。

ボキャブラリー
- tenant 名 テナント、賃借人
- state 動 述べる
- violate 動 破る

122

特別なトレーニングコースを受けたばかりにもかかわらず、誰もマネージャーの質問に満足のいく説明をすることはできなかった。

正解：(D)
空所の直後に名詞 explanation があるので、形容詞の (D) satisfactory を入れるのがふさわしい。他の選択肢の意味は (A) satisfy「満足させる」、(B) satisfaction「満足」、(C) satisfactorily「満足のいくように」。

ボキャブラリー
- inquiry 名 質問
- even though ~ ~なのに

123

健康的なライフスタイルを促進するため、弊社は社員に健康的で栄養のある食事を提供しています。

正解：(A) ★★
空所の直後に名詞 meals があるので、形容詞を入れるのがふさわしい。nutritious meals「栄養のある食事」という意味になる (A) が正解。他の選択肢の意味は (B) nutrition「栄養」、(C) nutritiously「栄養たっぷりに」、(D) nutritionist「栄養士」。

ボキャブラリー
- promote 動 促進する

124

もし住宅ローンに関する無料の専門的なアドバイスが必要ならば、本日 0206-555-7777 までお電話いただき、専門家とお話しください。

正解：(C) ★★
「アドバイス」を修飾する形容詞として「専門的な」がふさわしく、また expert からもわかるので、(C) が正解。他の選択肢の意味は (A) exceptional「例外的な」、(B) conditional「条件付きの」、(D) impersonal「非個人的な」。

ボキャブラリー
- mortgage 名 住宅ローン

TEST 2　Listening　Reading

Part 5

訳	正解&ポイント解説

125

トーキョー・モーターズ株を新しい投資家が買い占めることについて議論がなされてきたが、条件は受け入れられるものではなかった。

正解：(C)

were not の直後に冠詞がないので形容詞の (C) acceptable と (D) accepting に絞られる。「条件は受け入れられるものではなかった」という意味になる (C) が正解。他の選択肢の意味は (A) accept「受け入れる」、(B) acceptance「受諾」、(D) accepting「動詞 accept の ing 形」。

◆ ボキャブラリー
- investor 名 投資家
- share 名 株
- buy out ～ ～を買い占める
- terms 名〈複数形で〉条件

126

このリストに名前が載っていない応募者は、直ちに私達にお知らせください。

正解：(D)

先行詞は直前の名詞 applicants で、空所の直後の名詞 names とつなげる空所には、所有格が適切。よって、(D) whose が正解。

◆ ボキャブラリー
- applicant 名 応募者
- notify 動 知らせる
- appear 動 載る

127

香港リー社との契約書にちょうど署名したことをお知らせできることをうれしく思います。

正解：(D)

空所の前に are、後に to があるので名詞の (A) delight「大きな喜び」、副詞の (B) delightedly「うれしそうに；喜んで」は不適切。delight は感情を表す動詞で、「～を喜ぶ」という意味を表す時には受動態の形の be delighted を用いる。よって、正解は (D) delighted である。(C) delighting は「人を楽しくさせる」の意味になるので不適切。

◆ ボキャブラリー
- be delighted to do 喜んで～する
- announce 動 案内する

128

機密保護法に従って、内部情報を所有するいかなる人物もそれを秘密にしておかなければならない。

正解：(B)

In accordance with ～ で「～に従って」という意味になり文が成立するので、(B) が正解。他の選択肢の意味は (A) accordant「一致した」、(C) according「一致した、従った」、(D) accordingly「それに応じて」。

◆ ボキャブラリー
- in accordance with ～ ～に従って
- possess 動 所有する
- security law 機密保護法
- confidential 形 秘密の、機密の

Part 5

訳	正解&ポイント解説

129

最新の設備の導入により、社員はかつてないほど効率的に働くことができる。

正解：(C) ★

空所の直後に than があり、直前には動詞 work があるので、副詞の比較級が適切。他の選択肢の意味は (A) efficient「効率的な」、(B) efficiently「効率的に」。(D) は最上級なので、不適切。

✓ ボキャブラリー
- introduction 名 導入
- efficiently 副 効率的に
- facility 名 設備

130

雪が5センチの深さを超えて積もったら雪かき作業が行われる。

正解：(D) ★★★

「雪」および「5センチを超える深さ」に対する動詞として accumulate「積もる」が意味的にふさわしいので、(D) が正解。他の選択肢の意味は (A) retained「保持した」、(B) covered「覆った」、(C) intermitted「中断した」。

✓ ボキャブラリー
- plowing operation 雪かき作業
- depth 名 深さ
- undertake 動 着手する、行う

131

ヘイリーさんの我が社における25年の勤務を、この昼食会で私達の感謝を示すことでお祝いしましょう。

正解：(D) ★★

ヘイリーさんの25年勤続を祝う昼食会で示されるのは「感謝」が最もふさわしいので、(D) appreciation が正解。他の選択肢の意味は (A) astonishment「驚き」、(B) assortment「分類」、(C) intention「意思」。

✓ ボキャブラリー
- celebrate 動 祝う
- luncheon 名 昼食会
- service 名 勤務

132

MSSブースを訪ねるお客様だけが独占的に利用できるこれらの特別サービスをご検討ください。

正解：(C) ★★★

「MSSブースを訪ねた人だけが利用できる特別サービス」を修飾する副詞として最もふさわしいのは、「独占的に」なので、(C) exclusively が正解。他の選択肢の意味は (A) competitively「競合的に」、(B) responsibly「責任を持って、確かに」、(D) realistically「現実的に」。

✓ ボキャブラリー
- check out ~ ~を確かめる、検討する
- booth 名 ブース

Part 5

訳	正解&ポイント解説

133

シェフィールド・バスサービスは、燃費の向上によるエネルギー節約のためと地球温暖化への影響を少なくするために最先端技術を使っています。

正解：(B)

空所の直後に名詞 fuel efficiency があるので、所有格を入れるのがふさわしい。よって、主格である (A) と (C) は不適切。単数名詞 Sheffield Bus Service の「燃費」なので、その所有格を表す (B) its が正解。

ボキャブラリー
- state-of-the-art 形 最先端の
- energy conservation エネルギー節約
- impact 名 影響
- fuel efficiency 燃費
- lessen 動 少なくする
- global warming 地球温暖化

134

当社の食器洗浄機は、お客様のキッチンのインテリアと完璧に合うように作ることができます。

正解：(D)

「食器洗浄機」が「ぴったりと」キッチンのインテリアに「合う」という意味になる (D) が正解。他の選択肢の意味は (A) popularly「大衆的に」、(B) passionately「情熱的に」、(C) pitifully「痛ましく」。

ボキャブラリー
- dishwasher 名 食器洗浄機
- interior 名 インテリア
- match 動 (〜に) 合う

135

ここ3カ月にわたって、テーマパークへの入場者数は、劇的に落ちている。

正解：(C)

時制および主語と動詞の一致を問う問題。主語は単数の attendance「入場者数」なので、(A) drops か (C) has dropped に絞られる。Over the past three months「ここ3カ月にわたって」という「継続」の意味が含まれているので、現在完了形の (C) has dropped が正解。

ボキャブラリー
- attendance 名 入場者数
- drop off 落ちる
- theme park テーマパーク
- dramatically 副 劇的に

136

男性の伝統的な正装と考えられているので、式典ではスーツを着るべきです。

正解：(D)

it は ceremony ではなく suit を指すことに注意。スーツは伝統的にどういう服装であるのかを考えると、「正装」とわかるので (D) formal が正解。他の選択肢の意味は (A) definitive「決定的な」、(B) favorable「好意的な」、(C) casual「普段着の」。

ボキャブラリー
- ceremony 名 式典
- form 名 様式

Part 5

訳	正解&ポイント解説

137

世界で最も富裕な人の1人であるゴールドマンさんは、地震被害救済活動を支援するために100万ドルの寄付をする。

正解：(A) ★★★

「地震被害救済活動を支援するために100万ドルをどうするか」を考えよう。「寄付をする」という意味がふさわしいので、正解は (A)。他の選択肢の意味は (B) refurbish「一新する」、(C) appreciate「高く評価する」、(D) occupy「占める」。

✓ ボキャブラリー
- wealthy 形 裕福な、金持ちの
- earthquake 名 地震

- donate 動 寄付する
- relief effort 救済活動

138

研究は新薬が心臓発作や脳卒中の発生率を著しく減らすことを示した。

正解：(A) ★★★

「新薬」が「著しく」心臓発作や卒中の発生率を減らすという意味になる (A) が正解。他の選択肢の意味は (B) excessively「過度に」、(C) previously「以前に」、(D) tentatively「仮に」。

✓ ボキャブラリー
- medicine 名 薬
- incidence 名 発生率
- stroke 名 卒中

- reduce 動 減らす
- heart attack 心臓発作

139

小包の重さが出荷の時に示された重さと違う時は、追加料金が生じる場合があります。

正解：(B) ★★

文意が通るのは「追加」料金が発生するという意味になる (B) Additional のみ。他の選択肢の意味は (A) Unreasonable「法外な」、(C) Suitable「ふさわしい」、(D) Satiable「満足させられる」。

✓ ボキャブラリー
- charge 名 料金
- indicate 動 示す

- occur 動 発生する
- shipping 名 出荷、配送

140

私達のキャリア指導カウンセラーは、あらゆる経歴、年齢、人種の求職者を援助するためにここにいます。

正解：(A) ★

「キャリア指導カウンセラー」という用語が成立する (A) guidance が正解。

✓ ボキャブラリー
- counselor 名 カウンセラー
- background 名 経歴、素性

- job applicant 求職者
- ethnicity 名 人種

Part 6

文章の訳

質問の 141 から 143 は、次の広告に関するものです。

オンライン・ショッピング・システム

当社のオンライン・ショッピング・システムにようこそ。このシステムは、当社店舗にお越しいただくことができないお客様でも当社の製品を入手できるようにつくられました。便利で使いやすく、(141)大変ご好評をいただいております。

当社の製品のすべてが見つかり、ご自宅や会社から注文(142)していただけます。初めてこのサイトをご利用の場合は、お客様の(143)詳細をご登録いただき、お買い物体験をお楽しみください。もうすでにご登録いただいておりましたら、ログインして購入を希望される製品をカタログで探し、「カートに追加する」ボタンをクリックしてください。

正解&ポイント解説

141
正解：(B) ⭐

形容詞 popular を修飾するのは副詞である。よって、(B) considerably が正解。他の選択肢の意味は (A) considerable「かなりの」、(C) consider「よく考える」、(D) consideration「熟考」。

142
正解：(D) ⭐⭐

文意から place an order で「注文する」という意味になる (D) が正解。他の選択肢の意味は (A) repeat「繰り返す」、(B) withdraw「撤回する」、(C) receive「受ける」。

143
正解：(B) ⭐⭐

あなたの「詳細」を登録するという意味になる (B) が正解。他の選択肢の意味は (A) receipts「受領書」、(C) circumstances「事情」、(D) accounts「請求書」。

ボキャブラリー

- ☐ user-friendly 形 使いやすい
- ☐ log in ログインする
- ☐ wish to *do* 〜を望む
- ☐ register 動 登録する
- ☐ search 動 探す
- ☐ purchase 動 購入する

Part 6

文章の訳

質問の 144 から 146 は、次の E メールに関するものです。

宛先：すべての従業員へ
送信者：レズリー・ゴメズ
件名：停電
日付：6月10日

来週の月曜日の午前 8 時から 10 時までおよそ 2 時間一時的な停電があります。電話、コンピュータ、冷蔵庫と照明を (144) 含むすべての電気設備がこの時間帯に影響を受けます。E メールとインターネット接続もまた利用できません。停電の後で主要スイッチを再起動させなければならないものもあります。スタッフには、冷蔵庫の中が (145) 空っぽになっていて生鮮食品が何もないことを確認するようお願いいたします。

コンピュータ・システムのすべてのバックアップをして、IT 部にバックアップの情報を渡してください。従業員はこの時間にオフィスにいる必要はありません。この停電に関するもっと詳しい情報は、総務部のマリサまで連絡してください。(146) ご不便をおかけすることをお詫びし、ご理解のほどお願い申し上げます。

レズリー

正解＆ポイント解説

144

正解：(C) ★★
この文の動詞は be 動詞なので、動詞の (A) include と (B) includes は不適切。後ろに名詞を続けて「～を含む」と能動の意味を表す前置詞の (C) including が正解。過去分詞の (D) included は、受身の意味を表すので不適切。

145

正解：(A) ★★★
停電に際し、冷蔵庫の中身を出してきれいにする clean out がここでは過去分詞として用いられ、意味上最もふさわしいので、正解は (A)。他の選択肢の意味は (B) show up ～「～を目立たせる」、(C) throw away ～「～を捨てる」、(D) turn down ～「～を拒絶する」。

146

正解：(B) ★★
文脈から、ここでは起きるかもしれない何に対して謝罪しているのかを考える。最も適切なのは (B) inconvenience「不便、不都合」である。他の選択肢の意味は (A)shortage「不足」、(C)hesitation「躊躇」、(D)miscommunication「誤解、伝達不良」。

✓ ボキャブラリー

- □ temporary 形 一時の
- □ approximately 副 およそ、大体
- □ perishable 形 腐敗しやすい
- □ occur 動 起こる
- □ power outage 停電
- □ unavailable 形 利用できない
- □ general affairs 総務部

Part 6

文章の訳

質問の 147 から 149 は、次の手紙に関するものです。

ジェイコブ・ラーブ様
358 アラスカ通り
シアトル、WA 98108
10月1日

ラーブ様

当社の 30 周年 (147)記念式典にご招待させていただくことをうれしく思います。長年にわたり、あなたは資金調達や新たな顧客の推薦において、多大なるご支援をくださいました。

式典はモントリオール、リュ・デュ・ヴィレッジのキャッスルホテルで 11 月 4 日の午後 6 時から午後 8 時まで開か (148)れます。服装規定は正装で、食事と飲み物をお出しいたします。

この特別な機会を私どもと一緒に分かち合っていただくことが (149)できればと願っております。

どうぞご参加が可能かどうかお知らせのご連絡をいただければ幸いです。

敬具
サーシャ・メイソン

正解＆ポイント解説

147

正解：(B) ★★
「記念日」の意味となる (B) anniversary が正解。(A) years、(C) preliminary「予備段階、予備的な」、(D) engagement「婚約」は、前の 30th、後の reception と意味的につながらない。

148

正解：(D) ★
この文章が招待状であること、開催予定日の記載があることから未来形がふさわしい。よって、正解は (D) will be。

149

正解：(A) ★
be able to do で「～できる」という意味で最も文意に合うので、正解は (A)。他の選択肢の意味は (B) be obnoxious to do「～することがとても不快である」、(C) be bound to do「～する義務がある」、(D) be entitled to do「～する権利がある」。

✓ ボキャブラリー

- □ pleasure 名 喜び
- □ firm 名 会社
- □ generous 形 寛大な
- □ recommend 動 推薦する
- □ reception 名 式典
- □ throughout 前 ～中ずっと
- □ funding 名 資金調達、財政的支援
- □ dress code 服装規定

Part 6

文章の訳

質問の 150 から 152 は、次の手紙に関するものです。

推薦状

関係各位

ハルミ・トダさんはスター・システムズ・コンサルティングに 5 年間勤務 (150) されていました。彼女が弊社にいた間、私たちには彼女が責任感のある大切な社員であることがわかりました。

彼女は時間通りに任務を完遂し、大いに (151) やる気があり有能で、極めて信頼できました。私がトダさんに任務を与えれば、それが完璧に完了されることを疑いもしませんでした。

トダさんは海外に留学し、新しい挑戦をすることを決めました。(152) おそらく一番の推薦は、もしトダさんが将来弊社に再応募されたら、私がすぐに彼女を雇い戻すことでしょう。

敬具

トーマス・ホルト
代表取締役
スター・システムズ・コンサルティング

正解&ポイント解説

150

正解：(D) ✖✖

文意より後に続く文は受動態にすべき文であり、しかも for 5 years と「継続」を示す語が含まれているので、「現在完了形」の (D) has been が正解。

151

正解：(B) ✖

動詞 was と副詞 highly が空所の前にあることから形容詞の (B) motivated「やる気のある」が最もふさわしい。他の選択肢の意味は (A) motivation「やる気」、(C) motivate「刺激する」、(D) motivating「動詞 motivate の ing 形」。

152

正解：(A) ✖✖✖

(B) However「しかし」では、前の文と意味がつながらず、(C) Although「たとえ～でも」は文頭に置いて逆説の意味を持つ接続詞であり、後の文と意味がつながらない。(D) Likely「おそらく」は文頭には来ないので不適切。(A) Perhaps「おそらく」が正解。

✔ ボキャブラリー

- □ letter of recommendation　推薦状
- □ valuable　形 大切な
- □ task　名 任務
- □ extremely　副 極めて
- □ hire someone back　～を雇い直す
- □ To Whom It May Concern　関係各位
- □ complete　動 完了する、終える
- □ capable　形 能力がある
- □ reapply　動 再応募する
- □ instantly　副 すぐに

Part 7

文章の訳

質問の 153 から 154 は、次の記事に関するものです。

> (153)(154) 現金自動預払機（ATM）は、この頃はいたるところにある。海外旅行の時にも便利である。外国の銀行や両替所で通貨やトラベラーズチェックの手数料を払うことに比べて、ATM カードを使うと実際にお金の節約になる場合がある。利用料は国によってさまざまだが、通常は 1 回の ATM 使用ごとにおよそ 2 ドルから 4 ドルの間である。また、ATM によって旅行者は大量の現金を持ち歩く必要がなくなる。旅行者は通常の銀行の営業時間を気にする必要がない。

設問の訳 / 正解&ポイント解説

153

記事は主に何について書かれていますか。
(A) 海外旅行
(B) トラベラーズチェック
(C) クレジットカード
(D) 現金自動預払機

正解：(D)

Automated teller machines (ATMs)「現金自動預払機」について書かれた文章なので、その言い換えである (D) Cash machines が正解。

154

ATM の利点は何だと述べられていますか。
(A) どこにでも見つけられる。
(B) ATM を使うと儲かる。
(C) 現金を全く持ち歩く必要がない。
(D) 利用料は必要ない。

正解：(A)

ATM の利点として文中にあげられているのは、ubiquitous「いたるところにある」ということなので、正解は (A)。(B) は、ATM はお金を「節約」できるかもしれないが「儲かる」わけではない。(C) は、大量の現金を持ち歩く必要がなくなるが、「現金が全く必要ない」とは書かれていない。(D) は、利用料は無料ではないので不適切。

ボキャブラリー

- teller 名 金銭出納係
- these days この頃は
- compared to 〜 〜と比較して
- currency 名 貨幣
- actually 副 実は
- vary 動 さまざまである、異なる
- range 動 変動する
- worry about 〜 〜について心配する
- overseas travel 海外旅行
- mention 動 述べる
- ubiquitous 形 至る所にある
- overseas 副 海外に
- fee 名 手数料、代金
- foreign exchange office 外貨交換所
- access fee 利用手数料
- in general 一般的に
- eliminate 動 除去する
- banking hours 銀行の営業時間
- cash machine 現金自動預払機
- profitable 形 利益になる、儲かる

Part 7

文章の訳

質問の 155 から 156 は、次の E メールに関するものです。

送信者：ジョン・ケネディ
宛先：シルパ・ヴァイヂャ
件名：(155)面接ありがとうございました
日付：1 月 20 日

ヴァイヂャ様

(155)(156)フィラデルフィア・インベストメンツ社での職について私と話し合うお時間をいただきありがとうございました。(156)あなたとの面接、そして会社案内書を拝読してから、私の経歴、資格そして職歴が御社のお役にたてると感じております。

あなたとお会いしてからなぜフィラデルフィア・インベストメンツ社の社員が長い勤務歴を持つのか私には簡単に理解できました。私はフィラデルフィア・インベストメンツ社からたくさんのことを学ぶことができると感じています。

加えて、私の勤勉でチーム優先で順応性が高く、そして友好的な性質はさらなる利点となると感じています。

近い将来にご連絡いただけることを楽しみにいたしております。

敬具
ジョン・ケネディ

設問の訳

155
E メールの主な目的は何ですか。
(A) 職に応募すること
(B) 面接に感謝を示すこと
(C) 面会を求めること
(D) フィラデルフィア・インベストメンツ社を褒めること

156
この E メールから何が推測できますか。
(A) ケネディさんは彼の経歴に自信がない。
(B) ケネディさんはフィラデルフィア・インベストメンツ社にもう興味がない。
(C) ケネディさんはヴァイヂャさんと面識がある。
(D) フィラデルフィア・インベストメンツ社の労働条件は厳しい。

正解＆ポイント解説

正解：(B)
Subject「件名」に Thank you for the Interview.「面接ありがとうございました」とあり、冒頭の文章からもこのEメールの一番の目的は (B) の「面接に感謝する」であることがわかる。

正解：(C)
Thank you for taking the time ～ . と次の After my interview with you and reading the company manual, ～ . から 2 人が面接で顔を合わせたことがわかるので、正解は (C)。

ボキャブラリー

- qualification 資格
- in addition さらに
- appreciation 感謝
- a great deal 大いに
- adaptable 順応性の高い
- praise 褒める

Part 7

文章の訳

質問の 157 から 158 は、次の広告に関するものです。

ヘルシー・ライフ・クリニックス

私達は、簡単に見つかります
ご自宅の近くで、勤務先の近くで
あるいは、その間のどこかで

(157) もし新しいクリニックをお探しなら、ヘルシー・ライフ・クリニックスをじっくり検討されるべきです。

- なぜならあなたがニューヨークのどちらにお住まいでも、ヘルシー・ライフ・クリニックは、遠くはないからです。私達は、ニューヨーク市の5自治区全体に、つまりマンハッタン、ブルックリン、クイーンズ、ブロンクス、スタテン島のいたる所に、18 のクリニックを持っています。

- そして当院は、25 の専門分野に従事する 350 人以上の医療専門家による、総合診療から専門医療までのあらゆるケアサービスを提供しております。

- (158) 私達のクリニックはまた院内薬局、歯科、放射線診断、臨床検査サービス、眼科サービスを得意分野としています。

- ヘルシー・ライフ・クリニックスは、ほとんどの保険会社から認知されており、当院の待ち時間は他のクリニックよりかなり短くなっております。すべてはあなたの健康改善のお手伝いをするために。

詳細は (936)673-9000 までお電話ください。

ヘルシー・ライフ・クリニックス

ヘルシー・ライフ・クリニックスはヘルシー・ライフ、グループヘルスとチョイスプラスのヘルスプランのメンバーの方が利用可能です。

Part 7

設問の訳	正解&ポイント解説

157

この広告は誰に宛てたものですか。
(A) 医療サービスに関わっている人
(B) 医療が必要な可能性のある人
(C) 賃貸オフィススペースを探している人
(D) 最近医学部を卒業した人

正解：(B) ★★★

文頭に If you're looking for a new clinic, ～. とあり、クリニック（病院）による広告であることがわかる。ケアサービスの内容と充実ぶりをアピールしていることから対象は「医療が必要な可能性のある人」ということがわかる。よって、正解は (B)。

158

このクリニックで処理されないのは何ですか。
(A) 虫歯
(B) 近視
(C) 処方箋を調合する
(D) ひどい精神状態

正解：(D) ★★

文中に on-site pharmacy, dental, radiology, laboratory and optical services. とサービス内容が明記されている。(A) は歯科、(B) は検眼サービス、(C) は薬局でケアが可能である。文中で書かれていないのは、Poor mental state「ひどい精神状態」なので、正解は (D)。

✓ ボキャブラリー

- □ no matter where ～ どこに～でも
- □ health care 保健医療
- □ separate 形 別々の
- □ a full range of ～ あらゆる～
- □ feature 動 特色とする
- □ pharmacy 名 薬局
- □ radiology 名 放射線
- □ optical service 眼科サービス
- □ insurance company 保険会社
- □ improve 動 改善する
- □ potentially 副 可能性として、潜在的に
- □ graduate from ～ ～を卒業する
- □ poor eyesight 近視
- □ mental state 精神状態
- □ borough 名 (ニューヨーク市の) 自治区
- □ practice 動 従事する
- □ specialty 名 専門
- □ primary care 総合的な医療
- □ on-site 形 院内の、現場の
- □ dental 形 歯の
- □ laboratory 名 臨床検査、研究室
- □ recognize 動 認知する
- □ significantly 副 著しく
- □ involved in ～ ～に従事する
- □ those who ～ ～する人たち
- □ medical school 医学部
- □ fill a prescription 処方箋を調合する

Part 7

文章の訳

質問の 159 から 161 は、次の保証書に関するものです。

保証書
ジーテル電子機器会社
www.zeetelelectronics.net

お名前：男性 [X] 女性 [　] プラシド・ビムルチャートバボーン
ご住所：5600 ローゼンバーグ・ドライブ、アパートメント 209
E メール：prasid416@starzonemail.net

製品名：ジーテル T-1100 携帯電話
製造番号：35018H91
保証書番号：278469L3DI

(159) この度は上記の商品をご購入いただき、ありがとうございます。お買い上げの機器には、無償で発行される 2 年間保証プランがついております。この保証プランはいかなる内部の電子部品の故障にも適用されます。(159) その追加となる 3 年間保証プランは、この機器の購入日から 10 日以内にジーテル社のウェブサイトを通じて購入が可能です。

(160) この保証のもとに（修理などの）請求をするには、本書の裏面に記載されているメーカーまでご連絡ください。この電話をお買い上げの販売店には連絡しないでください。

この製品に関する情報を E メールで受け取るには、必ず上の情報欄に記入し、下のボックスにチェックを入れてください。

(161) [X] 私は製品の定期的な最新情報、割引の提供、その他の特典を受け取ることを希望します。

＊バッテリーも機器の外装のいかなる部分も、保証の適用範囲外となりますのでご注意ください。

設問の訳	正解&ポイント解説

159

保証プランについて、正しいのはどれですか。
(A) その最初の保証期間は有償で延長することができる。
(B) そのアップグレードは内部の部品を保証するのに利用できる。
(C) それは複数の機器に対して使うことができる。
(D) それはウェブサイトで払い戻してもらえる。

正解：(A) ★★

Your device comes with a 2-year protection plan, ～ と An additional 3-year protection plan may be purchased within 10 days ～からわかるのは、この製品には 2 年間のメーカー保証が最初から付いているが、さらに 3 年間の延長保証を望む場合には購入可能ということである。よって、正解は (A)。

Part 7

| 設問の訳 | 正解&ポイント解説 |

160

保証が適用される問題について誰に連絡すべきですか。
(A) 小売業協会
(B) 家電販売店
(C) 工業生産者
(D) 携帯電話の修理取次店

正解：(C) ★★

To make a claim under this warranty, contact the manufacturer「この保証のもとに請求をするには、メーカーまでご連絡ください」と書かれているので、正解は (C)。manufacturer が industrial producer と言い換えられていることに注意。なお、Please do not contact the retail outlet「販売店には連絡しないでください」と書かれているため、(B) は不正解。

161

ビムルチャートバボーン氏についてわかることは何ですか。
(A) 彼はバッテリーを取り替える。
(B) 彼は販売店に連絡する。
(C) 彼はオンラインで機器の登録をする。
(D) 彼は定期的に最新情報を受け取る。

正解：(D) ★★

To receive information about this product by e-mail, please be sure to fill out the information above and check the box below.「この製品に関する情報を E メールで受け取るには、必ず上の情報欄に記入し、下のボックスにチェックを入れてください」の下にある [X] I wish to receive regular product updates, discount offers and other benefits.「私は製品の定期的な最新情報、割引の提供、その他の特典を受け取ることを希望します」のボックスにビムルチャートバボーン氏は X を書き込んでいるため、彼は今後定期的に最新情報その他を E メールで受け取ることになる。よって、正解は (D)。

ボキャブラリー

- □ warranty 名 保証（書）
- □ described above 上記の、前述の
- □ issue 動 発行する
- □ component 名 部品
- □ additional 形 追加の
- □ manufacturer 名 メーカー、製造業者
- □ fill out 〜 〜に記入する
- □ note 動 注意する
- □ exterior 名 外装、外部
- □ length 名 期間
- □ multiple 形 複数の
- □ replace 動 取り替える
- □ product serial number 製造番号
- □ device 名 機器
- □ internal 形 内部の
- □ defect 名 故障、欠陥
- □ make a claim 請求をする
- □ retail outlet 販売店、小売店
- □ benefit 名 特典
- □ policy 名 保証
- □ initial 形 最初の
- □ extend 動 延長する
- □ redeem 動 払い戻す
- □ register 動 登録する

Part 7

文章の訳

質問の 162 から 165 は、次の E メールに関するものです。

送信者 : グアン・ホア・チェン <gh.chen@sepaldoceramicsco.net>
宛　先 : エルサ・ヘルナンデス <elsa.hernandez@sepaldoceramicsco.net>
日　付 : 4 月 2 日、午前 9:43
件　名 : RE: 品質管理報告書

エルサ様

品質管理部の最新の報告書を早速送ってくださり、ありがとうございました。私が特に興味深く思ったのは、(162) わが社の製品欠陥率が 4.3％減少したことです。

あなたが以前に提案し、その後部署のリーダーの地位に就任してから実行した (162) いくつかの主要な変更がもたらした顕著な効果に私は注目しました。

- 製品の検査の頻度を増やすこと (163)
- 品質管理のスタッフに対しもっと研修を行うこと (163)
- より高度な検査機器を購入すること (163)
- 製造部とのより強い関係性やフィードバックの結びつきを築くこと

(162) 私達はこの最初の成功を、来年度の間にさらに伸展させたいと思います。(164) この期間中に欠陥率を 1.5％以下まで下げることを目標とします。そうなれば最も近い競争企業よりも我が社の欠陥率が 0.7％低くなるわけで、その分野で我が社は産業界のリーダーとなれるのです。最高経営責任者アラナ・バーガーはじめ取締役会のメンバーはそのことを必ずや喜ぶことでしょう。

4 月 9 日の業務執行委員会の会議で、現在進行中の計画について私達はもちろん議論できるでしょう。(165) 私や最高技術責任者バージニア・スタイルズ、そして最高財務責任者カトレイ・セリックはもちろん参加しますし、あなたも出席して会合の場であなた方の業務の概要を説明してください。その会議でのプレゼンテーションの原稿を作成して、今週末までに私に E メールで送ってください

敬具
グアン・ホア・チェン
最高業務執行責任者

Part 7

設問の訳	正解&ポイント解説

162

チェン氏はなぜこのEメールを送りましたか。
(A) 製品リリースを確認するため
(B) 事業戦略を変更するため
(C) 計画に関する意見を求めるため
(D) 仕事の結果についてコメントするため

正解：(D) ★★

our product defect rate has decreased by 4.3 percent.「わが社の製品欠陥率が4.3％減少しました」、I noted the measurable effect of several key changes「私はいくつかの主要な変更がもたらした顕著な効果に注目しました」、We hope to improve on this initial success「私達はこの最初の成功をさらに伸展させたいと思います」などから、チェン氏はこれまでの成果を歓迎するコメントをしているので、正解は(D)。

163

ヘルナンデスさんが実行しなかったのはどんな方策ですか。
(A) 検査の頻度を増やすこと
(B) 配送予定の時間短縮をすること
(C) より高性能の装置を用いること
(D) 社員の技能を高めること

正解：(B) ★★

4つの●の部分を見る。(A)はIncreasing the frequency of product inspections、(D)はProviding more training to quality control staff、(C)はPurchasing more advanced testing equipmentを言い換えたもの。(B)だけがEメールの文中で触れられていないので、正解は(B)。

164

Eメールによると、セパルド・セラミックス株式会社の目標は何ですか。
(A) 来年度までに市場占有率を拡大すること
(B) 魅力的な新しい消費者製品を開発すること
(C) より洗練された製品デザインを用いること
(D) 競争会社の基準値を上回ること

正解：(D) ★★★

During this period we aim to reduce the rate to 1.5 percent or lower. This would mean our defect rate would be 0.7 percent lower than our closest competitors and make us the industry leaders in that area.「この期間中に欠陥率を1.5％以下まで下げることを目標とします。そうなれば最も近い競争企業よりも我が社の欠陥率が0.7％低くなるわけで、その分野で我が社は産業界のリーダーとなれるのです」の部分から、セパルド・セラミックス株式会社は来年度、製品欠陥率をさらに下げることを目指していることがわかる。よって、正解は(D)。exceed「上回る」、benchmark「基準値」、rival companies「競合会社」を用いた言い換えは少しハイレベルである。

Part 7

設問の訳

165

4月9日の業務執行委員会の会議に出席する予定だと述べられているのはだれですか。
(A) 新しい業界アナリスト
(B) 最高経営責任者
(C) 上級財務管理者
(D) 企画部のメンバー

正解&ポイント解説

正解：(C) ★★★

~ at the April 9 Executive Operations Committee meeting. I, CTO Virginia Styles and CFO Kutlay Celik will of course be there ～の部分をしっかり見て答える。正解は (C) であり、CFO（= chief financial officer）が senior financial manager に言い換えられている。

✓ ボキャブラリー

- □ quality control　品質管理
- □ defect rate　欠陥率
- □ implement　動 実行する
- □ frequency　名 頻度
- □ fiscal year　会計年度
- □ competitor　名 競合他社
- □ go forward　前進する
- □ CTO (= chief technical officer)　最高技術責任者
- □ CFO (= chief financial officer)　最高財務責任者
- □ likewise　副 同様に
- □ session　名 会議、会合
- □ chief operating officer (= COO)　最高業務執行責任者
- □ operational strategy　事業戦略
- □ measure　名 方策、措置
- □ enhance　動 高める
- □ exceed　動 上回る
- □ promptly　副 速やかに
- □ measurable　形 かなりの、重要な
- □ assume leadership　指導的役割を担う
- □ inspection　名 検査
- □ aim to *do*　～することを目指す
- □ board　名 取締役会
- □ overview　名 概要
- □ draft　名 原稿、草稿
- □ comment on ～　～についてコメントする
- □ sophisticated　形 高性能の、洗練された
- □ attractive　形 魅力的な
- □ benchmark　名 基準値

Part 7

文章の訳

質問の 166 から 169 は、次の告知に関するものです。

断水予定のお知らせ

(166) クレストウッド地区、ショーンシー地区およびイーグルライン地区の居住者の方々に水道サービスが 1 月 10 日の 10 時半から 16 時半まで一時的に停止することをお知らせいたします。

(167) 上記の地区で水圧不足の苦情が出ているのでパイプを交換します。(168) より詳しい情報、支払いのオプション、水道ニュース、あるいはもし苦情の申し立てが必要なら当局の水道供給局ホットラインまでお電話をお願いいたします。(169) 当局は居住者が断水前にご自宅の浴槽と流しを水で満たしておくことをお勧めします。

ご不便をおかけしますことをお詫び申し上げます。

(168) 水道供給局ホットラインー 3630-7000

設問の訳	正解&ポイント解説

166

この情報は誰に向けたものですか。
(A) 水道供給について苦情がある人
(B) 断水の影響を受ける地区に住んでいる人
(C) カスタマーサービスの電話交換手
(D) 水道供給局の社員

正解：(B)

答えは第 1 段落にある。areas that water service will be temporarily suspended ～ . から「断水が行われる地域の居住者」に向けてのメッセージであることがわかるので、正解は (B)。

167

断水の理由は何ですか。
(A) パイプを修理すること
(B) 水温を調整すること
(C) 水質を分析すること
(D) よりよいサービスを提供すること

正解：(D)

第 2 段落に We are replacing the pipes as there have been complaints about a lack of water pressure ～ . とあり、「水圧の不足の苦情が出ているのでパイプを交換する」ことを断水の理由としている。つまり苦情に対応して「よりよいサービスを提供するため」であるので、正解は (D)。(A) To repair the pipes は「交換」とは違うので注意。

168

支払いシステムを変更したい場合、読者は何をすべきでしょうか。
(A) 申請書を送付する
(B) 3630-7000 に電話する
(C) E メールを送る
(D) ウェブサイトを見る

正解：(B)

第 2 段落の Please call our Water Supplies Department Hotline if ～ . の文と、最下部の電話番号の両方を読むと、正解 (B) につながる。

Part 7

| 設問の訳 | 正解&ポイント解説 |

169

読者は何をするように勧められていますか。
(A) カートリッジをきれいにする
(B) フィルターを交換する
(C) カスタマーサービスに連絡する
(D) 水を貯める

正解：(D) ⭐

第2段落最後に We recommend residents to fill their bathtubs and sinks with water before the suspension.「断水の前に浴槽と流しを水で満たしておくことを勧める」とあるので、正解は (D)。fill ～ with water が store water と言い換えられている。

ボキャブラリー

- water suspension　断水
- temporarily　副 一時的に
- replace　動 交換する
- above-mentioned　形 上述の、前記の
- bathtub　名 浴槽
- inconvenience　名 不便
- discontinuation　名 中止、遮断
- send in ～　～を提出する、～を送付する
- store　動 貯める
- resident　名 居住者
- suspend　動 停止する
- complaint　名 苦情
- register　動 表明する
- sink　名 流し
- affect　動 (～に) 影響を及ぼす
- analyze　動 分析する
- cartridge　名 カートリッジ

Part 7

文章の訳

質問の 170 から 172 は、次のメモに関するものです。

すべてのタリス・セキュリティ・サービシーズ・コープの新入社員へ

人事部が来たるべき健康診断のすべての手配をいたします。

(170) 全新入社員は承認を受けた認定内科医による精密な健康診断の受診が必要です。(171) この診断は胸部の X 線、血液検査、そして心電図が含まれます。診断の結果によっては、胃の X 線などの追加の検査が必要になるかもしれません。新入社員は、働き始める前に承認を受けた認定内科医によって医学的に承認されなければなりません。

警備員またはメンテナンス員に分類される社員は、職務上必要とされる役割を果たせるかどうかを見極めるために雇用初日より前に健康診断を受けることが必要になります。これは会社で選ばれた免許を持った開業医によって行われ、(172) 会社によって支払われます。

この要件に関する質問は健康診断のすべての手配を行う人事部までお問い合わせください。

パット・ハンター
人事部長

設問の訳 / 正解&ポイント解説

170
メモは何を伝えていますか。
(A) 全社員が検査を受けなければならないこと
(B) 新入社員には健康診断が必要であること
(C) 労働者が薬を飲むように勧められていること
(D) 新入社員が働き始めること

正解：(B)
第 2 段落冒頭に All new employees are required to have a complete physical examination 〜 .「全新入社員が健康診断を受けなければならない」とあるので、正解は (B)。(A) は、All employees「全社員」とあるので、不適切。

171
最初に行われない検査は何ですか。
(A) 胸部の X 線
(B) 血液検査
(C) 心電図
(D) 胃の X 線

正解：(D)
全新入社員が、まず「胸部の X 線」、「血液検査」、「心電図」などの検査を受け、その結果により「胃の X 線」のような追加の検査が必要な人も出てくるので、正解は (D)。設問が NOT で聞かれていることに注意しよう。

Part 7

| 設問の訳 | 正解&ポイント解説 |

172

メモから何がわかりますか。
(A) 免許を持った内科医が健康診断をすべて手配する。
(B) 検査は無料である。
(C) 健康診断はオプションである。
(D) 新入社員は仕事を始めた後で健康診断を受けてもよい。

正解：(B) ★★★

冒頭に The HR office will make all arrangements for the upcoming medical examinations. とあり、「人事部が来たるべき健康診断のすべての手配を行う」ことがわかるので、(A) は不適切。(C) は「全新入社員」が受けなくてはならない「義務」であり「オプション」ではないので、不適切。(D) は、第2段落の最後に〜 before they may begin work. とあり、「働き始める前に」診断を受けなくてはならないので、不適切。This will be 〜 and paid by the company. とあり、「会社により支払われる」ことがわかるので、正解は (B)。

✓ ボキャブラリー

- ☐ HR office　人事部
- ☐ upcoming　形 来たるべき
- ☐ complete　形 完全な
- ☐ approved　形 承認された
- ☐ chest x-ray　胸部のX線（レントゲン）
- ☐ electrocardiogram　名 心電図
- ☐ classified　形 分類された
- ☐ prior to 〜　〜より前に
- ☐ fit　形 適当な、ふさわしい
- ☐ essential　形 必要な
- ☐ practitioner　名 開業医
- ☐ requirement　名 要件
- ☐ Human Resources (= HR)　人事部
- ☐ make arrangements　準備をする
- ☐ medical examination　健康診断
- ☐ physical examination　健康診断
- ☐ certified physician　認定内科医
- ☐ blood test　血液検査
- ☐ stomach x-ray　胃のX線
- ☐ undergo　動 受ける
- ☐ determine　動 見極める
- ☐ perform　動 実行する、果たす
- ☐ function　名 役割
- ☐ concerning　副 〜に関して
- ☐ direct A to B　AをBに向ける
- ☐ take medicine　薬を飲む

Part 7

文章の訳

質問の 173 から 175 は、次の情報に関するものです。

---

(173) 郵便に関するお知らせ

私達の郵便箱システムは事務局と各学部を一番上に、そして終身在職権のある教員はそのすぐ下に、その次に新任教員と非常勤スタッフが配置されています。(174) 配達されてくる郵便はたいてい午前 9 時までに分類されます。大きい箱が郵便の箱の隣の棚に置かれています。外部宛の郵便は、各日午後 3 時より前に外部宛の箱に入れてください。学内オフィス宛、市内宛、市外宛の郵便に分類してください。

全ての郵便は正しい郵便料金にしてください、そうしなければ送り主に訂正のため返送されます。(175) 配達証明郵便を送るためのインフォメーションと用紙はビジネスオフィスで入手できます。

詳しい郵便情報は www.world.uni/businessoffice/mail.htm でご覧いただけます。

設問の訳 / 正解&ポイント解説

173
情報の目的は何ですか。
(A) 新サービスを宣伝すること
(B) 郵便料金の無駄使いを警告すること
(C) 新たなビジネスプランの概要を説明すること
(D) 郵便システムについて情報を与えること

正解：(D) ★★
タイトルに Mail Information とあり、文書の内容からも「郵便システムについて情報を与える」ためのものであることがわかるので、正解は (D)。

174
情報について正しいのはどれですか。
(A) 外部宛郵便は午後 3 時までに回収される。
(B) 郵便箱はアルファベット順に配置されている。
(C) 郵便は送る前に整理される。
(D) 郵便情報はビジネスオフィスでのみ得られる。

正解：(C) ★★★
(A) は、外部宛の郵便は午後 3 時までに「箱に入れるように」と書かれてあり、回収は午後 3 時以降であると考えられるので、不適切。(B) は、郵便箱は雇用形態により配置されており、アルファベット順ではないので不適切。(D) は、郵便情報はビジネスオフィスでのみ得られるわけではなく、ホームページでも得られるので不適切。郵便は、送る前に送付先により違う箱に入れるシステムになっているので、(C) の「郵便は送る前に整理される」が正解。

Part 7

| 設問の訳 | 正解&ポイント解説 |

175

配達証明郵便を送りたい場合、どうすべきですか。
(A) 講師控え室へ行く
(B) 大きな箱に入れる
(C) ウェブサイトを見る
(D) 用紙を手に入れる

正解：(D) ✪✪

第 2 段落に ～ forms for sending certified mail can be obtained in the Business Office. とあり、「配達証明郵便」を送るためには、ビジネスオフィスで用紙を手に入れなくてはいけないことがわかるので、正解は (D)。

✓ ボキャブラリー

- □ administration 名 事務局、管理部門
- □ underneath 副 すぐ下に
- □ sort 動 分類する
- □ internal office 内部オフィス
- □ certified mail 配達証明郵便
- □ outline 動 概略を説明する
- □ organize 動 整理する
- □ tenured teacher 終身在職権のある教員
- □ incoming 形 入ってくる
- □ outgoing 形 出ていく、外部宛の
- □ postage 名 郵便料金
- □ obtain 動 取得する
- □ in alphabetical order アルファベット順に
- □ teacher's lounge 講師控え室

Part 7

文章の訳

質問の 176 から 180 は、次の記事に関するものです。

「トラック・レーサー」の成功

ベン・レストン

(176) 広報部長

ゲームズ・マスター社

ben.r@gamesmasterco.com

投稿：本日午前 9 時 47 分

(176)(177) 我が社の新しいゲームアプリ、「トラック・レーサー」が『ゲーミング・プラスマガジン』で先週 5 つ星を獲得した。評論家のブラッド・マクマホンは「この新しいアプリは素晴らしい」と述べた。彼は明確で簡潔な使用説明書に感銘を受け、連続するアクションシーンを「信じられないほどドキドキし」「スリル満点だ」と評した。彼はさらに続けて、(179) 難易度がうまく分けられているので、エキスパートだけでなく初心者もプレイを楽しむことができると述べた。(179) 彼はグラフィックが特に称賛に値するとした。

(177) このアプリは大々的な広告キャンペーンに続いて、先月 4 月 22 日に売り出された。(179) 以来、我が社は記録的な売り上げを示している。(178) 我々の調査における初期の顧客反応を見ると、この人気の理由はアプリが手軽にプレイすることができ、楽しめると見なされていることにありそうだ。

(176) 「トラック・レーサー」は我々の成功作品のうちの最新作にすぎない。我々は長く続くシリーズ (180) ものを計画しているのである。(176) 我が社の新たに拡大したゲーム開発チームは、すでに最新作「オレンジ・ウォッチ」に取りかかっている。

設問の訳 / 正解 & ポイント解説

176

記事はおそらくどこに掲載されますか。
(A) 機器使用者マニュアル
(B) 大学のゼミ概要
(C) 社内のウェブページ
(D) 店の会員申込書

正解：(C) ★★

Public Relations Director、Games Master Co.、ben.r@gamesmasterco.com、Posted at: 9:47 AM Today の部分で、すぐにこれはインターネットに投稿した記事だと判断できる。さらに、Our new gaming app *Track Racer* ～ や *Track Racer* is just the latest of our successes. We plan for a long line of them. Our newly expanded Gaming Development Team is ～などの部分の代名詞が our と we になっていることから、これは社内のウェブページに載せたものだとわかる。よって、正解は (C)。

Part 7

| 設問の訳 | 正解&ポイント解説 |

177

記事の目的は何ですか。
(A) 新しいデザインを確認すること
(B) 昇格を公表すること
(C) 業績について詳しく述べること
(D) 供給業者を評価すること

正解：(C) ★★

Our new gaming app *Track Racer* received five out of five stars last week in *Gaming Plus Magazine*. や The app was launched last month on April 22, following an extensive advertising campaign. Since then, we've enjoyed a record amount of sales. などから、広報部長のベン・レストン氏は、自社（Games Master Co.）の最近の業績、動向について詳述していることがわかる。よって、正解は (C)。

178

ゲームズ・マスター社について何が暗示されていますか。
(A) 広告予算を削減した。
(B) 顧客からのフィードバックを求めている。
(C) いくつかのアプリを無料提供している。
(D) 会社のウェブサイトに変更を加えた。

正解：(B) ★★

Initial customer responses in our surveys suggest ～「我々の調査における初期の顧客反応が示しているのは～」から、ゲームズ・マスター社では顧客調査に基づいて新製品の分析を行っていることがわかる。よって、正解は (B)。

179

トラック・レーサーについて述べられていないことは何ですか。
(A) グラフィックデザイン
(B) 難易レベル
(C) 製品の売り上げ
(D) 競合他社の戦略

正解：(D) ★★

(A) は He singled out the graphics for special praise.、(B) は He went on to state the levels of difficulty were well-differentiated、(C) は Since then, we've enjoyed a record amount of sales. で言及されている。しかし、(D) だけが記事の中で触れられていないので、正解は (D)。

180

第3段落2行目の line に最も近い意味の語は
(A) 続きもの
(B) 調整
(C) 種類
(D) 長さ

正解：(A) ★★★

We plan for a long line of them.「我々は長く続くシリーズものを計画している」の line は、(A) series「続きもの」に最も意味が近い。

Part 7

ボキャブラリー

- public relations 広報
- reviewer 名 評論家、批評家
- concise 形 簡潔な
- incredibly 副 信じられないほど
- go on to do 引き続き〜する
- well-differentiated 形 うまく区別された
- praise 名 称賛
- extensive 形 大々的な、大規模な
- regard A as B AをBとみなす
- internal 形 内部の
- rate 動 評価する
- cut back on 〜 〜を削減する
- app 名（application の省略形）アプリ
- outstanding 形 素晴らしい、優れた
- action sequences 一連のアクションシーン
- thrilling 形 スリルに富んだ
- state 動 述べる
- single out 〜 〜を選び出す
- launch 動 発売する
- customer response 顧客の反応
- summary 名 概要
- detail 動 詳しく述べる
- supplier 名 供給業者
- budget 名 予算

Part 7

文章の訳

質問の 181 から 185 は、次の告知と E メールに関するものです。

[パッセージ①　告知]

若手ミュージシャンコンテスト
(182)勝者には 10,000 ドルの奨学金！

コンテストは 2 月 14 日土曜日の午後 1 時にジョンソンセンターで開かれます。

事前登録は必要ありません。(181)出場者の順番はコンテストが始まる時に無作為に割り当てられます。コンテストはアマチュアのみで、プロのミュージシャンのためのものではありません（音楽でお金をもらっている人は誰でもプロとみなします）。

(183)出場者は 5 分間の演奏時間の制限があります。(184)楽器の故障に対しては許容します。

上記のいかなるルールにも従えない出場者は、資格を失います。
より詳しい情報は、ロナルド・コックス氏 ronaldcox@kma.com まで E メールを送るか、私達のウェブサイト www.kma.com/contest をご覧ください。

[パッセージ②　E メール]

送信者：リオ・チュウ
宛先：ロナルド・コックス [ronaldcox@kma.com]
件名：若手ミュージシャンコンテスト
日付：1 月 7 日

コックス様

キングズ・ミュージックアカデミーの掲示板に貼ってあった告知を見ました。そして、いくつかお尋ねしたい質問があります。

現在私は大学の 1 年生でピアノを弾きます。(185)時折、私は結婚式やお葬式のような小さなイベントでピアノを弾いて、その度に少額を受け取ります。これも私をプロのミュージシャンと見なすのでしょうか。また、特定の楽曲を選ばないといけないのでしょうか。私はこのチャンスに大変興味を抱いており、このイベントにぜひ参加したいと思っています。できるだけ早くご連絡をいただけますでしょうか。

敬具
リオ・チュウ

Part 7

設問の訳	正解&ポイント解説

181
候補者の順番はどのように決められますか。
(A) 無作為に
(B) アルファベット順に
(C) 到着順に
(D) 年齢で

正解：(A) ★

告知の第2段落1行目に The contestants' order will be randomly assigned at the beginning of the competition.「出場者の順番はコンテストが始まる時に無作為に割り当てられます」とあることから正解は (A)。

182
勝者は何を受け取りますか。
(A) 奨学金
(B) トロフィー
(C) 楽器
(D) 報酬

正解：(A) ★

告知のタイトルの下に $10,000 in Scholarships for Winners!「勝者には10,000ドルの奨学金！」とあることから、正解は (A)。

183
コンテストについて正しいのはどれですか。
(A) どんな若手のミュージシャンも歓迎である。
(B) 出場者は事前に参加登録しなければならない。
(C) 演奏の長さに制限がある。
(D) コンテストは夜に行われる。

正解：(C) ★★

告知の第3段落に Contestants will have a 5-minute performance time limit.「出場者は5分間の演技時間の制限があります」とあることから、正解は (C)。

184
演奏を再スタートする理由になり得るものは、どれですか。
(A) 楽器の弦を切ること
(B) 楽器を地面にたたきつけること
(C) 曲を忘れること
(D) 急病になること

正解：(A) ★★★

告知の第3段落に Allowance will be made for instrument malfunctions.「楽器の故障に対しては許容します」とある。選択肢の中で「故障」に最も近いと考えられるのは (A) である。

185
チュウさんは、なぜEメールを書いたのですか。
(A) コンテストへの彼の参加資格を尋ねるため
(B) ピアノコンテストに参加するため
(C) 奨学金を勝ち取るため
(D) 仕事を求めるため

正解：(A) ★★

チュウさんは自分が演奏でお金を得ていることがプロとみなされるのか、コンテスト参加資格があるのかどうかを確認するためにEメールを書いている。よって、正解は (A)。

Part 7

✓ ボキャブラリー

- [ ] scholarship 名 奨学金
- [ ] contestant 名 出場者
- [ ] assign 動 割り当てる
- [ ] make allowance for ~ 　~を大目に見る、~を斟酌する
- [ ] instrument malfunction 　楽器の故障
- [ ] disqualify 動 (~から) 資格を奪う
- [ ] qualify 動 資格を与える
- [ ] get back to ~ 　~に折り返し連絡する
- [ ] at random 　無作為に
- [ ] sign up 　参加登録する
- [ ] restriction 名 制限
- [ ] slam 動 たたきつける
- [ ] seek 動 探し求める
- [ ] preregistration 名 事前登録
- [ ] randomly 副 無作為に
- [ ] comply with ~ 　~に従う
- [ ] on occasion 　時折
- [ ] piece 名 楽曲
- [ ] candidate 名 候補者
- [ ] compensation 名 報酬
- [ ] beforehand 副 事前に
- [ ] string 名 弦
- [ ] eligibility 名 資格
- [ ] occupation 名 職業

Part 7

文章の訳

質問の 186 から 190 は、次のアンケートとEメールに関するものです。

[パッセージ①　アンケート]

ゴードンホテル
お客様のご意見

ゴードンホテルをこの度のご旅行でお選びいただきありがとうございます。今後のお客様の当ホテルでのご宿泊をさらにお楽しみいただけるよう、ご意見をお願いしております。

以下をどのように評価されますか。

	優秀	良い	普通	まあまあ	不十分
全般的に	☐	☐	☐	☐	☑
客室					
チェックイン／チェックアウトのスピード	☐	☐	☑	☐	☐
スタッフの親しみやすさ	☐	☐	☐	☐	☑
滞在中の部屋の清潔さ	☐	☐	☐	☑	☐
レストラン					
(186)食事の質	☑	☐	☐	☐	☐
サービスのスピード	☐	☐	☑	☐	☐

この地域にもう1度来られたらこのホテルに戻ってこられますか。
　はい ☐　　いいえ ☑

もし、そうでなければ何が問題でしたか。具体的にお知らせください。

ホテルへの不満をお知らせしたいと思います。(188)家族と私はここに泊まるのを大変楽しみにしていました。(187)でも運の悪いことに私達の部屋のエアコンが動かなかったのです。部屋の変更を頼んだのにホテルは満室でした。私達はさらに、エアコンの修理を頼んだのに修理してもらえませんでした。高い温度と湿度で、私達の滞在は極めて不快なものとなりました。

部屋番号：<u>613</u>　　　名前：<u>ダン・ハンセン</u>

Part 7

[パッセージ②　Eメール]

宛　先：メンテナンス課マネージャー、エドモンド・カーシュ様
送信者：お客様サービス係マネージャー、クリスティ・ギャレット
日　付：8月11日

(189) 先般8月9日、エアコン設備の故障に関して苦情がありました。お客様は修理を依頼されたのに、部品がそろわなくて修理できませんでした。

すべてが正常に機能するようあなたが維持に努めておられるのはわかっていますが、お客様の宿泊には小さなことでも大きな (190) 影響を与えてしまうのです。すべてを完全に正常な状態に保つためにあなたが必要とするものを、私にお知らせいただけますでしょうか。あなたの提案を1週間後にご連絡いただければ幸いです。

敬具
クリスティ・ギャレット

| 設問の訳 | 正解＆ポイント解説 |

186

ハンセンさんによると、彼は何に満足していますか。
(A) 部屋の清潔さ
(B) スタッフの態度
(C) 食べ物の質
(D) チェックアウトのスピード

正解：(C)
ハンセンさんが唯一 Excellent「優秀」にマークをしているのは、Food Quality のみなので、正解は (C)。

187

ハンセンさんのホテルに対する不満は何についてのものでしたか。
(A) 不親切なスタッフが気に入らなかった。
(B) エアコンなしの部屋がほしかった。
(C) ハウスキーピングの質に不満だった。
(D) 部屋で嫌な経験をした。

正解：(D)
ハンセンさんのコメントには、部屋のエアコンが故障していて、部屋の変更もエアコンの修理もされなかったことへの不満が書いてある。コメントの最後に this made our stay extremely unpleasant. とあり、それを言い換えている (D) が正解。エアコンは故障したのであり、エアコンの設備自体は備わっていたので、(B) は不適切。

188

ハンセンさんについて何が示唆されていますか。
(A) 彼はゴードンホテルに家族で泊まった。
(B) 彼はゴードンホテルに以前に泊まったことがある。
(C) 彼はゴードンホテルでいっさい食事をしなかった。
(D) 彼はホテルの料金が高過ぎると思っている。

正解：(A)
コメントの始めの部分に My family and I were greatly looking forward to staying here. とあり、ハンセンさんは家族でホテルに滞在したということがわかる。よって、(A) が正解。

Part 7

設問の訳	正解&ポイント解説

189

ギャレットさんはなぜ E メールを書いたのですか。
(A) カーシュさんの素晴らしい仕事ぶりを称賛するため
(B) 従業員の士気を上げるため
(C) 仕事の詳細を提供するため
(D) サービスについての彼女の懸念を表明するため

正解：(D) ★★

エアコンのメンテナンスで不備があり客がクレームを寄せているので、ギャレットさんはメンテナンス部長のカーシュさんに「サービスについての彼女の懸念を表明するため」にメールを書いている。

190

E メールの中の第 2 段落 2 行目の impact に最も近い意味の語は
(A) 衝突
(B) 欠陥
(C) 影響
(D) 震動

正解：(C) ★★

impact に最も近い意味の語は、(C) effect「影響」である。

ボキャブラリー

- rate 動 評価する
- overall 副 全般的に、総合的に
- cleanliness 名 清潔さ
- dissatisfaction 名 不満足
- due to ～ ～のせいで、～のために
- extremely 副 極めて
- complaint 名 苦情
- unit 名 設備；機器
- Kind regards 敬具
- attitude 名 態度
- morale 名 士気
- concern 名 懸念
- fair 形 まあまあ、可もなく不可もなし
- friendliness 名 親しみやすさ
- specific 形 具体的な、明確な
- unfortunately 副 運の悪いことに、あいにく
- humidity 名 湿度
- unpleasant 形 不快な
- malfunction 名 故障
- impact 名 影響
- be content with ～ ～に満足する
- praise 動 称賛する
- voice 動 (～を) 声に出す、言い表す

Part 7

文章の訳

質問の 191 から 195 は、次のパンフレットと E メールに関するものです。

[パッセージ①　パンフレット]

セキュトロン・インターナショナル

偽札の問題を経験したことはございますか。あなたのお店はお金を失う危険にさらされていませんか。⁽¹⁹¹⁾⁽¹⁹²⁾セキュトロンがお力になります。私どもは高品質で、持ち運び可能な偽札鑑定機を製造しています。

⁽¹⁹³⁾当社は 10 年間、営業をしています。私どもは銀行に偽札鑑定機を供給し始めましたが、今や小売店にも拡大しています。もしあなたが私どものセキュトロン 2000 にご興味をお持ちならパンフレット、あるいは実演の手配をするためにどうぞ遠慮なくご連絡ください。

当社のウェブを www.sucutron.com でご覧いただくか、37-777-9250 までお電話、あるいは当社のセールスマネージャーのタケオ・イトウ takeoito@secutron.com まで E メールをお送りください。

[パッセージ②　E メール]

宛　先：takeoito@secutron.com
送信者：ニコライ・ポドルスキ
日　付：12 月 3 日

タケオ・イトウ様

私は国際免税チェーン店のオーナーで、偽札のトラブルを抱えています。⁽¹⁹⁴⁾⁽¹⁹⁵⁾セキュトロン 2000 は違う国の通貨も鑑定できるのかどうか知りたいです。

⁽¹⁹⁵⁾また、1 カ月単位で機械を借りることはできますか。私達にはたくさんの店があり、各店舗に機械が必要となりますから、そんなにたくさんの機械を購入できるとは思いません。私は 788-666-3562 に電話で連絡が取れます。

お返事をお待ちしています。

敬具
ニコライ・ポドルスキ

Part 7

設問の訳	正解&ポイント解説

191

パンフレットの主な目的は何ですか。
(A) 新しい店の開店を知らせること
(B) 催しを宣伝すること
(C) 偽札について警告すること
(D) 会社の製品を宣伝すること

正解：(D) ★★
パンフレットの第1段落で、偽札による被害や危機に対してSecutron can help. We produce 〜 counterfeit bill checking machines. と「偽札鑑定機」を紹介している。よって正解は (D)。

192

セキュトロン2000について正しくないのはどれですか。
(A) 賃貸が可能である。
(B) 品質が良い。
(C) 偽札を識別することができる。
(D) 運ぶことや動かすことが簡単にできる。

正解：(A) ★★
(B)「品質が良い」、(C)「偽札を識別することができる」、(D)「運ぶことや動かすことができる」に関しては本文中で述べられているが、(A) に関しては明記されていない。

193

セキュトロン・インターナショナルについて何が推測できますか。
(A) 彼らは毎日実演をしている。
(B) 彼らは銀行とだけ取引をしている。
(C) 彼らには10年の歴史がある。
(D) 彼らは生産を増やしている。

正解：(C) ★★
パンフレット第2段落に Our company has been in business for 10 years. とあるので、セキュトロンには10年の社歴があることがわかる。よって (C) が正解。

194

ポドルスキさんは何を心配していますか。
(A) 機械の正確さ
(B) 機械が複数の国の通貨を鑑定する能力
(C) 機械の貸出期間
(D) 機械の操作

正解：(B) ★★★
Eメールに I would like to know if the Secutron 2000 is able to check bills of different currencies. とあり「機械が複数の国の通貨を鑑定する能力」について懸念しているので、正解は (B)。different currencies が multiple currencies に言い換えられている

195

なぜポドルスキさんはイトウさんに連絡しているのですか。
(A) もっと情報を得るため
(B) 求人を知らせるため
(C) 値段を交渉するため
(D) サービスを提供するため

正解：(A) ★
「偽札鑑定機」の導入に魅力を感じているものの、貸出が可能なのか、複数の国の通貨の鑑定が可能なのかを知りたいと思い連絡しているので、正解は (A) の「もっと情報を得るため」。

Part 7

ボキャブラリー

- counterfeit bill　偽札
- in business　商売をして、取引をして
- branch out　事業の手を広げる
- brochure　名 パンフレット
- duty-free　形 免税の
- currency　名 通貨
- Yours respectfully　敬具
- distinguish　動 識別する
- accuracy　名 正確さ
- job opening　求人
- *be* in danger of ~　~の危険がある
- start out ~　~に取りかかる、乗り出す
- retail shop　小売店
- demonstration　名 実演
- bogus bill　偽札
- on a monthly basis　1カ月単位で
- advertise　動 宣伝する
- fake　形 偽の
- multiple　形 多様な

文章の訳

質問の 196 から 200 は、次の旅程と E メールに関するものです。

[パッセージ① 旅程]

ロジャーズ製薬
www.rodgerspharma.net
旅行日程
マレーシア旅行

会社の代表者：
　ミランダ・ヒューズ
　アネット・ブリッグズ
　マーカス・バートラム
　ベン・ハバーストック
　リオン・ゴメス

国際製薬会議への出席

↓ (197)

6月7日： 製薬会議、国際ビジネスビル、クアラルンプール。

6月8日： 歓迎、前置きのスピーチとオリエンテーションプログラム。展示会訪問。

(196) 6月9日： 新国際医療規制に関するセミナー出席。基調講演者：カイルルアジジ・ジュランパティ教授、ミリ市立大学。

6月10日： 最新の研究、開発中の新薬、検査結果と特許に関するセミナー。

供給業者訪問（ラム製造）

6月11日： (197) 工場敷地見学と (197) 新機器とその他改良点の見直し。最高経営責任者スラトニ・ウィラバンザ、品質管理部長プディア・アマット、研究部長ディーン・チョウとの会合。

6月12日： (199) 最高業務執行責任者マーリザム・タリフと生産期限についての話し合い。

Part 7

[パッセージ②　Eメール]

From: アネット・ブリッグズ <Annette.briggs@rodgerspharma.net>
To: ジョナサン・セヴァー <jon.sever@rodgerspharma.net>
Date: 6月13日、月曜日、午前7時3分
Subject：マレーシア旅行

ジョナサン様

(198) 先週私どものマレーシア訪問が実り多いものとなりましたことを嬉しく存じます。私どもがクアラルンプールで出席した会議は、特に興味深いものでした。さまざまな小規模企業に加えて、弊社の主要競合他社のほとんどが、その会議に出席していました。

(198) 現在行われている最新の研究、特に高齢者医療について学ぶことは興味深かったです。あなたと計画委員会の他のメンバーの方々とこれについてお話しできることを楽しみにしております。

ご存知の通り、(198) 私どもはその地域の主要供給業者のラム製造を訪問する機会もありました。工場自体が近代的で清潔で安全であったことをご報告いたします。また、それはほとんど完全に機械化されており、視察した生産ラインはとても効率的なものでした。

私どもが彼ら（ラム製造）に発注した医療用品が予定より遅れております。弊社の販売部門がこの (200) 遅延している物資を頼りにしていることを私は知っています。早急に出荷されることがすでに保証され、72時間以内に (199) 業務担当部長から確認の連絡を受けることになっております。

敬具
アネット・ブリッグズ
上級購買部長

設問の訳 | 正解&ポイント解説

196

旅程表によると、会議出席者はいつ商法に関する講演を聞くことができますか。
(A) 6月7日
(B) 6月8日
(C) 6月9日
(D) 6月10日

正解：(C) ★★★

June 9: Attend seminar on new international medical regulations.「6月9日：新国際医療規制に関するセミナー出席」と書かれているので、正解は (C)。international medical regulations は医療関連の国際規制なので、commercial law「商法」の1つと言える。

Part 7

設問の訳	正解&ポイント解説

197

旅程に含まれていないのはどれですか。
(A) 行事予定
(B) 宿泊についての詳細
(C) 機器の使用
(D) 施設見学

正解：(B) ★★
(A) については、itinerary「旅程」の中で6月7日～6月12日までの予定がすべて書かれている。(C) は6月11日に review new machinery「新機器の見直し」があるので、正しい。同じく、6月11日には Visit factory site「工場敷地見学」があるので、(D) も正しい。(B) だけが旅程に書かれていないため、これが正解。

198

Eメールはなぜ送られましたか。
(A) 結果をまとめるため
(B) 会議日程を変更するため
(C) 注文を訂正するため
(D) さらなるデータを要求するため

正解：(A) ★★
I'm pleased to report that our trip to Malaysia last week proved productive.「先週私どものマレーシア訪問が実り多いものとなりましたことを嬉しく存じます」、It was interesting to learn about the latest research「最新の研究について学ぶことは興味深かったです」、we also took the opportunity to visit our primary supplier「私どもは主要供給業者を訪問する機会もありました」などから、Eメールはマレーシア旅行の総括を報告したものだと言える。よって、正解は (A)。

199

誰が72時間以内に変更を保証しますか。
(A) アネット・ブリッグズ
(B) プディア・アマット
(C) ディーン・チョウ
(D) マーリザム・タリフ

正解：(D) ★★ （クロスレファレンス）
Eメールの最後に we will receive confirmation from the head of their Operations within 72 hours.「72時間以内に業務担当部長から確認の連絡を受けることになっております」とある。the head of their Operations が誰のことかは旅程を見ればわかる。旅程の最終日6月12日に、Chief Operating Officer Marlizam Talif と書かれているので、正解は (D) となる。

200

Eメールの第4段落2行目の pending に最も近い意味の語は
(A) 不適切な
(B) 遅れた
(C) 無認可の
(D) 不十分な

正解：(B) ★★★
pending とは「宙ぶらりん」状態であることを言う。Eメールでは this pending material の形で出ているが、これは「この遅れた物資」という意味である。選択肢の中では (B) delayed「遅れた」が最も近い。

Part 7

ボキャブラリー

- itinerary 名 旅程
- delegate 名 代表(者)
- introductory 形 前置きの、紹介の
- medical 形 医療の、医学の
- under development 開発中の
- review 動 見直す、再調査する
- productive 形 実りの多い
- competitor 名 競合会社
- a range of 〜 さまざまな〜
- treatment 名 治療、医療
- primary 形 主要な
- efficient 形 効率の良い
- rely on 〜 〜に頼る
- *be* due to *do* 〜することになっている
- promptly 副 迅速に
- purchasing manager 購買部長
- accommodation 名 宿泊(施設)
- revise 動 訂正する
- pharmaceuticals 名 製薬会社
- business complex ビジネスビル
- exhibit 名 展示会
- keynote speaker 基調講演者
- patent 名 特許
- deadline 名 期限；納期
- particularly 副 特に
- in attendance 出席して
- carry out 〜 〜を実施する、実行する
- elderly 形 《the 〜》高齢者
- view 動 視察する
- behind schedule 予定より遅れて
- assure 動 保証する
- ship 動 出荷する
- confirmation 名 確認
- commercial law 商法
- summarize 動 まとめる、要約する
- guarantee 動 保証する

TEST 1 スコア予測表

リスニング・セクションおよびリーディング・セクションの各正答数を合計して予想スコアを算出することができます。
ただし実際のTOEICでは、全受験者の得点をもとに統計処理を加えてスコアが算出されるようになっているため、この予想スコアは、おおよその目安として活用してください。

	正答数	予想スコア
リスニング・セクション		
リーディング・セクション		
トータル・スコア		

リスニング・セクション												リーディング・セクション											
正答	予想	正答	予想	正答	予想	正答	予想	正答	予想	正答	予想	正答	予想	正答	予想	正答	予想	正答	予想	正答	予想	正答	予想
100	495	78	400	56	290	34	180					100	495	78	385	56	275	34	165				
99	495	77	395	55	285	33	175					99	490	77	380	55	270	33	160				
98	495	76	390	54	280	32	170					98	485	76	375	54	265	32	155				
97	495	75	385	53	275	31	165					97	480	75	370	53	260	31	150				
96	490	74	380	52	270	30	160					96	475	74	365	52	255	30	145				
95	485	73	375	51	265	29	155					95	470	73	360	51	250	29	140				
94	480	72	370	50	260	28	150					94	465	72	355	50	245	28	135				
93	475	71	365	49	255	27	145					93	460	71	350	49	240	27	130				
92	470	70	360	48	250	26	140					92	455	70	345	48	235	26	125				
91	465	69	355	47	245	25	135					91	450	69	340	47	230	25	120				
90	460	68	350	46	240	24	130					90	445	68	335	46	225	24	115				
89	455	67	345	45	235	23	125					89	440	67	330	45	220	23	110				
88	450	66	340	44	230	22	120					88	435	66	325	44	215	22	105				
87	445	65	335	43	225	21	115					87	430	65	320	43	210	21	100				
86	440	64	330	42	220	20	110					86	425	64	315	42	205						
85	435	63	325	41	215	19	105					85	420	63	310	41	200						
84	430	62	320	40	210	18	100					84	415	62	305	40	195						
83	425	61	315	39	205							83	410	61	300	39	190						
82	420	60	310	38	200							82	405	60	295	38	185						
81	415	59	305	37	195							81	400	59	290	37	180						
80	410	58	300	36	190							80	395	58	285	36	175						
79	405	57	295	35	185							79	390	57	280	35	170						

※正答数17問以下は予想不能です。　　　　※正答数20問以下は予想不能です。

TEST 2　スコア予測表

	正答数	予想スコア
リスニング・セクション		
リーディング・セクション		
トータル・スコア		

リスニング・セクション								リーディング・セクション							
正答	予想	正答	予想	正答	予想	正答	予想	正答	予想	正答	予想	正答	予想	正答	予想
100	495	78	405	56	295	34	185	100	495	78	390	56	280	34	170
99	495	77	400	55	290	33	180	99	495	77	385	55	275	33	165
98	495	76	395	54	285	32	175	98	490	76	380	54	270	32	160
97	495	75	390	53	280	31	170	97	485	75	375	53	265	31	155
96	495	74	385	52	275	30	165	96	480	74	370	52	260	30	150
95	490	73	380	51	270	29	160	95	475	73	365	51	255	29	145
94	485	72	375	50	265	28	155	94	470	72	360	50	250	28	140
93	480	71	370	49	260	27	150	93	465	71	355	49	245	27	135
92	475	70	365	48	255	26	145	92	460	70	350	48	240	26	130
91	470	69	360	47	250	25	140	91	455	69	345	47	235	25	125
90	465	68	355	46	245	24	135	90	450	68	340	46	230	24	120
89	460	67	350	45	240	23	130	89	445	67	335	45	225	23	115
88	455	66	345	44	235	22	125	88	440	66	330	44	220	22	110
87	450	65	340	43	230	21	120	87	435	65	325	43	215	21	105
86	445	64	335	42	225	20	115	86	430	64	320	42	210	20	100
85	440	63	330	41	220	19	110	85	425	63	315	41	205		
84	435	62	325	40	215	18	105	84	420	62	310	40	200		
83	430	61	320	39	210	17	100	83	415	61	305	39	195		
82	425	60	315	38	205			82	410	60	300	38	190		
81	420	59	310	37	200			81	405	59	295	37	185		
80	415	58	305	36	195			80	400	58	290	36	180		
79	410	57	300	35	190			79	395	57	285	35	175		

※正答数16問以下は予想不能です。　　　　※正答数19問以下は予想不能です。

最頻出単語 BEST 100

CD 2 | 66-69

1 動詞　BEST 25

☐ **accommodate** [əkámədèit]　収容できる；(〜のために) 便宜を図る
This hotel can **accommodate** 300 guests.
このホテルは 300 人収容できる。

☐ **appoint** [əpɔ́int]　任命する
The Board **appointed** Mr. Watson to serve as Chief Operating Officer.
役員会は、ワトソン氏が最高業務執行責任者を務めることを決定した。

☐ **appreciate** [əpríːʃièit]　感謝する；鑑賞する；正しく認識する
We would **appreciate** your feedback on our products.
我が社の製品に対するご意見をいただければ幸いです。

☐ **book** [búk]　予約する
You had better **book** as early as possible to secure a hotel room.
ホテルの部屋を確保するためにできるだけ早く予約した方がよい。

☐ **confirm** [kənfə́ːrm]　確認する
Please **confirm** the order quantities before submitting your order.
ご注文をお出しになる前にご注文数量をご確認ください。

☐ **decrease** [diːkríːs]　減少する；縮小する
We can **decrease** the amount of waste we produce.
私達は、出すゴミの量を減らすことができる。

☐ **designate** [dézignèit]　指名する；任命する
The committee **designated** Mr. Ito to be chairperson.
委員会は、イトウ氏を議長に指名した。

☐ **employ** [implɔ́i]　雇う
I think they should consider **employing** a new chef.
彼らは新しいシェフを雇うことを考慮した方がよいと思う。

☐ **estimate** [éstimèit]　見積もる；評価する
You can **estimate** your home's value online by using a free evaluation Web site.
お客様のお宅の価値を無料評価ウェブサイトを使ってオンラインで見積もることができます。

☐ **evaluate** [ivǽljuèit]　評価する；査定する
The supervisor is responsible for **evaluating** the work of subordinates.
上司は、部下の仕事を評価する責任がある。

☐ **expire** [ikspáiər]　期限が切れる；満期になる
Your membership will **expire** on December 31.
あなたの会員権は 12 月 31 日に失効します。

☐ **feature** [fíːtʃər]　大きく取り上げる；特徴づける
Ms. Jordan was **featured** in the latest issue of business magazine.
ジョーダンさんはビジネス雑誌の最新号で特集された。

- ☐ **handle** [hǽndl]　取り扱う
  Please **handle** them with care and set them down carefully to ensure that they will not break.
  どうかそれらを大事に取り扱い、絶対に壊れないように慎重に置いてください。

- ☐ **increase** [inkríːs]　増える；増加する
  Sales of the CD have been **increasing** dramatically.
  そのCDの売り上げは劇的に増えている。

- ☐ **locate** [lóukeit | -́-]　位置づける；（位置を）見つける
  The clinic is conveniently **located** near Oxford Station.
  そのクリニックはオックスフォード駅の近くの便利なところに位置している。

- ☐ **modify** [mɑ́difài]　修正する；変更する
  You need to drastically **modify** your business plan when the situation changes.
  状況が変わったらあなたのビジネスプランを思い切って修正する必要がある。

- ☐ **postpone** [poustpóun]　延期する
  The board decided to **postpone** the annual meeting.
  役員会は年次総会の延期を決定した。

- ☐ **prohibit** [prouhíbət]　禁止する；妨げる
  Smoking in the warehouse is strictly **prohibited** at all times.
  倉庫での喫煙はいかなる時でも厳しく禁止されている。

- ☐ **promote** [prəmóut]　昇格させる
  Mr. Cox was **promoted** from vice-president to president of the company.
  コックスさんはその会社の副社長から社長に昇格した。

- ☐ **purchase** [pə́ːrtʃəs]　購入する
  Purchase your office supplies online and save time and money.
  御社の事務用品をオンラインで購入して、時間とお金を節約してください。

- ☐ **register** [rédʒistər]　登録する；記録する
  To **register** as press, journalists have to present appropriate identification.
  報道者として登録するために、ジャーナリストは適切な身分証明を提示しなければならない。

- ☐ **replace** [ripléis]　取り換える
  I can show you how easy it is to **replace** the filter.
  フィルターを交換するのがどれだけ簡単かお見せしましょう。

- ☐ **revise** [riváiz]　改定する
  The catalogue will be **revised** due to the price reduction.
  カタログは値下げのために改訂される。

- ☐ **supervise** [súːpərvàiz]　監督する；指揮する
  All trainees must be closely **supervised** by one of the employees.
  すべての研修生は、社員の1人によってしっかりと監督されなければならない。

- ☐ **withdraw** [wiðdrɔ́ː]　引き出す；撤退させる
  You can make deposits or **withdraw** cash from your account anytime.
  いつでも預金をしたり口座から現金を引き出したりできます。

2 形容詞 BEST 23

- [ ] **annual** [ǽnjuəl]　例年の；1年間の
  Mr. Sakai opened the **annual** convention with a few words of welcome.
  サカイ氏は、歓迎の辞を述べて年次大会を開会した。

- [ ] **appropriate** [əpróupriət]　適当な；適切な
  His behavior was not **appropriate** for the occasion.
  彼の振る舞いはその場にふさわしくなかった。

- [ ] **available** [əvéiləbl]　利用できる；入手できる
  Please call us to set up an appointment to view our **available** apartments.
  アパート見学のご予約は、弊社までお電話ください。

- [ ] **competent** [kámpətənt]　有能な；適任の
  Ben is a highly **competent** lawyer.
  ベンは、とても有能な弁護士である。

- [ ] **complicated** [kámpləkèitid]　込み入った；複雑な
  We are happy to explain the **complicated** things in simple terms.
  私どもは、とても込み入ったことを簡単な言葉でご説明いたします。

- [ ] **complimentary** [kàmpləméntəri]　無料の
  Hotel Aurora offers its guests a **complimentary** breakfast.
  ホテル・オーロラは、宿泊客に無料の朝食を出している。

- [ ] **confidential** [kànfidénʃəl]　機密の；秘密の
  Never dispose of **confidential** documents without shredding.
  機密書類は、シュレッダーをかけないで捨ててはいけない。

- [ ] **consecutive** [kənsékjətiv]　連続した
  Employees are required to take two **consecutive** courses.
  社員は2つの連続したコースを受講することが要求されている。

- [ ] **durable** [djúərəbl]　耐久性のある；丈夫な
  The 735PK is the most **durable** cell phone I've ever owned.
  735PKは、私が今まで持っていたもので一番丈夫な携帯電話です。

- [ ] **excessive** [iksésiv]　過度の；法外な
  Excessive drinking is a leading cause of serious illness.
  過度の飲酒は、重大な病気の主な原因である。

- [ ] **feasible** [fíːzəbl]　実現可能な；ふさわしい
  I wonder if this is **feasible** during the time we have planned.
  これは私達が計画した期間中に実行可能かどうかと思う。

- [ ] **fragile** [frǽdʒəl]　壊れやすい；もろい
  Wrap all delicate items individually and label the box "**Fragile**."
  すべての壊れやすい品物を個別に包んで箱に「壊れ物」とシールを貼りなさい。

- [ ] **inadequate** [inǽdikwət]　不十分な；不適格な
  The accident may be due to **inadequate** training or lack of motivation.
  その事故は、不十分な訓練かやる気のなさによるものかもしれない。

- [ ] **intensive** [inténsiv]　集中的な
  Ms. Tajima has enrolled in an **intensive** English course for non-natives.
  タジマさんはネイティブでない人のための集中英語コースに申し込んだ。

- [ ] **mechanical** [mikǽnikəl]　機械の；機械的な
  My flight was cancelled due to **mechanical** problems.
  私のフライトは機械上の問題でキャンセルされた。

- [ ] **plausible** [plɔ́ːzəbl]　もっともらしい
  Her explanations were not only **plausible** but also persuasive.
  彼女の説明はもっともらしいだけでなく説得力があった。

- [ ] **previous** [príːviəs]　以前の
  Two years of **previous** healthcare-related experience is required.
  医療に関係した2年以上の職歴が必要とされます。

- [ ] **prospective** [prəspéktiv]　見込みがある
  Mr. Baker is preparing for a meeting with his **prospective** client.
  ベーカーさんは彼の見込み客との面談の用意をしている。

- [ ] **qualified** [kwɑ́lifàid]　資格のある；適任の
  We are seeking **qualified** pharmacists for our hospital.
  当院のため資格のある薬剤師を探しています。

- [ ] **respective** [rispéktiv]　〈通常複数名詞を伴って〉それぞれの；各自の
  Results will be emailed to the **respective** candidates on September 3.
  結果は9月3日にそれぞれの候補者にEメールで送られます。

- [ ] **stringent** [stríndʒənt]　厳しい
  More **stringent** environmental regulations will be imposed in the near future.
  より厳しい環境上の規制が近い将来に課されるであろう。

- [ ] **upcoming** [ʌ́pkʌ̀miŋ]　来るべき
  I'm looking forward to the **upcoming** sporting event.
  私は来るべきスポーツイベントを楽しみにしている。

- [ ] **vacant** [véikənt]　空いている；空席の
  MCK is accepting applications to fill the following **vacant** position.
  MCKは以下の職務の空きを補充するために応募を受け付けています。

3 副詞　BEST 7

- [ ] **approximately** [əprɑ́ksimətli]　およそ；ほぼ
  The itinerary will be sent out to you **approximately** four weeks before the conference.
  日程表は会議のおよそ4週間前にお送りします。

- [ ] **eventually** [ivéntʃuəli]　最終的には；いずれは
  ACN Bank and PLC Bank **eventually** agreed to merge to create one single bank.
  ACN銀行とPLC銀行は、ひとつの銀行を創立するため合併することに最終的に合意した。

- ☐ **exclusively** [iksklú:sivli]　独占的に
  The CEO Ronald Keats spoke **exclusively** to TMC television about the merger.
  最高経営責任者のロナルド・キーツは合併について TMC テレビに独占的に語った。

- ☐ **frequently** [frí:kwəntli]　しばしば；頻繁に
  Refer to the **Frequently** Asked Questions section about our services and products.
  弊社のサービスと製品については、「よくある質問」欄を参照してください。

- ☐ **immediately** [imí:diətli]　すぐに；即座に
  Call Reservations **immediately**, if you are going to be late.
  もし遅れそうならば、予約係にすぐに電話してください。

- ☐ **occasionally** [əkéiʒənəli]　時折；時々
  I **occasionally** throw a party at my house with some of my colleagues.
  私は時折自宅で数人の同僚とともにパーティを開く。

- ☐ **overseas** [òuvərsí:z]　海外へ；外国で
  Before you travel **overseas**, you should check the visa requirements.
  海外旅行の前に、ビザの必要条件を確認するべきです。

4 名詞　BEST 45

- ☐ **agenda** [ədʒéndə]　会議事項；議事日程（表）
  We should add this matter to next week's meeting **agenda**.
  この件を来週のミーティングの議題に追加するべきだ。

- ☐ **beverage** [bévəridʒ]　飲み物
  Ms. Donahue has extensive experience in the food and **beverage** industry.
  ドナヒュー氏は飲食業界で広範囲にわたる経験がある。

- ☐ **brochure** [brouʃúər]　小冊子；パンフレット
  We would be delighted to send you our latest **brochure**.
  弊社の最新パンフレットを喜んでお送り致します。

- ☐ **cancellation** [kænsəléiʃən]　取り消し；キャンセル
  Please give us 24 hours' notice of **cancellation** to avoid a cancellation fee.
  キャンセル料金の発生を避けるためには、24 時間前までにキャンセルをお知らせください。

- ☐ **compensation** [kɑ̀mpənséiʃən]　補償金；埋め合わせ
  No **compensation** will be payable under this policy.
  この方針の下では補償金は支払われません。

- ☐ **conference** [kánfərəns]　会議
  We are providing an online guide for **conference** facilities or venues.
  弊社は会議施設や開催地のオンライン・ガイドを提供しています。

- ☐ **construction** [kənstrʌ́kʃən]　建築；組み立て
  The detour is necessary due to the road **construction** project.
  道路建設プロジェクトにより迂回が必要である。

☐ **delay** [diléi] 遅延；遅れ
Please remember that inclement weather causes traffic **delays**.
悪天候が交通の遅れを起こすことを忘れないでください。

☐ **deposit** [dipázət] 頭金；保証金
After the tenant moves out, the owner must return the **deposit**.
テナントが退去した後、所有者は保証金を返却しなければならない。

☐ **efficiency** [ifíʃənsi] 能率；有効；効率
The plant manager is seeking a solution to maximize production **efficiency**.
工場長は、生産効率を最大限にするための解決策を探している。

☐ **emergency** [imə́ːrdʒənsi] 緊急（事態）
If you have an **emergency** or are in immediate need of assistance, please call Extension 333.
緊急時または至急の援助が必要な時は、内線333までお電話ください。

☐ **equipment** [ikwípmənt] 設備；備品
Proper **equipment** maintenance is a key to reducing repair costs.
適切な設備管理は、修理費削減の鍵である。

☐ **evidence** [évidəns] 証拠；形跡
There is not enough **evidence** to prove his innocence.
彼の無実を証明するだけの十分な証拠がない。

☐ **executive** [igzékjətiv] 役員；幹部
The **executive** has decided to organize a workshop to develop effective communication.
幹部は、効果的なコミュニケーションを身につけるための研修を企画することを決定した。

☐ **headquarters** [hédkwɔ̀ːrtərz] 本社
TEX Inc. is pleased to announce the relocation of its **headquarters**.
TEX社は本社の移転をお知らせできることをうれしく思います。

☐ **identification** [aidèntifikéiʃən] 身分証明（書）；身元確認
All staff members are expected to wear **identification** badges.
全スタッフは身分証明バッジをつけることになっています。

☐ **incentive** [inséntiv] 報酬；刺激；やる気を起こさせるもの
The company has been planning an **incentive** travel program to motivate its employees.
その会社は、社員にやる気を出させるために報償旅行プログラムを計画している。

☐ **income** [ínkʌm] 所得；収入
We are going to raise our employees' **incomes** by five percent.
我が社は従業員の所得を5％引き上げようとしています。

☐ **inconvenience** [ìnkənvíːniəns] 不便；不都合
We apologize for any **inconvenience** caused by the power outage.
停電によって引き起こされた、あらゆるご不便についてお詫び申し上げます。

☐ **ingredient** [ingríːdiənt]　材料；成分
All our pies are made from all-natural fresh **ingredients**.
当店のパイはすべて自然の新鮮な材料から作られています。

☐ **inquiry** [inkwáiəri]　問い合わせ；調査
All letters of **inquiry** should be addressed to Martin Lee, Office Manager.
問い合わせの手紙はすべてオフィスマネージャーのマーティン・リー宛に書いてください。

☐ **insurance** [inʃúərəns]　保険契約；保険金
ATB Corporation offers accident **insurance** for its employees.
ATB 社は従業員のために傷害保険をかけている。

☐ **inventory** [ínvəntòːri]　在庫目；品目一覧表
We are taking an **inventory** of everything on the shelves.
私達は棚にあるものすべての在庫表を作っている。

☐ **investment** [invéstmənt]　投資
Nanotechnology is a promising field for **investment**.
ナノテクノロジーは、投資するのに有望な分野である。

☐ **issue** [íʃuː]　発行；刊行物
The latest **issue** of *Garden Weekly* is on sale now.
『ガーデンウィークリー』の最新号が今発売中です。

☐ **item** [áitəm]　品目；項目
This is a list of our best selling **items** based on what our customers are purchasing.
こちらは当社のお客様の購買状況に基づいた、最も売れ筋の商品リストです。

☐ **maintenance** [méintənəns]　整備；維持
The proper routine **maintenance** of the building is essential.
建物の適切な日常の整備は不可欠である。

☐ **majority** [mədʒɔ́ːrəti]　大多数；過半数
The **majority** of residents voted in favor of the reconstruction of the Town Hall building.
居住者の大多数が市庁舎ビルの改築に賛成票を投じた。

☐ **merchandise** [məːrtʃəndàiz]　商品；製品
Mary's Department Store is selling a great variety of **merchandise**.
メアリーズ百貨店は非常に多様な商品を販売している。

☐ **negotiation** [nigòuʃiéiʃən]　交渉；商談
The details of the agreement are still under **negotiation**.
協定の詳細はまだ交渉中である。

☐ **personnel** [pə̀ːrsənél]　人事部；職員
The **Personnel** Department will respond to general questions about the interview.
人事部が面接についての一般的な質問にお答えします。

☐ **profit** [práfət]　利益
Direct Motors has announced a 30% increase in net **profit**.
ダイレクト・モーターズは純利益の30%増を発表した。

- [ ] **property** [prápərti]　所有物；財産
  These downtown **properties** are available for sale.
  これらの都市部の所有地は販売中です。

- [ ] **proposal** [prəpóuzəl]　提案；申し込み
  The **proposal** for the new project was passed unanimously.
  新しいプロジェクトに対する提案は、満場一致で通過した。

- [ ] **quota** [kwóutə]　ノルマ；割り当て
  Mark failed to meet his required work **quota**.
  マークは、課せられた仕事のノルマを果たせなかった。

- [ ] **reduction** [rid∧kʃən]　減少；縮小
  It is said that exercise is effective for stress **reduction**.
  運動はストレスの軽減に有効であると言われている。

- [ ] **reference** [réfərəns]　照会状；参照；出典；引用文
  Each applicant must enclose at least three **references**.
  各応募者は少なくとも3通の照会状を同封しなければならない。

- [ ] **regulation** [règjəléiʃən]　規則
  New parking **regulations** are now in effect for the Sun Valley area.
  新しい駐車規制はサンヴァリー地区で今実施されている。

- [ ] **renovation** [rènəvéiʃən]　改築；修復
  BB Home Repair offers affordable home repair and **renovation** services in Victoria.
  BBホームリペアーはビクトリアにて、家の修繕・改築サービスを手頃な価格で提供しています。

- [ ] **reservation** [rèzərvéiʃən]　予約；保留
  You should reconfirm your **reservation** 24 hours before your flight.
  フライトの24時間前までに予約を再確認すべきだ。

- [ ] **resident** [rézidənt]　居住者；住人
  All **residents** were encouraged to evacuate the community as soon as possible.
  全居住者は、できるだけ早く地域から避難するように勧められた。

- [ ] **shortage** [ʃɔ́ːrtidʒ]　不足；欠乏
  We have a **shortage** of medical and nursing staff.
  我々は医師・看護師ともに人員が不足している。

- [ ] **statistics** [stətístiks]　統計；統計学
  The census **statistics** show that our population has grown.
  国勢調査は私達の人口が増えていることを示している。

- [ ] **substitute** [sʌ́bstitjùːt]　代理人；代用品
  Robots serve as a perfect **substitute** for human beings in dirty or dangerous tasks.
  ロボットは汚い、あるいは危険な業務において人間の完璧な代理を務める。

- [ ] **warehouse** [wέərhàus]　倉庫
  Our **warehouse** is protected by the newest sprinkler and security systems.
  我が社の倉庫は、最新のスプリンクラーと安全システムによって保護されています。

最頻出熟語 BEST 50

1 動詞句　BEST 30

☐ **agree with ～**　～に賛成する
I definitely **agree with** what the president is saying.
私は社長の言っていることに全く賛成です。

☐ **apologize for ～**　～のことに対して謝る
We **apologize for** the delay in posting the new schedule to the Web site.
新しいスケジュールのウェブサイトへの書き込みの遅延を陳謝いたします。

☐ **apply for ～**　～に申し込む
In order to **apply for** a job, you need to register and send your résumé.
職に応募するためには、登録と履歴書の送付が必要です。

☐ **carry out ～**　～を成し遂げる
The workers are working cooperatively to **carry out** their tasks.
労働者は、彼らの職務を成し遂げるために協力して働いている。

☐ **comply with ～**　～に従う；～に応じる
Please **comply with** the supervisor's instructions and adhere to the work rules.
上司の指示に従い、労働規則を順守してください。

☐ **concentrate on ～**　～に集中する；～に専念する
I found it difficult to **concentrate on** the job today.
私は、今日は仕事に集中するのが難しいことに気がついた。

☐ **consist of ～**　～から成る
Our medical team **consists of** members from throughout Japan.
私達の医療チームは日本中からのメンバーで成っている。

☐ **cope with ～**　～に対処する
We had better learn how to **cope with** the sluggish economy.
私達は、不活発な経済にどのように対処するか学ぶべきだ。

☐ **deal with ～**　～を扱う；～に対処する
The TBA aims to **deal with** complaints as quickly as they can.
TBAは、できる限り迅速に苦情に対処することを目指している。

☐ **depend on ～**　～に頼る
Depending on the situation, the date of the product's release may change.
状況によって、製品の発売日は変更されるかもしれない。

☐ **focus on ～**　～に焦点を当てる；～に集中させる
We'd better **focus on** a single goal.
我々は1つの目標に集中する方がよい。

☐ **get in touch with ～**　～と連絡を取る
Please feel free to **get in touch with** us to talk over your ideas.
あなたのお考えを相談するために私どもにお気軽にご連絡ください。

- ☐ **get rid of ~**　～を取り除く
  If you do not need them, **get rid of** unnecessary files.
  もし不要ならば、不必要なファイルは取り除きなさい。

- ☐ **hand in ~**　～を提出する
  Please **hand in** your assignment report by Friday.
  あなたの課題レポートを金曜日までに提出してください。

- ☐ **hand out ~**　～を配る
  You can create your own coupons to **hand out** to potential shoppers.
  あなたは見込み客に配るクーポンを手作りすることができます。

- ☐ **participate in ~**　～に参加する
  Everybody is welcome to **participate in** volunteer activities.
  ボランティア活動に参加してくれる方は誰でも歓迎です。

- ☐ **pick up ~**　～を車で迎えに行く；～を拾う
  Will there be someone at the airport to **pick** me **up** when I get to Korea?
  私が韓国に着いた時に誰か空港に迎えに来てくれる人はいるのですか。

- ☐ **prevent A from B**　AがBするのを妨げる
  This program is able to **prevent** unauthorized users **from** accessing your computer.
  このプログラムは、許可されていない使用者があなたのコンピュータにアクセスするのを妨げます。

- ☐ **put off ~**　～を延期する
  Would you mind if I **put off** our meeting to another date?
  会議を他の日に延期してもよろしいでしょうか。

- ☐ **put up with ~**　～に我慢する
  I can't **put up with** the humidity in this room.
  私はこの部屋の蒸し暑さには我慢できない。

- ☐ **refer to ~**　～に言及する；～を参照する
  Please **refer to** the attachment for more details.
  より詳しいことはどうぞ添付をご参照ください。

- ☐ **rely on ~**　～に頼る
  We probably **rely** too much **on** computers.
  私達はたぶんコンピュータに頼り過ぎている。

- ☐ **remind A of B**　AにBを思い出させる
  Remind all employees **of** their responsibility to protect internal information and the penalties for violating the rules.
  全従業員に内部情報を保護する責任と規則違反の罰則について思い出させてください。

- ☐ **specialize in ~**　～を専門とする
  We **specialize in** accounting for hometown business enterprises.
  我々は地元企業のための経理を専門にしています。

- ☐ **take advantage of ~**　～を利用する
  Take advantage of our 60-day free trial during your evaluation period.
  お客様の評価期間中に私どもの60日間の無料お試しをご利用ください。

- [ ] **take over ~**　~を引き継ぐ
Diana will be **taking over** her new position in the company on April 1.
ダイアナは会社で4月1日から彼女の新しい職を引き継ぐ。

- [ ] **take part in ~**　~に参加する
To **take part in** our fundraising program, please submit a completed application.
我々の基金集めのプログラムに参加されるなら、記入済みの申込用紙を提出してください。

- [ ] **take place**　行われる；起こる
Fire drills will **take place** at 3:30 P.M. on October 19.
火災訓練が10月19日の午後3時30分から行われる。

- [ ] **turn down ~**　~を拒絶する；~を断る
I am unsure why my proposal was **turned down**.
なぜ私の提案が却下されたのかわからない。

- [ ] **turn in ~**　~を提出する
Be sure to **turn in** your application by 5:00 P.M. on Wednesday.
申込用紙を水曜日の午後5時までに必ず提出してください。

2 形容詞句　BEST 8

- [ ] ***be* aware of ~**　~に留意する；~に気づいている
Be aware of situations when using your cell phone.
携帯電話を使う時は状況に留意しなさい。

- [ ] ***be* eligible for ~**　~の資格がある
To **be eligible for** reimbursement, an original receipt is required.
補償の資格を得るためには、レシート本体が必要とされる。

- [ ] ***be* entitled to ~**　~する権利（資格）がある
Non-members **are** not **entitled to** enter this contest.
非会員はこのコンテストに参加する資格はありません。

- [ ] ***be* familiar with ~**　~に精通している
The applicant must **be** very **familiar with** computers.
応募者はコンピュータにかなり精通していなければならない。

- [ ] ***be* in charge of ~**　~の担当である；~の責任を負っている
Robert **is in charge of** handling customer complaints.
ロバートは顧客の苦情処理を担当している。

- [ ] ***be* satisfied with**　~に満足している
I'**m** quite **satisfied with** your service.
私は貴社のサービスにとても満足しています。

- [ ] ***be* subject to ~**　~することがある；~を受けやすい
The contents of this Web site **are subject to** change without notice.
このウェブサイトの内容は、予告なしに変更されることがある。

- [ ] ***be* used to ~**　~に慣れている
Max **is used to** delivering speeches in public.
マックスは人前でスピーチをすることに慣れている。

❸ 前置詞句・副詞句　BEST 12

☐ **according to ～**　～によると
According to the weather forecast, the chance of rain is about 80 percent today.
天気予報によると、今日の降水確率は約80%だ。

☐ **as long as ～**　～である限り
As long as I work here, I will have to do more unpaid overtime.
私がここで働く限り、もっと無給の残業をしなければならないだろう。

☐ **contrary to ～**　～に反して
Rising food prices were **contrary to** consumers' expectations.
食品の値上がりは消費者の期待に反するものだった。

☐ **in addition to ～**　～に加えて
In addition to that, it is difficult to operate.
そのことに加えて、それは操作しにくい。

☐ **in advance**　前もって；あらかじめ
Please make reservations 30 days **in advance** to qualify for a discounted rate.
割引料金のための資格を得るには、30日前にご予約ください。

☐ **in comparison with ～**　～と比べて
In comparison with the previous model, the newer model is user-friendly.
以前のモデルと比べて、より新しいモデルの方が使いやすい。

☐ **in detail**　詳細に
Please explain **in detail** on a separate sheet of paper.
別紙にて詳細を説明してください。

☐ **in the event of ～**　～の場合には
Outside activities will be cancelled **in the event of** rain.
雨天の場合には、野外活動はキャンセルされます。

☐ **instead of ～**　～の代わりに
Why don't you use a credit card **instead of** cash or checks?
現金や小切手の代わりにクレジット・カードを使ったらどうですか。

☐ **next to ～**　～の隣に；ほとんど
The nearest post office is **next to** the public library.
一番近い郵便局は公共図書館の隣です。

☐ **on behalf of ～**　～を代表して
On behalf of the staff, I'm pleased to welcome you as our newest member.
スタッフを代表して、あなたを我々の一番新しいメンバーに迎えることをうれしく思います。

☐ **prior to ～**　～の前に
Refreshments will be served **prior to** the meeting.
会議の前に軽食が出されます。

●監修者略歴
宮野 智靖　Miyano Tomoyasu
広島県生まれ。ペンシルベニア州立大学大学院スピーチ・コミュニケーション学科修士課程修了（M.A.）。現在、関西外国語大学短期大学部教授。
主要著書：『TOEIC® TEST 英文法・語彙ベーシックマスター』、『ネイティブ厳選 必ず使える英会話まる覚え』、『ゼロからスタートディクテーション』、『ゼロからスタートシャドーイング』（以上、Jリサーチ出版）、『TOEIC® TEST 究極単語 Advanced 2700』、『新 TOEIC® TEST プレ受験 600 問』（以上、語研）、『TOEIC® TEST730 点突破のための英単語と英熟語』（こう書房）。

●著者略歴
森川 美貴子　Morikawa Mikiko
山口県生まれ。関西大学文学部卒業。山一證券、国際花と緑の博覧会での勤務を経て、ロイヤルメルボルン工科大学および Australian College of Travel and Hospitality へ留学。帰国後は家具輸入商社マイジャパンのセールス・マネージャーとして海外出張や買い付けに飛び回り、ビジネス英語の真髄を学ぶ。「英語教育者」という天職に巡り会えてからは、自身の英語学校のみならず、大学や企業においても、英会話と TOEIC 対策の熱血指導に日夜励んでいる。現在、GEM English Academy 代表。
主要著書：『TOEIC® テストやさしいリスニング』（ダイヤモンド社）、『新 TOEIC® TEST400 点攻略コンプリートマスター』、『ますますナットク！英文法』、『イギリス　女ひとり旅－癒しの情報と英会話』（以上、三修社）。

カバーデザイン	滝デザイン事務所
本文デザイン＋ DTP	江口うり子（アレピエ）
執筆協力	Wes Cooke / Craig Brantley
CD 編集	（財）英語教育協議会（ELEC）
CD 制作	高速録音株式会社

はじめて受ける TOEIC® TEST 模試スピードマスター

平成25年（2013年）8月10日　初版第1刷発行
平成26年（2014年）4月10日　　　第2刷発行

監　修		宮野 智靖
著　者		森川 美貴子
発行人		福田 富与
発行所		有限会社　Jリサーチ出版
		〒166-0002　東京都杉並区高円寺北2-29-14-705
		電話 03（6808）8801（代）FAX 03（5364）5310
		編集部 03（6808）8806
		http://www.jresearch.co.jp
印刷所		株式会社シナノ パブリッシング プレス

ISBN978-4-86392-147-4　　　禁無断転載。なお、乱丁・落丁はお取り替えいたします。
©2013 Tomoyasu Miyano, Mikiko Morikawa, All rights reserved.

Jリサーチ出版の TOEIC®関連書

受験者の支持を受け シリーズ累計 220万部突破！

最新傾向の問題で全パートの解法テクニックを身につける

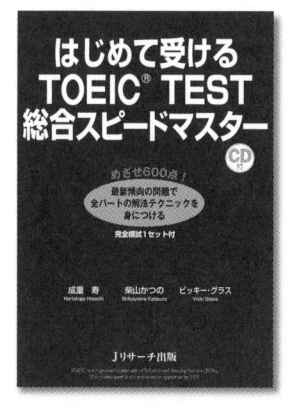

はじめて受ける TOEIC® TEST 総合スピードマスター 〔CD付〕

はじめて受ける人のために親切に書かれた入門書。この1冊でTOEICを完全攻略。完全模試1回分つき。

成重 寿／柴山 かつの／ビッキー・グラス 共著　定価1500円（本体）

めざせ！730点【初級〜中級者向け】
ベーシックマスターシリーズ
まずは600点をめざす！

Part1〜4
TOEIC® TEST リスニング ベーシックマスター 〔CD付〕

Part1〜4で確実に得点できる8つの基本戦略をもとに実践練習できる。重要ボキャブラリーと模試（ハーフ50問）を収録。

定価1500円（本体）
妻鳥 千鶴子／松井 こずえ／Philip Griffin 共著

Part5・6
TOEIC® TEST 英文法・語彙 ベーシックマスター

11の基本戦略でPart5と6の攻略のコツがしっかりわかる。出題傾向を徹底分析し、頻出語彙と問題パターンのみを厳選収録。52問の模擬試験付。

定価1400円（本体）
宮野 智靖 著

Part7
TOEIC® TEST リーディング ベーシックマスター

7つの基本戦略でPart7（読解問題）の攻略のコツがしっかりわかる。時間戦略、問題の取捨、速読法など、実戦的なノウハウも伝授。

定価1400円（本体）
成重 寿／ビッキー・グラス 共著

めざせ！600点【入門者向け】
Jリサーチ出版のTOEIC入門書
最初の1冊におすすめ！

総合対策
TOEIC®テスト 学習スタートブック まるごと基礎固め編 〔CD付〕

3ヶ月学習プラン、効果的な学習法まで一目でわかる、TOEICビギナーが絶対持っておきたい1冊。完全模試1回分つき。

定価762円（本体）
成重 寿／松本恵美子／Craig Brantley 共著

模試
はじめて受ける TOEIC® TEST 模試スピードマスター 〔CD2枚付〕

2回の模擬テストで600点を確実にクリアする総合力を身につける。丁寧な解説は初級者にもわかりやすい。巻末には最頻出単語BEST100も収録。

定価1400円（本体）
宮野 智靖 監修／森川 美貴子 著

全国書店にて好評発売中！

TOEIC is a registered trademark of Educational Testing Service (ETS).

http://www.jresearch.co.jp　**Jリサーチ出版**　〒166-0002　東京都杉並区高円寺北2-29-14-705
TEL03-6808-8801　FAX03-5364-5310
ツイッター 公式アカウント @Jresearch_　アドレス https://twitter.com/Jresearch_

おかげさまで70万部超 TOEIC® TEST 単語集 No.1

オール紀伊國屋書店、オールジュンク堂書店、大学生協連合平成24年年間調査より

TOEIC® TEST 英単語 スピードマスター
NEW EDITION
CD2枚・赤シート付

本書の特長　7つの戦略で効率的に完全攻略 頻出3000語
① 英単語攻略のルートがくっきり見える。
② 類義語・派生語も一挙に覚えられて効率的。
③ ビジネス語を1400語以上カバー。
④ 実戦的な例文でTOEICに直結する！
⑤ CD(2枚)でリスニングも強化できる。

TOEIC® TEST 英単語 スピードマスター
NEW EDITION
7つの戦略で効率的に完全攻略 頻出3000語
おかげさまで実売70万部突破！
TOEIC®テスト受験者の必携書
TOEIC®単語集 No.1

TOEIC®テスト受験者の必読書 全国書店にて好評発売中！

成重 寿著　定価1400円(本体)

Jリサーチ出版のTOEIC®関連書　受験者の支持を受けシリーズ累計220万部突破！

最新の出題傾向に完全対応　めざせ！900点【上級者向け】スピードマスターシリーズ

Part1～4 
TOEIC® TEST リスニングスピードマスターVer.2
CD2枚付
リスニングセクションに必須の24の解法をマスターする。ポイントを絞って聞き、正解を導くコツが身につく。最新傾向の練習問題で実戦力を養成できる。
定価1600円(本体)
松本 恵美子 著

Part5・6 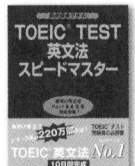
TOEIC® TEST 英文法スピードマスター
TOEIC 頻出の文法項目を30の解法にパッケージ。英文法の運用力を身につけながら、Part 5＆6の最新傾向の問題で練習できる。初級者から上級者まで使える。
定価1400円(本体)
成重 寿 著

Part7 
TOEIC® TEST リーディングスピードマスターVer.2
Part7を攻略するための決定版。ビジネス文書の種類、設問パターン、時間戦略など必須のノウハウが身につく。最新傾向の練習問題で実戦力を養成できる。
定価1500円(本体)
成重 寿 著

TOEIC is a registered trademark of Educational Testing Service (E'

全国書店にて好評発売中！

http://www.jresearch.co.jp　**Jリサーチ出版**　〒166-0002　東京都杉並区高円寺北 2-29-14
TEL03-6808-8801　FAX03-5364-53

ツイッター 公式アカウント @Jresearch_　アドレス https://twitter.com/Jresea

はじめて受ける
TOEIC® TEST
模試スピードマスター

模擬テスト問題

この別冊は、強く引っぱると本体から取り外せます。

Jリサーチ出版

TOEIC is a registered trademark of Educational Testing Service (ETS).
This publication is not endorsed or approved by ETS.

はじめて受ける
TOEIC® TEST
模試スピードマスター

TEST 1

リスニング・セクション………… 2
リーディング・セクション………22

※解答用紙は、巻末から切り離して使用してください。
　繰り返し利用できるようにコピーして使用することをお勧めします。

LISTENING TEST

In the Listening test, you will be asked to demonstrate how well you understand spoken English. The entire Listening test will last approximately 45 minutes. There are four parts, and directions are given for each part. You must mark your answers on the separate answer sheet. Do not write your answers in your test book.

PART 1

Directions: For each question in this part, you will hear four statements about a picture in your test book. When you hear the statements, you must select the one statement that best describes what you see in the picture. Then find the number of the question on your answer sheet and mark your answer. The statements will not be printed in your test book and will be spoken only one time.

Example

Sample Answer
Ⓐ Ⓑ ● Ⓓ

Statement (C), "They're standing near the table," is the best description of the picture, so you should select answer (C) and mark it on your answer sheet.

Part 1

1.

2.

3.

4.

Part 1

TEST 1 Listening Reading

5.

6.

GO ON TO THE NEXT PAGE

5

7.

8.

Part 1

9.

10.

CD 1 | 12~42

PART 2

Directions: You will hear a question or statement and three responses spoken in English. They will not be printed in your test book and will be spoken only one time. Select the best response to the question or statement and mark the letter (A), (B), or (C) on your answer sheet.

Example

Sample Answer
(A) ● (C)

You will hear: Where is the meeting room?

You will also hear: (A) To meet the new director.
(B) It's the first room on the right.
(C) Yes, at two o'clock.

The best response to the question "Where is the meeting room?" is choice (B), "It's the first room on the right," so (B) is the correct answer. You should mark answer (B) on your answer sheet.

11. Mark your answer on your answer sheet.

12. Mark your answer on your answer sheet.

13. Mark your answer on your answer sheet.

14. Mark your answer on your answer sheet.

15. Mark your answer on your answer sheet.

16. Mark your answer on your answer sheet.

17. Mark your answer on your answer sheet.

18. Mark your answer on your answer sheet.

Part 2

19. Mark your answer on your answer sheet.
20. Mark your answer on your answer sheet.
21. Mark your answer on your answer sheet.
22. Mark your answer on your answer sheet.
23. Mark your answer on your answer sheet.
24. Mark your answer on your answer sheet.
25. Mark your answer on your answer sheet.
26. Mark your answer on your answer sheet.
27. Mark your answer on your answer sheet.
28. Mark your answer on your answer sheet.
29. Mark your answer on your answer sheet.
30. Mark your answer on your answer sheet.
31. Mark your answer on your answer sheet.
32. Mark your answer on your answer sheet.
33. Mark your answer on your answer sheet.
34. Mark your answer on your answer sheet.
35. Mark your answer on your answer sheet.
36. Mark your answer on your answer sheet.
37. Mark your answer on your answer sheet.
38. Mark your answer on your answer sheet.
39. Mark your answer on your answer sheet.
40. Mark your answer on your answer sheet.

GO ON TO THE NEXT PAGE

PART 3

Directions: You will hear some conversations between two people. You will be asked to answer three questions about what the speakers say in each conversation. Select the best response to each question and mark the letter (A), (B), (C), or (D) on your answer sheet. The conversations will not be printed in your test book and will be spoken only one time.

41. What is the man trying to do?
    (A) Buy a new air conditioner
    (B) Get a filter for his air conditioner
    (C) Fix his old air conditioner
    (D) Learn more about air conditioners

42. Why is the man unable to get the item he inquired about?
    (A) It is sold out.
    (B) It is still at the manufacturing plant.
    (C) It is no longer produced.
    (D) It is in transit.

43. When will the man probably receive the item?
    (A) In a few days
    (B) In one month
    (C) Next week
    (D) Today

44. What are the speakers discussing?
    (A) The development of a new product
    (B) The installation of new equipment
    (C) A special advertisement
    (D) A plan to conduct a tour

45. What does the man think will happen?
    (A) The company will be viewed favorably.
    (B) The product will attract new customers.
    (C) The company will save on production costs.
    (D) The factory will increase its output.

46. How does the company plan to gather feedback?
    (A) By phone
    (B) By e-mail
    (C) By a discussion session
    (D) By a written survey

47. What does the woman suggest to the man?
    (A) That they go shopping together
    (B) That they have lunch together
    (C) That they talk about the exhibition
    (D) That they meet at a café

48. Where are the speakers going to meet?
    (A) At the personnel department office
    (B) At the café on Exhibition Street
    (C) At the woman's office
    (D) At the client's office

49. What time are the speakers going to meet?
    (A) 11:45 A.M.
    (B) 12:00 P.M.
    (C) 12:15 P.M.
    (D) 1:00 P.M.

50. What is the woman's concern?
    (A) She might be late for her presentation.
    (B) There are fewer clients interested in the product.
    (C) Production is slightly behind schedule.
    (D) There will be more attendees than samples.

51. Approximately how many attendees came to the presentation last year?
    (A) 100
    (B) 200
    (C) 300
    (D) 600

52. How will the woman solve the problem?
    (A) She will ask the man for help with her preparations.
    (B) She will contact the clients in advance of the conference.
    (C) She will give priority to certain attendees.
    (D) She will speed up the production of samples.

---

53. Who most likely are the speakers?
    (A) Personnel managers
    (B) Professors
    (C) MBA holders
    (D) Interviewees

54. What is one requirement for the position?
    (A) Being positive
    (B) Being sociable
    (C) Handling customers
    (D) Having a degree

55. Which candidate do the speakers think has the most potential?
    (A) Ms. Norman
    (B) Ms. Field
    (C) Mr. Bond
    (D) Mr. Hansen

Part 3

56. Why does the woman want to speak to Karl?
    (A) There is a telephone call for him.
    (B) A client wants to see him.
    (C) She needs to ask him something.
    (D) She wants him to deliver something to her.

57. Where is Karl now?
    (A) In a storeroom
    (B) In a shop
    (C) In an office
    (D) In a delivery van

58. What does the man offer to do for the woman?
    (A) Call Karl immediately
    (B) Rent a cell phone
    (C) Go to the storeroom
    (D) Answer the phone

59. What does the woman hope to do?
    (A) Return the item
    (B) Exchange the item
    (C) Fix the item
    (D) Purchase a clock

60. What did the man offer to do for the woman at first?
    (A) Repair the item for free
    (B) Buy another clock
    (C) Bring the receipt
    (D) Choose the substitute

61. Who most likely is the man?
    (A) A shopper
    (B) A salesclerk
    (C) A designer
    (D) A repair person

62. Where most likely are the speakers?
    (A) At a bus station
    (B) At an airport
    (C) At a tour company
    (D) At a car rental agency

63. How can people get lower prices?
    (A) By buying a retail membership
    (B) By taking a local service
    (C) By redeeming travel points
    (D) By paying in euros

64. What has the Transportation Authority recently done?
    (A) It has increased the number of Express coaches.
    (B) It has expanded the number of departure gates.
    (C) It has limited acceptance of some credit cards.
    (D) It has restricted usage of the monthly passes.

65. What problem has been reported?
    (A) A schedule has incorrect information.
    (B) A facility still contains items.
    (C) Teams remain untrained.
    (D) Industrial equipment is broken.

66. What does the man say he did this morning?
    (A) He contacted a supervisor.
    (B) He moved some boxes.
    (C) He installed some machinery.
    (D) He assigned a new team leader.

67. What is the woman concerned about?
    (A) Painting a warehouse
    (B) Automating an office
    (C) Filling up boxes
    (D) Satisfying customers

68. What is the woman asked to do?
    (A) Win a prize
    (B) Set up a Web site
    (C) Repair a camera
    (D) Take photos

69. What does the woman suggest to the man?
    (A) Come to an event
    (B) Enter herself into a competition
    (C) Take as many pictures as possible
    (D) Find an additional photographer

70. What is the woman concerned about?
    (A) Attracting a large audience
    (B) Finding a suitable staff
    (C) Having trouble with her camera
    (D) Selecting the best shot

PART 4

Directions: You will hear some talks given by a single speaker. You will be asked to answer three questions about what the speaker says in each talk. Select the best response to each question and mark the letter (A), (B), (C), or (D) on your answer sheet. The talks will not be printed in your test book and will be spoken only one time.

71. Who is this announcement for?
    (A) Job applicants
    (B) Current Employees
    (C) New employees
    (D) New retirees

72. What are the listeners expected to do?
    (A) Let new employees take a rest
    (B) Let new employees sign up for the benefits
    (C) Give new employees pleasant surroundings
    (D) Give new employees a tour of the head office

73. What will the listeners probably do next?
    (A) Tour the building
    (B) Assign supervisors
    (C) Sign up for benefits
    (D) Have a long meeting

74. What is the main purpose of the message?
    (A) To describe a head office
    (B) To introduce a new location
    (C) To announce an orientation
    (D) To confirm an appointment

75. When will the orientation start?
    (A) At 9 A.M.
    (B) At 10 A.M.
    (C) At 4 P.M.
    (D) At 5 P.M.

76. What should Mr. Ueno do if he is going to attend the orientation?
    (A) Call the personnel department
    (B) Arrange an orientation date
    (C) Bring his social security number
    (D) Ask some questions

77. How often is the class held?
    (A) Every day
    (B) Every week
    (C) Every month
    (D) Every two months

78. What is included in the class?
    (A) Something to drink
    (B) A book about Thanksgiving
    (C) An invitation to a dinner
    (D) A hotel coupon

79. Who is Arnold Connors?
    (A) A hotel manager
    (B) A famous actor
    (C) A school coordinator
    (D) A professional chef

80. How many shops does the company have in Asia at present?
    (A) One
    (B) Two
    (C) Five
    (D) Ten

81. What is the company planning to do?
    (A) Expand its sales in foreign countries
    (B) Open a new department store
    (C) Hire a new staff for the project
    (D) Offer staff a bonus

82. What will be provided for the staff at the new shop?
    (A) A Christmas bonus
    (B) A yearly salary
    (C) A two-way ticket
    (D) An empty apartment

83. What will happen in November?
    (A) The building will be closed.
    (B) The pollution levels will be higher.
    (C) The building will be torn down.
    (D) The hospital will be expanded.

84. Where does this conversation most likely take place?
    (A) At a medical facility
    (B) At a school
    (C) At a town hall
    (D) At a hotel

85. What kind of problem will be expected during the renovation?
    (A) A shortage of skilled workers
    (B) Rough treatment
    (C) Dust and noise
    (D) Lack of communication

86. Who is the intended audience for this announcement?
    (A) Shoppers
    (B) Employees
    (C) Builders
    (D) Drivers

87. How can the customers get a free gift?
    (A) By checking the Web site
    (B) By showing receipts
    (C) By buying special items
    (D) By visiting the mall

88. What will happen in winter?
    (A) A new watch will be released.
    (B) A new restaurant will open.
    (C) A closed entrance will reopen.
    (D) Prizes will be given away.

89. What is the purpose of the program?
    (A) To give cosmetic advice
    (B) To create a new brand
    (C) To interview a business leader
    (D) To introduce Ron Brown

90. Who is Amanda Liukin ?
    (A) A makeup artist
    (B) A dog breeder
    (C) The guest of a hotel
    (D) The owner of the company

91. How many years has Amanda Cosmetics been in business ?
    (A) One year
    (B) Seven years
    (C) Ten years
    (D) Twenty years

GO ON TO THE NEXT PAGE ➡

92. Who can attend this meeting?
    (A) Stockholders
    (B) Buyers
    (C) Shoppers
    (D) Reporters

93. What is said about the company?
    (A) They are doing very well.
    (B) They are in a slump.
    (C) They keep a large stock.
    (D) They developed new rain shoes.

94. How does the company expect to increase its earnings for next year?
    (A) By selling stocks
    (B) By releasing an improved model
    (C) By advertising in a paper
    (D) By reducing expenses

---

95. What is the broadcast about?
    (A) Highway construction
    (B) Traffic accidents
    (C) Weather conditions
    (D) Fare adjustments

96. According to the broadcast, what will happen by late evening?
    (A) Some major routes will be closed.
    (B) Fallen snow will turn to ice.
    (C) Temperatures will fall below freezing.
    (D) It will become difficult to see on the roads.

97. Why are drivers cautioned to allow extra time for their journeys?
    (A) Safety is ensured through slower travel.
    (B) Public transportation has crowded some areas.
    (C) Province officials are redirecting some lanes.
    (D) Unnecessary trips are blocking major streets.

Part 4

98. Who is most likely listening to this talk?
    (A) A group of elementary students
    (B) A group of employees
    (C) Visitors on a factory tour
    (D) Guests at a seminar

99. What do the listeners have to do as soon as they come to work?
    (A) Submit their timecards
    (B) Clock out on their computer
    (C) Clock in on their computer
    (D) Put their timecards on their desks

100. What will happen if the employees use the Web site card system incorrectly?
    (A) It will affect their salaries.
    (B) The system will shut down.
    (C) They will not be able to shut off their computers.
    (D) They will be reprimanded by the boss.

This is the end of the Listening test. Turn to Part 5 in your test book.

READING TEST

In the Reading test, you will read a variety of texts and answer several different types of reading comprehension questions. The entire Reading test will last 75 minutes. There are three parts, and directions are given for each part. You are encouraged to answer as many questions as possible within the time allowed.

You must mark your answers on the separate answer sheet. Do not write your answers in your test book.

PART 5

Directions: A word or phrase is missing in each of the sentences below. Four answer choices are given below each sentence. Select the best answer to complete the sentence. Then mark the letter (A), (B), (C), or (D) on your answer sheet.

101. Influential environmental activist and author Andrea Nathan, ------- wrote *The earth is sinking*, will be the guest speaker on the next program.
    (A) when
    (B) what
    (C) where
    (D) who

102. Please attach a cover letter which outlines why you think you are the ------- suitable applicant for the position.
    (A) more
    (B) most
    (C) much
    (D) better

Part 5

103. Creating a positive work environment is an effective way to enhance employees' morale as well as ------- motivation.
    (A) their
    (B) them
    (C) they
    (D) theirs

104. ------- Ms. Chan joined Angus Enterprises only three months ago, she has already been selected as a member of the committee to establish a new branch in Beijing.
    (A) Although
    (B) But
    (C) Unless
    (D) Before

105. Please wear your identification badge at all times ------- your hospital stay for security reasons.
    (A) while
    (B) during
    (C) when
    (D) where

106. Due to the World Exposition, the number of part-time workers ------- from April to July.
    (A) increased
    (B) increase
    (C) are increasing
    (D) has increased

107. Our popular items can also ------- on the Manson's online catalogue.
    (A) found
    (B) be found
    (C) find
    (D) finding

108. As the articles Mr. Kobayashi ordered last Friday ------- yet, he called the supplier to check the order status.
    (A) do not arrive
    (B) will not arrive
    (C) has not arrived
    (D) have not arrived

109. Midwest Clinic is ideally ------- centrally in Kuala Lumpur with easy access from main roads and has a large parking lot.
    (A) location
    (B) locate
    (C) located
    (D) locating

110. The two-year ------- is valid only if the product is used for its intended purpose.
    (A) sale
    (B) warranty
    (C) refund
    (D) purchase

111. Mr. Corti ------- a copy of his résumé which detailed his work experience and qualifications as well as additional information.
    (A) contained
    (B) enclosed
    (C) exposed
    (D) informed

112. The online calendar of events is ------- updated to give you the latest information.
    (A) immediately
    (B) occasionally
    (C) periodically
    (D) rarely

Part 5

113. The Victoria Information Service is ------- 24 hours a day on our Web site, so please check it at your convenience.
    (A) payable
    (B) capable
    (C) available
    (D) probable

114. Due to the event's popularity, please remember to book in ------- to ensure admission.
    (A) advance
    (B) store
    (C) progress
    (D) general

115. The manager gave each employee certain tasks according to his or her ------- strengths and abilities.
    (A) respectable
    (B) respectful
    (C) respecting
    (D) respective

116. Mr. Akiyama ------- be mentally and physically tired after the long negotiation.
    (A) is able to
    (B) have to
    (C) can
    (D) must

117. The best parking for the Grace Memorial Hall is the closest car park just outside the main ------- of the hall.
    (A) enter
    (B) entrance
    (C) entered
    (D) entering

GO ON TO THE NEXT PAGE

118. Mr. Ralph Owen ------- South Corp.'s chairman and chief executive for Europe.
    (A) appoint
    (B) appointed
    (C) was appointing
    (D) was appointed

119. ------- the rising prices for raw materials, Rookery Foods is maintaining its current prices.
    (A) Despite
    (B) Although
    (C) During
    (D) While

120. Lake Electronics encourages customers to submit a questionnaire ------- e-mail to keep improving upon their high level of service.
    (A) in
    (B) for
    (C) at
    (D) by

121. ------- for this position will be required to take a face-to-face interview conducted entirely in English.
    (A) Apply
    (B) Applicants
    (C) Applicable
    (D) Applications

122. It was ------- from the beginning that it was going to be a tough job clearing the debris from the hurricane.
    (A) obvious
    (B) obviously
    (C) obviousness
    (D) obviosity

Part 5

123. In order to reimburse travel and hospitality -------, requests must be submitted to the accounting section in a timely manner.
 (A) incentives
 (B) benefits
 (C) incomes
 (D) expenses

124. If you would like to check your flight information, ------- contact our customer service or check on our Web site.
 (A) although
 (B) both
 (C) neither
 (D) either

125. We are pleased to inform you that your order is in transit and you should receive it ------- a few days.
 (A) for
 (B) in
 (C) at
 (D) by

126. Mr. Ruelius has the ability to ------- communicate with his clients and colleagues in any situation.
 (A) effectively
 (B) effect
 (C) effective
 (D) effectiveness

127. We have to obey the ------- to keep order in our workplace so we can prevent injuries.
 (A) solutions
 (B) regulations
 (C) positions
 (D) remissions

128. Please accept our ------- for the occasional turbulence you may experience on this flight.
    (A) efforts
    (B) proposals
    (C) responses
    (D) apologies

129. Copying or use of the contents of this document is ------- prohibited without permission.
    (A) relatively
    (B) previously
    (C) hardly
    (D) strictly

130. Mr. Merriwel has ------- insisted on the need for sweeping reforms to make a breakthrough in the electronics industry.
    (A) consistent
    (B) consistently
    (C) consist
    (D) consistency

131. Valery Bags manufactures ------- and waterproof bags that are suitable for all outdoor conditions.
    (A) technical
    (B) fragile
    (C) inconvenient
    (D) durable

132. Markel Furniture Repair has been in business ------- over 30 years, and provides professional and dependable service throughout the region.
    (A) for
    (B) at
    (C) in
    (D) by

133. Our new line of winter clothes is ------- to meet the current demand of our customers.
(A) inadequate
(B) inadequately
(C) inadequacy
(D) inadequateness

134. The CEO asked Mr. Hawkins to find out if the employees are ------- with the current benefits package.
(A) satisfaction
(B) satisfied
(C) satisfying
(D) satisfy

135. ------- of alcoholic beverages is absolutely prohibited on company premises.
(A) Competition
(B) Impression
(C) Consumption
(D) Demonstration

136. One of the most ------- works of his career is the sculpture placed in the cathedral.
(A) remark
(B) remarkably
(C) remarked
(D) remarkable

137. The X300 showed a ------- significant improvement compared to the previous model X250.
(A) statistical
(B) statistically
(C) statistics
(D) statistician

138. The faculty members have ------- to produce a medical journal based on their latest achievements.
    (A) compensated
    (B) collaborated
    (C) neglected
    (D) invented

139. The president spoke ------- and passionately to lift the employees' spirits at the meeting.
    (A) silently
    (B) eloquently
    (C) appallingly
    (D) carelessly

140. A ------- continental breakfast is served from 7 A.M. to 10 A.M. for the guests of the Madison Court Hotel in the courtyard.
    (A) complimentary
    (B) compulsory
    (C) concessionary
    (D) contemporary

NO TEST MATERIAL ON THIS PAGE

PART 6

Directions: Read the texts that follow. A word or phrase is missing in some of the sentences. Four answer choices are given below each of the sentences. Select the best answer to complete the text. Then mark the letter (A), (B), (C), or (D) on your answer sheet.

Questions 141-143 refer to the following notice.

NOTICE

Using Cell Phones in the Workplace

While cell phones are ------- for our daily lives it is also quite disruptive

        141. (A) essential
             (B) additional
             (C) personal
             (D) institutional

at certain times. If you keep your cell phone with you in the workplace, make sure that it is put on the silent ring or vibration mode and please check your messages only ------- lunch or coffee breaks.

        142. (A) while
             (B) when
             (C) time
             (D) during

If you do need to answer an urgent call, make sure that you talk in a private area so as not to disturb other coworkers. For work related calls, please try not to distract other employees ------- speaking quietly. In some

        143. (A) on
             (B) for
             (C) in
             (D) by

instances it may be best to offer to call the client back on a land line.

Questions 144-146 refer to the following article.

Camberwell Electro Company Recalls Refrigerators

Today, Camberwell Electro Company announced a ------- recall of their

    144. (A) immediate
        (B) discount
        (C) voluntary
        (D) consecutive

four door refrigerator also known as the Quad Fridge. The cooling device has the potential for overheating which can then ------- into a possible fire hazard.

    145. (A) deliver
        (B) develop
        (C) depart
        (D) decrease

Serial numbers of the recall for the above-mentioned models are as follows :
    101XXXX through 105XXXX
    301XXXX through 305XXXX

Customers should contact Camberwell to determine if their refrigerator is part of this recall. They can also check their ------- manual as the back page

    146. (A) instruct
        (B) instructed
        (C) instructing
        (D) instruction

lists the serial number.

For further information check their Web site or call their toll free number at 1-800-369-7140 Monday through Friday. Their business hours are from 9 A.M. to 5 P.M.

Questions 147-149 refer to the following letter.

Betty Singh
87 Queen's Road
East Wan Chai
Hong Kong

Dear Ms. Singh,

Thank you very much for your letter and it was very nice of you to let us know that you enjoyed staying with us last August. We greatly appreciate you sending in the ------- comments with your questionnaire.

    147. (A) extraordinary
        (B) complimentary
        (C) necessary
        (D) contrary

In order to provide continual better service all questionnaires are -------

    148. (A) unfavorably
        (B) linguistically
        (C) indifferently
        (D) seriously

reviewed by upper management. With this letter we have enclosed a 30% discount coupon to be used for your next stay. We look forward to ------- you again in your future travels to Guam.

149. (A) serve
    (B) service
    (C) serving
    (D) served

Regards,

Melanie Amber
Guest Relations Coordinator
Guam Garden Hotel

Part 6

Questions 150-152 refer to the following e-mail.

To: employees@P-techno.com
From: hr@P-techno.com
Subject: Take a stretch break
Date: May 23

We realize how hard everyone is working and we appreciate your efforts. However, we also know that all employees have a life outside work and that ------- your health is important.

    150. (A) maintaining
        (B) ruining
        (C) regaining
        (D) risking

So on this e-mail, we would like to let you know that we encourage employees to take a five-minute stretch break once ------- hour.

                      151. (A) at
                           (B) per
                           (C) for
                           (D) by

Sitting at a computer for long periods of time can cause muscle stiffness and tension. If you take breaks frequently, you can regularly -------

                152. (A) access
                      (B) follow
                      (C) relax
                      (D) update

and stretch your muscles. Please visit our personnel Web page for sample stretching videos.

PART 7

Directions: In this part you will read a selection of texts, such as magazine and newspaper articles, letters, and advertisements. Each text is followed by several questions. Select the best answer for each question and mark the letter (A), (B), (C), or (D) on your answer sheet.

Questions 153-154 refer to the following notice.

You are cordially invited to appreciate
A WOMAN'S VIEW OF RURAL LIFE
Water paintings by
Elizabeth Parker

Her spectacular works from the last 20 years will be featured. Her works are famous for capturing her subject's real feelings. She has painted people from all backgrounds and ages.

THE WATSON GALLERY
1800 Sunset Boulevard
Opening Reception: 6:30 P.M. to 8:30 P.M.
Sunday, October 20th
(Complimentary beverages and hors d'œuvres will be served)

Exhibition runs daily from 10:00 A.M. to 6:00 P.M.
October 21st to October 27th
Admission—$ 5.00 for persons over 12 years

153. Where will the exhibition be held?
    (A) In a restaurant
    (B) In a gallery
    (C) In a theater
    (D) In a school

154. When does the reception end?
    (A) At 10:00 A.M.
    (B) At 6:00 P.M.
    (C) At 6:30 P.M.
    (D) At 8:30 P.M.

Questions 155-156 refer to the following invitation.

There will be a surprise farewell party for Section Manager Antonio Fernandez. As you know, Antonio and his family will be transferred to our new branch in Madrid. He has been with us here for nearly 8 years and even though we will miss him we want to wish him all the best.

Food, drinks and dessert will be provided. We would like to ask everyone who joins to chip in $10 for a gift certificate for Antonio.

To keep it a surprise, please do not talk about it in the office. Looking forward to seeing you all there.

Date: July 11, Tuesday
Time: 6:00 P.M. to 8:00 P.M.
Place: Aloha Hawaiian Restaurant

155. Why is there going to be a party for Antonio Fernandez?
    (A) He has worked for the company for almost 8 years.
    (B) He will be moving to a new branch.
    (C) He has been a devoted manager.
    (D) He will be on a business trip to Madrid.

156. What is everyone asked to pay $10 for?
    (A) Dinner
    (B) Drinks
    (C) A cake
    (D) A gift

Questions 157-158 refer to the following memorandum.

MEMORANDUM

To: All employees
From: Mitchell Flowers, President
Subject: Computer Usage
Date: March 14

I would like to remind you again of the company policy regarding the use of our office computers. Employees are not allowed to run personal software on the office computers. E-mailing for personal matters is not allowed, either. The computers are to be used for company business purposes only.

We have been considering the possibility of installing a program which tracks computer use. This is to ensure that private information is not being accessed by an outside party. Many employees may feel that management is using this system to check on employee productivity but that is not the case.

If anyone has questions or concerns about this system we are happy to take anonymous feedback. All questions will be answered and a copy given to all employees.

Thank you for your continued support and adherence to the policy.

157. What is the purpose of the memo?
    (A) To introduce a new system
    (B) To instruct how to install software
    (C) To ask employees to observe the policy
    (D) To provide employees feedback on their job performance

158. What are the employees prohibited to do?
    (A) Use the office computers for personal matters
    (B) Install a computer program
    (C) E-mail for company business
    (D) Use an e-mail program

Questions 159-161 refer to the following instructions.

DIGITAL VIDEO CAMERA REPAIR

If your Digital Video Camera needs to be repaired, fill out the enclosed form and follow the instructions carefully.

- Make sure the digital camera is packed securely using bubble wrap or other packing material to prevent damage.
- Include a detailed letter of what is wrong with the digital video camera.

If the repair costs more than $30, we will contact you and let you know how much it will be. Once your repair cost has been estimated, you will be contacted by phone, fax, or e-mail in about a week with the estimate and an approximate time it will take to fix. Please let us know the easiest way to contact you. If you approve the estimate, we will ask for a valid credit card for payment before fixing your camera. Upon your consent, the camera will be repaired and then returned to you.

---

159. Who has most likely issued these instructions?
    (A) A bank
    (B) An electric power company
    (C) A delivery company
    (D) A repair service

160. What is required before a repair of over 30 dollars can begin?
    (A) The signature of the customer
    (B) The ID number of the digital video camera
    (C) The approval of the customer
    (D) The packing material

161. What should customers send with the digital video camera?
    (A) A letter detailing the problem with the digital video camera
    (B) A letter detailing how the digital video camera broke
    (C) A letter stating where the digital video camera was purchased
    (D) A letter stating what the customer's credit card number is

Questions 162-164 refer to the following advertisement.

Mechanical Technician
WANTED

Acme Inc. in St. Ann is looking to add a dependable, hardworking person to their service team.

We offer:
- Excellent Pay
- Health insurance
- Vehicle purchase discounts
- Paid holidays
- Paid vacations
- Retirement plan

A degree in mechanical engineering and 5 years of experience in product development or automotive industries would be beneficial. Candidates should have advanced computer skills and highly developed English communication skills. Teamwork, cooperation, adaptability and creative thinking are prized attributes. Applicants should also be willing to relocate and be able to work different shifts. Interested applicants should contact me by e-mail and attach a copy of their résumé, cover letter and three references.

Send résumé to: Human Resources Department, Acme Inc., 2378 Silver Valley Ave., St. Ann, MN 38999

---

162. What is the company looking for?
- (A) A doctor
- (B) A sales representative
- (C) A mechanic
- (D) A driver

163. What does the company NOT offer?
- (A) High salary
- (B) Holidays with pay
- (C) Retirement plan
- (D) Life insurance

164. The word "prized" in paragraph 3, line 4, is closest in meaning to
- (A) wonderful
- (B) essential
- (C) awarded
- (D) valued

Questions 165-168 refer to the following e-mail.

To: All employees
From: Albert Orsini
Subject: Lunch can be paid online
Date: February 20

We are going to begin offering employees the option of making online credit card payments for lunch in the cafeteria. Compared to cash transactions, this new system is a more convenient option and provides meals quicker and easier for both employees and cafeteria staff.

To make online payments, you will need your employee ID number, credit card number and the date of expiration. Employees can choose a one month, three month or one year payment plan. Interested employees are encouraged to contact Ms. Natasha Brooke at 267-318-7865 for more information. Please note that payment must be made one month in advance.

Albert Orsini
The General Affairs Department

165. What is the purpose of the e-mail?
    (A) To announce a cafeteria opening
    (B) To inform employees about a new payment option
    (C) To remind employees about payment
    (D) To ask for ideas for a menu

166. What is one feature of the payment system?
    (A) It is a free lunch service.
    (B) It is labor-saving for the cafeteria.
    (C) It is available everywhere.
    (D) It is more convenient than using credit cards.

167. What can be inferred about the payment plan?
    (A) You have to meet the requirements.
    (B) It has a unique program.
    (C) It is universally accepted.
    (D) It has some different options.

168. What is NOT necessary if you want to make online payments?
    (A) A valid credit card
    (B) An employee ID number
    (C) A security deposit
    (D) A credit card expiration date

Questions 169-172 refer to the following letter.

Tyler Law Firm
67 4th Ave, Brooklyn, NY 11217
✤✤✤✤✤✤✤✤✤✤✤✤✤✤✤✤✤✤✤✤✤✤✤✤

Mr. Michael Chew
308 Amsterdam Ave
New York, NY 10025
July 22

Dear Mr. Chew,

We are pleased to announce the relocation of our office on September 1. During the past 20 years, our office has been in the Brooklyn area. We have found at times we require more light and the lobby was not big enough for our clients.

The office will be closed August 31. Our new office, located in Richmond, will address these concerns and be much more modern. All telephone lines will be temporarily disconnected and we will not be accessible by either telephone or e-mail on August 31. We apologize for any inconvenience this may cause.

We look forward to having you visit our new office.

NEW ADDRESS:
1634 Richmond Road, New York, NY 10304
Ph: (915) 333 2222

Sincerely,
Janice Tyler
Janice Tyler

169. What is the purpose of the letter?
(A) To describe recent renovations to the office
(B) To inform clients that the office is moving
(C) To bring in more clients
(D) To invite clients to visit the office

170. Why will the office be relocated?
(A) It is too small to receive guests.
(B) It has electrical problems.
(C) The office is too bright.
(D) The office is difficult to access.

171. According to the letter, what will happen on August 31?
(A) The office will be closed for construction.
(B) An opening reception will be held.
(C) The telephone line will be suspended.
(D) The lobby will be extended.

172. What does Ms. Tyler recommend the clients do?
(A) Drop by the new office
(B) Send an e-mail message
(C) Confirm a hotel reservation
(D) Consider a partnership with her

Questions 173-175 refer to the following information.

Free Computer Workshop

St. George's Community Center is offering various computer workshops for senior citizens. We would like to show seniors the exciting world of computers. Registration is limited to 10 people so that each person gets maximum time with the instructor. Class days may be changed due to instructor availability, so please register beforehand. All classes will be taught using X10 operating systems.

Computer Basics Monday February 15 6-8 P.M.
Using the Internet Monday February 22 6-8 P.M.
Creating and saving documents Monday February 29 6-8 P.M.

We regret to inform you that parking is not available.

Call 654-785-2233 to register or for more information.

St. George's Community Center
Address: 300-489 W 9th Ave
Vancouver, BC V6Z 4H5
Web site: www.vch.ca/community/
e-mail: stgeorges@vch.ca

173. What is the main purpose of the workshop?
 (A) To improve computer skills for businesspersons
 (B) To obtain a license to be an instructor
 (C) To introduce computers to seniors
 (D) To teach how to operate a cash register

174. Which topic will NOT be addressed in the workshop?
 (A) Storing documents
 (B) Creating computer programs
 (C) Using the Internet
 (D) Basic knowledge of computers

175. How can interested people register?
 (A) By visiting the Web site
 (B) By calling the center
 (C) By sending a letter
 (D) By sending an e-mail

Questions 176-180 refer to the following article.

Rafa Home & Garden Supplies to Launch Call Centre
London, 9 October

Rafa Home and Garden Supplies announced yesterday it is to open a call centre in Newcastle. The move by the Mumbai-based retailer is expected to create around 300 jobs initially, with the possibility of 200 more over the next five years. Applicants are expected to have enough schooling to match the jobs for which they apply and be able to handle common office software systems.

The centre will handle telephone enquiries and orders generated by its online store from across the United Kingdom and the Republic of Ireland. Chief Executive Officer Akshay Gulati said the company already dominates Indian and Bangladeshi markets and now wants to grow its customer base in Europe. Industry analysts believe the company chose northern England rather than London after comparing operational costs. It may have also been influenced by research suggesting callers place greater trust in representatives with certain accents.

The company confirmed it has begun the recruitment process. Human Resources Manager Hanna Walls said preference would be given to candidates who had worked in similar roles, although the company would be willing to train people with the right qualities. The company could have expanded its existing call centre in Chennai but wanted to employ British workers who understood local cultural and social practices, she added. The company felt such workers would be familiar with these.

The move will be a big boost to local job hunters. They can now apply online and those selected for interviews will be invited to attend one in early November.

176. Where is the headquarters of the company?
 (A) In London
 (B) In Newcastle
 (C) In Mumbai
 (D) In Chennai

177. What is a stated requirement for job applicants?
 (A) Repair experience
 (B) Computer knowledge
 (C) Leadership skills
 (D) Foreign language fluency

178. What is indicated about Rafa Home and Garden Supplies?
 (A) It purchased an Irish company.
 (B) It upgraded its India Web site.
 (C) It specializes in telemarketing consulting.
 (D) It has a substantial regional market share.

179. What is NOT mentioned in the article?
 (A) Opinions expressed by experts
 (B) Profiles on customer preferences
 (C) Current products under development
 (D) Business expansion across countries

180. The word "familiar" in paragraph 3, line 8 is closest in meaning to
 (A) recognizable
 (B) likeable
 (C) comprehending
 (D) standard

Questions 181-185 refer to the following letter and e-mail.

Colleen Grady
49 Beacon Street, Apartment 813
Boston, MA 02108
E-mail: cgrady@zejeemail.com

June 8

Linen Beauty Co.
www.linenbeautyco.net
Douglas Plaza
27 Edgerly Road
Boston, MA 02114

Dear Linen Beauty Co.,

On May 13, I placed an order at your store for a set of 60 linen napkins and 10 matching tablecloths.

I liked the design of the linen, and their luxurious appearance. I also liked the fact that they were Ethiopian, as I have always favored cloth products from that part of the world. As the linen was for my daughter's wedding reception on July 24, I arranged for the napkins to be hand-embroidered with "M" and "J," the initials of the bride and groom. This service cost an additional $360.

As of the date of this letter, I have still not received my purchase. I e-mailed your Customer Service Department on June 1, but received no response.

If I do not receive the napkins by July 1, I will turn to another supplier. At that point, I would also expect a refund for the items.

Regards,
Colleen Grady
Colleen Grady

From: r.gomez@linenbeautyco.net
To: cgrady@zejeemail.com
Subject: Wedding Linen
Date: June 14

Dear Mrs. Grady,

Please accept our apologies for the late arrival of your order. I can assure you that it is our policy to deal with all such issues immediately. Unfortunately, your letter was dated the week of our office relocation. It appears that some of our correspondence was mishandled during that time; as a result, I just received your letter this morning.

As outlined on your receipt, we are afraid that it sometimes takes some time to complete hand-embroidered items. This is due to their intricate nature. However, I am pleased to inform you that your order is now ready for delivery. It will arrive by express courier by 10:00 A.M. tomorrow.

We value you very much as a customer. To compensate you for this inconvenience, please make use of our $150 voucher. It has no expiration date and is attached to this e-mail. You can print it out and take it to your nearest store, or spend it online. You may be especially interested in our bridal gifts department.

Yours truly,

Rachel Gomez
Customer Service Manager

181. What is the purpose of the letter?
 (A) To update an order
 (B) To revise a schedule
 (C) To make a complaint
 (D) To confirm a receipt

182. What is indicated about Ms. Grady?
 (A) She likes materials from a certain region.
 (B) She often travels to the country of Ethiopia.
 (C) She sells linen goods internationally.
 (D) She sometimes hand-embroiders products.

183. According to the letter, why was an additional $360 charged to Ms. Grady?
 (A) She requested faster delivery.
 (B) She ordered reception catering.
 (C) She registered a wedding late.
 (D) She asked for customized work.

184. What was Linen Beauty Co. doing on June 8?
(A) It was discontinuing an item line.
(B) It was changing its place of business.
(C) It was sending out supplier correspondence.
(D) It was expanding its primary courier operations.

185. Where can Ms. Grady find a voucher to spend at the store?
(A) At a service representative center
(B) Under an expired document
(C) In a separate digital attachment
(D) By the bridal gifts department

Questions 186-190 refer to the following letters.

Joline Montgomery
498 Brunswick Street
Melbourne, Victoria

Bayside Corp.
153 Kent Street
Sydney, New South Wales
April 14

Dear Mr. Samson,

I would like to apply for the position of secretary in the Accounting division, which was advertised in today's *Morning Herald*. I am currently living in Melbourne but I will be leaving my present job shortly and moving to Sydney and am looking for a new challenging position where my work experience and qualifications would be a benefit.

After reading your advertisement, I feel that my skills and experience would make me an asset to your company and I hope that I have the chance to speak with you in person at an interview.

I will be arriving in Sydney at the beginning of next month and available for an interview anytime after that. Please find enclosed a copy of my résumé and several references.

Respectfully yours,
Joline Montgomery
Joline Montgomery

Bayside Corp.
153 Kent Street
Sydney, New South Wales

Joline Montgomery
498 Brunswick Street
Melbourne, Victoria
April 23

Dear Ms. Montgomery,

Thank you very much for applying for the position of secretary in the Accounting division. Unfortunately, the position has already been filled but I was wondering if you would be interested in another secretarial position in the claims department. The conditions and benefits are similar to the previous advertisement in the paper and can be discussed in greater detail at an interview. If you are interested, please contact me at 59-2783-7631 to arrange an interview.

I look forward to hearing from you.

With best regards,
Joe Samson
Joe Samson

186. Why is Ms. Montgomery writing to Mr. Samson?
   (A) To reschedule an appointment
   (B) To apply for a position
   (C) To make inquiries
   (D) To explain her circumstances

187. How did Ms. Montgomery find out about the position?
   (A) From a newspaper
   (B) From a radio
   (C) From a job bank
   (D) From a Web site

188. Why is Ms. Montgomery seeking a position with the company?
   (A) She will be moving to the area.
   (B) She wants a higher salary.
   (C) She prefers Sydney to Melbourne.
   (D) She wants to travel.

189. When does Ms. Montgomery want to meet Mr. Samson?
   (A) At the beginning of next month
   (B) At the end of next month
   (C) As soon as possible
   (D) Any time

190. Why is Mr. Samson offering Ms. Montgomery another position?
   (A) He thinks she is better suited for it.
   (B) The advertised position is no longer available.
   (C) He needed to fill the position immediately.
   (D) Her cover letter was impressive.

Questions 191 to 195 refer to the following article and e-mail.

Merger results in possible layoff of 2000 at Clover Bank Group

Clover Bank Group announced that it would be merging with Star Bank Group on October 1 in order to deal with the competitive banking market and lack of profits over 2 years. This merger will make the new company one of the top 15 largest international banks in the world. It is believed that there will be 2000 employees laid off from Clover Bank. Management has so far not released any further details.

From: Akihiko Tanaka
To: All Employees
Subject: Merger
Date: September 1

I know that many of you have heard rumors of possible layoffs from the news and within the company. I would like to remind everyone that these are just rumors and nothing is for certain yet. We are making every effort to protect your jobs and our company. We appreciate your devotion and loyalty and are working to broker a deal with Star Bank Group, which we hope will be beneficial for you and Clover Bank.

Please keep up the good work and your professionalism. I will let you know the latest information as soon as I receive it. Please do not ask your supervisors as they do not have any more information.

Very truly yours,
Akihiko Tanaka
Personnel Director
Clover Bank

Part 7

191. What is the purpose of the article?
    (A) To report the results of a survey
    (B) To profile a local bank
    (C) To describe an event
    (D) To announce a business agreement

192. Why is Clover Bank merging with Star Bank?
    (A) To be more competitive
    (B) To get into foreign investment
    (C) To take on more employees
    (D) To enter the market

193. In the e-mail, the word "appreciate" in paragraph 1, line 4, is closest meaning to
    (A) expect
    (B) request
    (C) value
    (D) evaluate

194. According to the e-mail, what is true about the merger?
    (A) It will be ineffective.
    (B) Thousands of employees will be laid off.
    (C) The layoffs are not certain.
    (D) The executives are hiding the truth.

195. What is Mr. Tanaka asking the employees to do?
    (A) Continue to work
    (B) Contact their supervisors
    (C) Protect their jobs
    (D) Leave the company

GO ON TO THE NEXT PAGE

Questions 196-200 refer to the following advertisement and e-mail.

Rashid Properties proudly announces its newest development:

Fairmont Building
Now accepting tenant Applications

Official Launch: January 26

Situated in Culper Valley alongside the newly-repaired and expanded Highway 7, the building is only 3 kilometers from the Kurby Distribution Center and 4 kilometers from Avondar International Airport; this makes the development an ideal site for business.

We are offering modern spacious offices outfitted with all the latest telecommunications gear that includes wireless, broadband, satellite and other features. The building is also designed to be eco-friendly and energy-efficient; designed with robust insulation materials, tenants can expect utilities to be substantially lower than comparable properties. Staff who live and work in the area will also enjoy a family-friendly environment with an outstanding quality of life. Schools in the area are noted for their academic excellence, neighborhoods are exceptionally safe and the building is set in a pristine natural area without any industrial presence whatsoever.

For a limited time, we are also offering financial incentives to prospective tenants. Lease prices reflect the technological and location advantages of this property. Nevertheless, concessions are being granted to tenants with contracts lasting at least three years. Tenants signing such contracts by December 1 are guaranteed the one-time right to renew their leases at the same rate.

Please contact Ethan Harker for more information: ethan.harker@rashidproperties.com.
Virtual tours of the facility are also available at: www.rashidproperties.com/virtualtours/fairmont/

From: Minami Uchiyama <m.uchiyama@endo_tech.net>
To: Ethan Harker <ethan.harker@rashidproperties.com>
Date: November 27, 2:13 PM
Subject: Fairmont Building

Dear Ethan,

As you know, we toured the Fairmont Building and the surrounding area last month. We found that October 24 experience impressive in many ways. The offices in your facility are considerably bigger than the ones we occupy at the moment. We also liked the changes that have been made to Highway 7 and are especially pleased about its current status. Commuting to the building should be far easier now.

After a series of meetings with you this month, we are prepared to accept your most recent 5-year lease offer. Please see the attached signed and dated lease contract. Copies have sent to you by courier today and they should arrive no later than 5:00 PM. We would like to confirm that our employees can move in by the official launch date.

Please e-mail me as soon as you receive the courier package.

Regards,

Minami Uchiyama
Operations Director
Endo Tech

196. What is suggested about Rashid Properties?
(A) It is recruiting maintenance workers.
(B) It is managing a commercial facility.
(C) It is selling residential homes.
(D) It is advising real estate investors.

197. What is NOT mentioned as a feature of the Fairmont Building?
(A) Beautiful architecture
(B) Convenient location
(C) High quality of life
(D) Low energy costs

198. According to the e-mail, what happened on October 24?
(A) A meeting was rescheduled.
(B) A price was renegotiated.
(C) A review of an area was done.
(D) An agreement was finalized.

199. What is Ms. Uchiyama especially pleased about?
(A) The repairs to an industrial complex
(B) The completion of some roadwork
(C) The lack of highway traffic jams
(D) The success of a construction company

200. What is indicated about Endo Tech?
(A) Their contract will be submitted for an audit.
(B) Their move-in will be changed from an earlier date.
(C) Their offices will be smaller than before.
(D) Their lease rate would be unchanged at renewal.

はじめて受ける
TOEIC® TEST
模試スピードマスター

TEST 2

CD 2　リスニング・セクション……… 64
　　　　リーディング・セクション………84

※解答用紙は、巻末から切り離して使用してください。
　繰り返し利用できるようにコピーして使用することをお勧めします。

LISTENING TEST

In the Listening test, you will be asked to demonstrate how well you understand spoken English. The entire Listening test will last approximately 45 minutes. There are four parts, and directions are given for each part. You must mark your answers on the separate answer sheet. Do not write your answers in your test book.

PART 1

Directions: For each question in this part, you will hear four statements about a picture in your test book. When you hear the statements, you must select the one statement that best describes what you see in the picture. Then find the number of the question on your answer sheet and mark your answer. The statements will not be printed in your test book and will be spoken only one time.

Example

Sample Answer
Ⓐ Ⓑ ● Ⓓ

Statement (C), "They're standing near the table," is the best description of the picture, so you should select answer (C) and mark it on your answer sheet.

Part 1

1.

2.

3.

4.

5.

6.

7.

8.

Part 1

9.

10.

CD 2 | 12~42

PART 2

Directions: You will hear a question or statement and three responses spoken in English. They will not be printed in your test book and will be spoken only one time. Select the best response to the question or statement and mark the letter (A), (B), or (C) on your answer sheet.

Example

Sample Answer
(A) ● (C)

You will hear: Where is the meeting room?

You will also hear: (A) To meet the new director.
(B) It's the first room on the right.
(C) Yes, at two o'clock.

The best response to the question "Where is the meeting room?" is choice (B), "It's the first room on the right," so (B) is the correct answer. You should mark answer (B) on your answer sheet.

11. Mark your answer on your answer sheet.

12. Mark your answer on your answer sheet.

13. Mark your answer on your answer sheet.

14. Mark your answer on your answer sheet.

15. Mark your answer on your answer sheet.

16. Mark your answer on your answer sheet.

17. Mark your answer on your answer sheet.

18. Mark your answer on your answer sheet.

Part 2

19. Mark your answer on your answer sheet.
20. Mark your answer on your answer sheet.
21. Mark your answer on your answer sheet.
22. Mark your answer on your answer sheet.
23. Mark your answer on your answer sheet.
24. Mark your answer on your answer sheet.
25. Mark your answer on your answer sheet.
26. Mark your answer on your answer sheet.
27. Mark your answer on your answer sheet.
28. Mark your answer on your answer sheet.
29. Mark your answer on your answer sheet.
30. Mark your answer on your answer sheet.
31. Mark your answer on your answer sheet.
32. Mark your answer on your answer sheet.
33. Mark your answer on your answer sheet.
34. Mark your answer on your answer sheet.
35. Mark your answer on your answer sheet.
36. Mark your answer on your answer sheet.
37. Mark your answer on your answer sheet.
38. Mark your answer on your answer sheet.
39. Mark your answer on your answer sheet.
40. Mark your answer on your answer sheet.

PART 3

Directions: You will hear some conversations between two people. You will be asked to answer three questions about what the speakers say in each conversation. Select the best response to each question and mark the letter (A), (B), (C), or (D) on your answer sheet. The conversations will not be printed in your test book and will be spoken only one time.

41. Where does the woman most likely work?
    (A) At an electrical appliance shop
    (B) At a credit card company
    (C) At a fitness center
    (D) At a moving company

42. What does the woman imply?
    (A) You can get a discount with the card from your next visit.
    (B) You can get 10% off on limited items.
    (C) The card is free of charge.
    (D) It takes a long time to sign up.

43. What does the man tell the woman?
    (A) He will buy electrical appliances later.
    (B) He has quite a bit of time to shop.
    (C) He will consider getting a card later.
    (D) He would like a bigger discount.

Part 3

44. Why did the man call the woman?
    (A) To let her know he is lost
    (B) To let her know he will be late
    (C) To ask for directions to the New City Bank
    (D) To ask her to pick him up

45. Where is Mr. Morris now?
    (A) At the entrance of the Turner building
    (B) On the fifth floor of the Turner building
    (C) In front of the New City Bank
    (D) At the end of Queen Street

46. What does the woman offer to do for the man?
    (A) Take him to the entrance of the bank
    (B) Contact Mr. Turner for him
    (C) Meet him at the entrance of the Turner building
    (D) Make another appointment

47. What is most likely the woman's job?
    (A) A weather forecaster
    (B) A travel agent
    (C) A tour guide
    (D) A farmer

48. What is the man concerned about?
    (A) The tight schedule of the tour
    (B) The possibility of a wine tasting
    (C) Changes in the tour
    (D) The grape crop

49. What does the man ask the woman?
    (A) If he can reschedule the tour right away
    (B) If he can cancel the grape picking
    (C) If it is possible to take the tour another time
    (D) If there will be a wine tasting tomorrow

GO ON TO THE NEXT PAGE

50. What are the speakers discussing?
    (A) Giving out an estimate for the work
    (B) Where to get the money for a computer
    (C) How to get rid of the man's computer
    (D) How to spend the man's money

51. What does the woman suggest to the man?
    (A) To replace the broken computer
    (B) To ask for a better price
    (C) To repair the computer as soon as possible
    (D) To save money by repairing it himself

52. What does the man imply about his computer?
    (A) It never worked properly.
    (B) It was too expensive.
    (C) He does not have a need for it.
    (D) He bought it recently.

53. What are the speakers talking about?
    (A) A coworker's promotion
    (B) A sale that went wrong
    (C) Trouble with their boss
    (D) An unexpected resignation

54. How was the problem resolved?
    (A) Harry found a replacement.
    (B) They increased their sales.
    (C) They eliminated Harry's position.
    (D) A substitute was found.

55. According to the woman, why did Harry leave the company?
    (A) He did not like his job.
    (B) He was not a reliable person.
    (C) He did not get along with his boss.
    (D) He lost confidence in his job.

Part 3

56. What is the woman's problem?
    (A) She missed the train.
    (B) She left the agenda on her desk.
    (C) She was delayed by the traffic jam.
    (D) She might arrive late.

57. What does the woman ask the man to do?
    (A) Give her Mr. Gordon's phone number
    (B) Contact all the attendees
    (C) Prepare for the meeting
    (D) Return the materials to her desk

58. What will the man probably do next?
    (A) Call someone
    (B) Hand out materials
    (C) Reschedule the meeting
    (D) Start the meeting

59. What are the speakers mainly discussing?
    (A) Maintenance of an alarm system
    (B) The company's tight budget
    (C) Opening new accounts for customers
    (D) Setting up a better protection system

60. What is the man concerned about?
    (A) The cost of the system
    (B) Misplacing data in the system
    (C) The possibility of damage to the system
    (D) Customer reaction to the system

61. What will the man probably do next?
    (A) Do more research on firewall systems
    (B) Contact customers by electronic means
    (C) Introduce a new system to employees
    (D) Make a proposal to his supervisor

62. What department does Mr. Alders work in?
    (A) Personnel
    (B) Engineering
    (C) Public relations
    (D) Marketing

63. Why is the man unable to meet Mr. Alders?
    (A) Mr. Alders is having a meeting.
    (B) Mr. Alders no longer works there.
    (C) Mr. Alders is out of the office.
    (D) Mr. Alders is not available without an appointment.

64. What does the man ask the woman to do?
    (A) Give his regards to Mr. Alders
    (B) Give his business card to Mr. Alders
    (C) Give a catalog to Mr. Alders
    (D) Contact Mr. Alders as soon as possible

65. What are the speakers discussing?
    (A) A machine that needs to be repaired
    (B) A copier that is running short of paper
    (C) Documents that were left in a copier
    (D) People who did not follow the rules

66. What does the man suggest they do?
    (A) Purchase a new copy machine
    (B) Contact a repair person
    (C) Use two copy machines
    (D) Preserve the environment

67. What will the man probably do next?
    (A) Buy another copy machine
    (B) Recommend another copy machine
    (C) Speak with someone
    (D) Make a copy of the document

68. What is the problem?
   - (A) The man cannot be in time for the fair.
   - (B) The woman forgot to send the items.
   - (C) The man wants to make an additional order.
   - (D) The number of the products is wrong.

69. When should the missing item be delivered?
   - (A) In a few days
   - (B) In a half hour
   - (C) By tomorrow morning
   - (D) By this afternoon

70. What will the woman do to solve the problem?
   - (A) Drive home to get the items
   - (B) Arrange for a delivery tomorrow
   - (C) Bring the products directly
   - (D) Go to the British Fair

PART 4

Directions: You will hear some talks given by a single speaker. You will be asked to answer three questions about what the speaker says in each talk. Select the best response to each question and mark the letter (A), (B), (C), or (D) on your answer sheet. The talks will not be printed in your test book and will be spoken only one time.

71. Who is the intended audience of this talk?
    (A) Vegetarians
    (B) Passengers
    (C) Entertainers
    (D) Singers

72. What will happen at 5 o'clock?
    (A) Dinner will be served.
    (B) The live entertainment will start.
    (C) A light meal will be served.
    (D) The sunset cruise will finish.

73. What is implied about the Sunset Dinner Cruise?
    (A) You can enjoy the live show during dinner.
    (B) You can see the beautiful mountain.
    (C) There will be dinner options.
    (D) Beer or wine will be served.

Part 4

74. Why is the Aurora Group Support Center not available?
    (A) They only handle urgent problems.
    (B) They are on vacation.
    (C) They are closed due to the national holiday.
    (D) They can respond only by e-mail.

75. If the listeners have urgent problems, what are they asked to do?
    (A) Call during business hours
    (B) Call and leave a message
    (C) Reply within 24 hours
    (D) Send an e-mail to the emergency room

76. According to the recording, what is checked periodically?
    (A) Non-urgent problems
    (B) Voice mail
    (C) E-mail
    (D) The support team

77. Who is Kate Blackman?
    (A) A publisher
    (B) An expert on nutrition
    (C) A radio show host
    (D) A successful dieter

78. What will Ms. Blackman talk about?
    (A) A new diet program
    (B) The schedule of her next workshop
    (C) The advantage of some types of food
    (D) The many languages in her books

79. What is going to happen in the show?
    (A) Ms. Blackman will cook special food.
    (B) A workshop will be conducted.
    (C) Listeners will ask Ms. Blackman some questions.
    (D) A recipe will be introduced.

GO ON TO THE NEXT PAGE

80. What is the message mainly about?
    (A) A registration deadline
    (B) A class vacancy
    (C) A payment request
    (D) An upcoming dance party

81. What will happen if Mr. Prichard pays in advance?
    (A) He will only have to pay $100 for the course.
    (B) He will receive a free lesson.
    (C) He will receive a discount.
    (D) He will receive $10 in cash.

82. What does Philip Lee suggest Mr. Prichard do?
    (A) Register as soon as possible
    (B) Wait for eight weeks to join
    (C) Put his name on the waiting list
    (D) Pay $10 in advance

---

83. What is the purpose of the advertisement?
    (A) To inform customers of a sale
    (B) To get new customers
    (C) To promote a new product
    (D) To provide free services

84. What is implied about Mickey's Cleaning Service?
    (A) Their services are the least expensive in the region.
    (B) They have been expanding year by year.
    (C) A one-time service is available.
    (D) All customers' homes will be inspected.

85. How can listeners get a free estimate?
    (A) By sending an application to Mickey's Cleaning Service
    (B) By ordering via their Web site
    (C) By calling Mickey's Cleaning Service
    (D) By stopping by Mickey's Cleaning Service

Part 4

86. Where is the speaker most likely calling from?
    (A) A bookstore
    (B) A school
    (C) A travel agency
    (D) A library

87. What is the reason for the message?
    (A) To announce a new schedule
    (B) To ask Mr. Santos to return a book
    (C) To inform Mr. Santos of an arrival of a book
    (D) To extend Mr. Santos' book-borrowing period

88. What does the woman ask Mr. Santos to do?
    (A) Bring his credit card
    (B) Pick up the book on the first floor
    (C) Borrow the item he ordered
    (D) Return her call

89. Why is the speaker making this speech?
    (A) To thank employees for their help
    (B) To say goodbye and thank colleagues
    (C) To welcome overseas students
    (D) To celebrate a company anniversary

90. What did the speaker do in Seoul?
    (A) Study
    (B) Conduct business
    (C) Teach
    (D) Trade goods

91. What will the speaker most likely do next?
    (A) Launch a new business
    (B) Go back to Korea
    (C) Become a student
    (D) Do a cultural exchange

GO ON TO THE NEXT PAGE

92. Where is the event being held?
    (A) At a concert hall
    (B) At a theater
    (C) At a hotel
    (D) At a school

93. Who is Jack O'Neal?
    (A) A manager
    (B) A guest
    (C) A composer
    (D) A writer

94. What will happen next?
    (A) The entertainer will answer questions.
    (B) The lecture will start.
    (C) The audience will watch the show.
    (D) The event will end.

95. What is the main purpose of the message?
    (A) To thank Rose for a birthday present
    (B) To decline an invitation to an event
    (C) To congratulate Rose on her birthday
    (D) To make an appointment with Rose

96. When will the party be held?
    (A) On Thursday
    (B) On Friday
    (C) On Saturday
    (D) On Sunday

97. What does the man offer to do?
    (A) Buy some flowers
    (B) Change the schedule
    (C) Dine together
    (D) Go to Thailand together

Part 4

98. What is this advertisement for?
 (A) To promote some products
 (B) To introduce a store
 (C) To hire a temp staff
 (D) To announce a job opening

99. Which applicants are considered promising?
 (A) Those who are sociable
 (B) Those who are interested in a part-time position
 (C) Those who want to work on weekdays
 (D) Those who want a management position

100. How are listeners advised to respond to the advertisement?
 (A) Visit a store
 (B) Send an e-mail
 (C) Send a fax
 (D) Make a phone call

This is the end of the Listening test. Turn to Part 5 in your test book.

READING TEST

In the Reading test, you will read a variety of texts and answer several different types of reading comprehension questions. The entire Reading test will last 75 minutes. There are three parts, and directions are given for each part. You are encouraged to answer as many questions as possible within the time allowed.

You must mark your answers on the separate answer sheet. Do not write your answers in your test book.

PART 5

Directions: A word or phrase is missing in each of the sentences below. Four answer choices are given below each sentence. Select the best answer to complete the sentence. Then mark the letter (A), (B), (C), or (D) on your answer sheet.

101. Mr. Roger Miller retired in December last year and currently ------- on the boards of several companies.
    (A) sit
    (B) sits
    (C) sitting
    (D) sat

102. You should double-check the application form ------- submitting it because missing information will cause unnecessary delays.
    (A) in
    (B) on
    (C) before
    (D) after

Part 5

103. Mr. King needs to ------- a business visa for his trip to Canada as he will be staying in the country for longer than ninety days.
    (A) reject
    (B) obtain
    (C) issue
    (D) borrow

104. This lounge is for staff to relax and enjoy ------- during lunch or breaks.
    (A) himself
    (B) themselves
    (C) yourself
    (D) itself

105. First ------- are very important at a job interview, so make sure your appearance is professional.
    (A) impressions
    (B) questions
    (C) priorities
    (D) opportunities

106. We have been in partnership with the MacKay Corporation ------- we started our business.
    (A) while
    (B) before
    (C) when
    (D) since

107. Dr. Quincy always tries to be friendly and cheerful to make her patients feel at -------.
    (A) intervals
    (B) ease
    (C) best
    (D) any rate

GO ON TO THE NEXT PAGE

108. The cause ------- the accident was the driver's inattentiveness and recklessness.
    (A) for
    (B) at
    (C) in
    (D) of

109. The new cell phone model designed by an up-and-coming artist was neither original ------- appealing.
    (A) and
    (B) but
    (C) nor
    (D) or

110. As the fitness video, which Jean Fitness Club produced, is a big hit, there are thousands of similar items ------- the market.
    (A) to
    (B) at
    (C) into
    (D) on

111. Since we are making a remarkable recovery, normal service will be resumed ------- noon.
    (A) by
    (B) while
    (C) in
    (D) as long as

112. If the damage was caused by using our product outside of product specifications, we cannot pay -------.
    (A) fine
    (B) compensation
    (C) fault
    (D) attention

Part 5

113. The CEO said that we should trust each other and feel free to ------- our opinions.
(A) share
(B) discard
(C) accuse
(D) quote

114. Group ------ tickets are available in adult, child and senior citizen packages at a discounted price of ten percent off regular box office admission prices.
(A) admit
(B) admitted
(C) admittee
(D) admission

115. If you are looking for a ------- career in the construction industry, this is the one for you.
(A) challenge
(B) challenging
(C) challenger
(D) challenged

116. This CD is a ------- edition and only ten thousand copies have been produced.
(A) repeated
(B) used
(C) limited
(D) settled

117. The president decided he was going to conduct radical restructuring within his company and it turned out quite -------.
(A) beneficial
(B) beneficent
(C) benefit
(D) beneficially

118. T&P Corporation has dedicated ------- to providing high quality housekeeping services to the residents of this area for the past three years.
    (A) it
    (B) them
    (C) itself
    (D) themselves

119. Discuss your questions with our ------- experts, so they can create an innovative Web site to convey your ideas.
    (A) public
    (B) publicly
    (C) publicity
    (D) publication

120. The Yale Community Center has ------- offered us their hall for our international executive training program with a focus on building motivation within teams.
    (A) truly
    (B) discreetly
    (C) kindly
    (D) thoroughly

121. If a tenant has violated a rule stated in the contract, he or she may be ------- from the building.
    (A) eject
    (B) ejection
    (C) ejecting
    (D) ejected

122. Nobody could give the manager a ------- explanation to his inquiries even though they had just taken the special training course.
    (A) satisfy
    (B) satisfaction
    (C) satisfactorily
    (D) satisfactory

Part 5

123. In order to promote a healthy lifestyle, we are serving healthy and ------- meals to employees.
   (A) nutritious
   (B) nutrition
   (C) nutritiously
   (D) nutritionist

124. If you want free ------- mortgage advice, call us at 0206-555-7777 and speak to an expert today.
   (A) exceptional
   (B) conditional
   (C) professional
   (D) impersonal

125. Although there have been discussions about the new investor buying out Tokyo Motors' share, the terms were not -------.
   (A) accept
   (B) acceptance
   (C) acceptable
   (D) accepting

126. The applicants ------- names do not appear on this list should notify us immediately.
   (A) whom
   (B) which
   (C) who
   (D) whose

127. We are ------- to announce that we have just signed a contract with Hong Kong Lee Corp.
   (A) delight
   (B) delightedly
   (C) delighting
   (D) delighted

128. In ------- with security laws, any person who possesses inside information must keep it confidential.
    (A) accordant
    (B) accordance
    (C) according
    (D) accordingly

129. Because of the introduction of the newest facilities, employees can work ------- than ever before.
    (A) efficient
    (B) efficiently
    (C) more efficiently
    (D) most efficiently

130. A plowing operation will be undertaken once the snow has ------- beyond a depth of five centimeters.
    (A) retained
    (B) covered
    (C) intermitted
    (D) accumulated

131. Let us celebrate Ms. Hayley's twenty five years of service with our company by showing our ------- with this luncheon.
    (A) astonishment
    (B) assortment
    (C) intention
    (D) appreciation

132. Check out these special offers ------- available for customers visiting the MSS Booth.
    (A) competitively
    (B) responsibly
    (C) exclusively
    (D) realistically

Part 5

133. Sheffield Bus Service is using state-of-the-art technology to improve ------- fuel efficiency for energy conservation and to lessen the impact on global warming.
    (A) it
    (B) its
    (C) they
    (D) their

134. Our dishwasher can be produced to ------- match your kitchen interior.
    (A) popularly
    (B) passionately
    (C) pitifully
    (D) perfectly

135. Over the past three months, the attendance at theme parks ------- off dramatically.
    (A) drops
    (B) have dropped
    (C) has dropped
    (D) were dropping

136. You should wear a suit to the ceremony as it is considered to be a traditional form of men's ------- clothes.
    (A) definitive
    (B) favorable
    (C) casual
    (D) formal

137. Mr. Goldman, one of the wealthiest men in the world, will ------- one million dollars to support the earthquake relief effort.
    (A) donate
    (B) refurbish
    (C) appreciate
    (D) occupy

138. The study has shown that the new medicine ------- reduces the incidence of heart attacks or strokes.
    (A) significantly
    (B) excessively
    (C) previously
    (D) tentatively

139. ------- charges may occur when the weight of a package is different from the weight indicated at the time of shipping.
    (A) Unreasonable
    (B) Additional
    (C) Suitable
    (D) Satiable

140. Our career ------- counselor is here to help job applicants of every background, age and ethnicity.
    (A) guidance
    (B) guides
    (C) guided
    (D) guide

NO TEST MATERIAL ON THIS PAGE

PART 6

Directions: Read the texts that follow. A word or phrase is missing in some of the sentences. Four answer choices are given below each of the sentences. Select the best answer to complete the text. Then mark the letter (A), (B), (C), or (D) on your answer sheet.

Questions 141-143 refer to the following advertisement.

Online Shopping System

Welcome to our online shopping system. It was designed to allow some of the customers who were unable to visit our store to still receive our products. It has become ------- popular as it is convenient and user-friendly.

    141. (A) considerable
      (B) considerably
      (C) consider
      (D) consideration

You can find all of our products and ------- an order from your home or

    142. (A) repeat
      (B) withdraw
      (C) receive
      (D) place

office. If this is your first time to visit this site, please register your -------

    143. (A) receipts
      (B) details
      (C) circumstances
      (D) accounts

and enjoy your shopping experience. If you have already registered, please log in and search the catalogue for the products you wish to purchase and click the "Add to Cart" button.

Questions 144-146 refer to the following e-mail.

To: All Employees
From: Lesley Gomez
Subject: Power Outage
Date: June 10

There will be a temporary power outage for approximately 2 hours next Monday from 8 A.M. to 10 A.M. All electrical equipment -------

144. (A) include
(B) includes
(C) including
(D) included

telephones, computers, refrigerators and lighting will be affected during this time. E-mail and Internet access will also be unavailable. Some core switches will need to be restarted after the outage. We would like to ask the staff to make sure that the refrigerator has been ------- and

145. (A) cleaned out
(B) shown up
(C) thrown away
(D) turned down

that there are no perishable items.

Please back up all computer systems and give the backup information to the IT department. Employees are not required to be in the office at this time. For further details of this power outage, please contact Marisa in the general affairs department. We apologize for any ------- that may

146. (A) shortage
(B) inconvenience
(C) hesitation
(D) miscommunication

occur and thank you in advance for your understanding.

Lesley

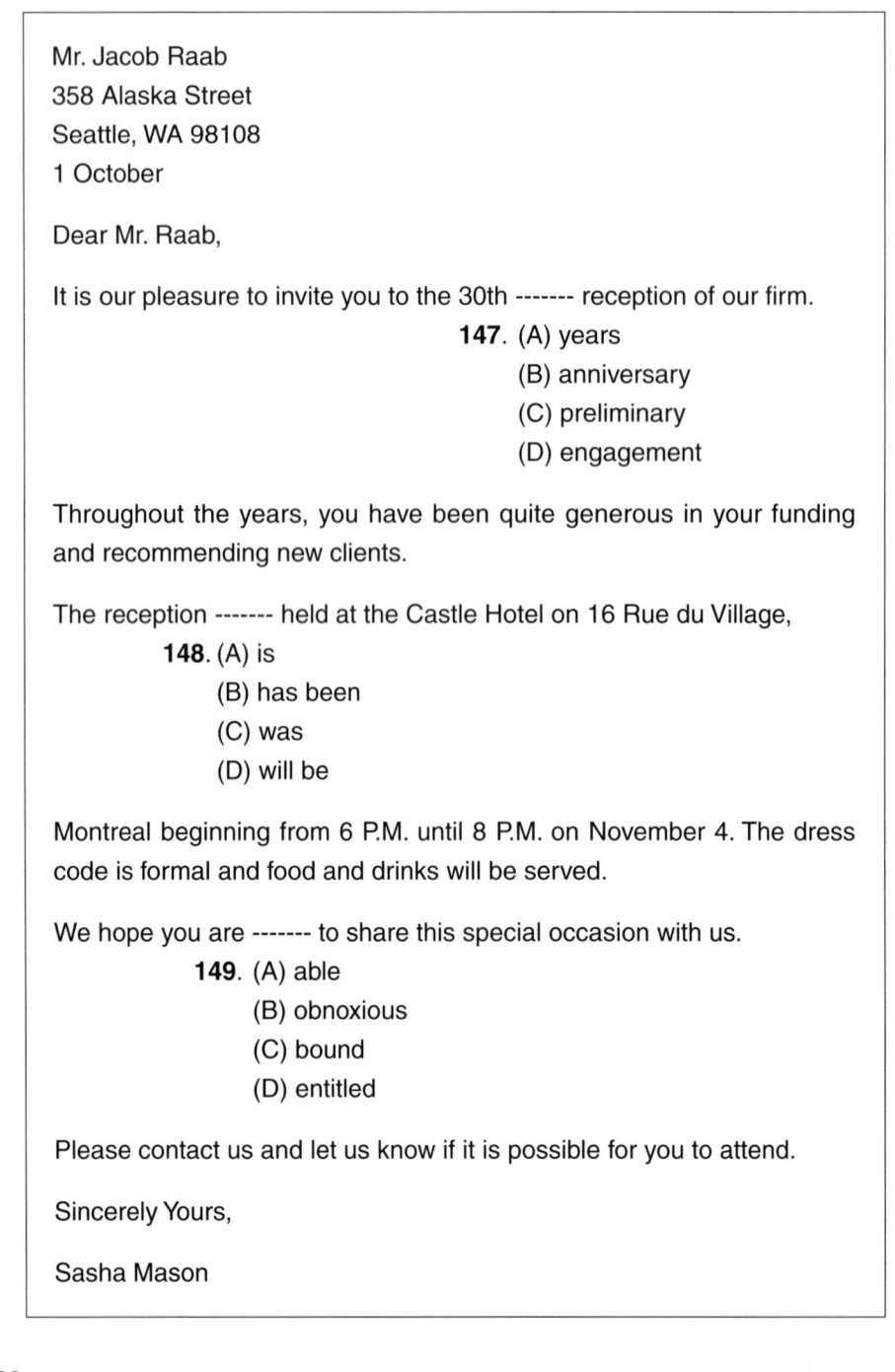

Questions 147-149 refer to the following letter.

Mr. Jacob Raab
358 Alaska Street
Seattle, WA 98108
1 October

Dear Mr. Raab,

It is our pleasure to invite you to the 30th ------- reception of our firm.
                            147. (A) years
                                 (B) anniversary
                                 (C) preliminary
                                 (D) engagement

Throughout the years, you have been quite generous in your funding and recommending new clients.

The reception ------- held at the Castle Hotel on 16 Rue du Village,
        148. (A) is
              (B) has been
              (C) was
              (D) will be

Montreal beginning from 6 P.M. until 8 P.M. on November 4. The dress code is formal and food and drinks will be served.

We hope you are ------- to share this special occasion with us.
        149. (A) able
              (B) obnoxious
              (C) bound
              (D) entitled

Please contact us and let us know if it is possible for you to attend.

Sincerely Yours,

Sasha Mason

Questions 150-152 refer to the following letter.

Letter of recommendation

To Whom It May Concern,

Ms. Harumi Toda ------- employed with Star Systems Consulting for 5
      150. (A) will be
           (B) was
           (C) had
           (D) has been

years. During her time with us, we found her to be a responsible and valuable employee.

She completed tasks on time, was highly -------, capable and extremely
                         151. (A) motivation
                               (B) motivated
                               (C) motivate
                               (D) motivating

reliable. If I gave Ms. Toda a task, I never had any doubt that it wouldn't be completed perfectly.

Ms. Toda has decided to study overseas, and to take on a new challenge. ------- the best recommendation is that if Ms. Toda ever reapplied with
152. (A) Perhaps
     (B) However
     (C) Although
     (D) Likely

us in the future, I would hire her back instantly.

Sincerely,

Thomas Holt
President
Star Systems Consulting

PART 7

Directions: In this part you will read a selection of texts, such as magazine and newspaper articles, letters, and advertisements. Each text is followed by several questions. Select the best answer for each question and mark the letter (A), (B), (C), or (D) on your answer sheet.

Questions 153-154 refer to the following article.

Automated teller machines (ATMs) are ubiquitous these days. They can also be convenient when you travel overseas. Compared to paying fees on currency or traveler's checks at foreign banks or exchange offices, using an ATM card may actually save money. Access fees vary from country to country, but in general a fee ranges from $2 to $4 for each use of an ATM. Also, ATMs eliminate the need for travelers to carry large amounts of cash. Travelers do not have to worry about regular banking hours.

153. What is the article mainly about?
 (A) Overseas travel
 (B) Traveler's checks
 (C) Credit cards
 (D) Cash machines

154. What is mentioned as a good point of ATMs?
 (A) They can be found everywhere.
 (B) Using an ATM is profitable.
 (C) You do not have to carry any cash.
 (D) Access fees are not necessary.

Part 7

Questions 155-156 refer to the following e-mail.

From: John Kennedy
To: Ms. Shilpa Vaidya
Subject: Thank you for the Interview.
Date: Jan 20

Dear Ms. Vaidya,

Thank you for taking the time to discuss the position at Philadelphia Investments Inc. with me. After my interview with you and reading the company manual, I feel my background, qualifications and work experience would work well with your company.

After meeting with you, it is easy for me to understand why Philadelphia Investments Inc.'s employees have a long service record. I feel I could learn a great deal from working at Philadelphia Investments Inc.

In addition, I feel that my hard-working, team-oriented, adaptable and friendly nature would be of further benefit.

I look forward to hearing from you in the near future.

Best regards,
John Kennedy

---

155. What is the main purpose of the e-mail?
    (A) To apply for a position
    (B) To show appreciation for an interview
    (C) To request a meeting
    (D) To praise Philadelphia Investments Inc.

156. What can be inferred from this e-mail?
    (A) Mr. Kennedy is not confident with his career.
    (B) Mr. Kennedy is no longer interested in Philadelphia Investments Inc.
    (C) Mr. Kennedy knows Ms. Vaidya.
    (D) The working conditions at Philadelphia Investments Inc. are severe.

Questions 157-158 refer to the following advertisement.

Healthy Life Clinics

*It's Easy To Find Us
Near Home, Near Work,
Or Somewhere In-Between*

If you're looking for a new clinic, you should take a close look at Healthy Life Clinics.

- Because no matter where you live in New York, a Healthy Life Clinic isn't far away. We have 18 clinics spread throughout the five boroughs of New York City — Manhattan, Brooklyn, Queens, the Bronx and Staten Island.

- And with more than 350 health care professionals practicing in 25 separate specialty areas, we offer a full range of primary and specialty care services.

- Our clinics also feature an on-site pharmacy, dental, radiology, laboratory and optical services.

- Healthy Life Clinics are recognized by most insurance companies and our waiting time is significantly less than other clinics. All to help improve your health.

To learn more, call (936) 673-9000.

Healthy Life Clinics

Healthy Life Clinics are available to members of Healthy Life, Group Health and Choice Plus health plans.

Part 7

157. For whom is this advertisement intended?
    (A) People involved in health care service
    (B) People who potentially need health care
    (C) Those who are looking for office space to rent
    (D) Those who recently graduated from medical school

158. What can NOT be taken care of at this clinic?
    (A) Bad teeth
    (B) Poor eyesight
    (C) Filling a prescription
    (D) Poor mental state

Questions 159-161 refer to the following warranty.

Warranty
Zeetel Electronics
www.zeetelelectronics.net

Name: Mr. [X] Ms. [   ] Prasid Vimulchartbavorn
Address: 5600 Rosenberg Drive, Apartment 209
E-mail: prasid416@starzonemail.net

Product: Zeetel T-1100 Mobile Phone
Product Serial Number: 35018H91
Warranty Number: 278469L3DI

Thank you for your recent purchase of the item described above. Your device comes with a 2-year protection plan, issued at no extra cost. This plan covers any internal electronic component defect. An additional 3-year protection plan may be purchased within 10 days of the sale of this device through the Zeetel Web site.

To make a claim under this warranty, contact the manufacturer listed on the other side of this document. Please do not contact the retail outlet where this phone was bought.

To receive information about this product by e-mail, please be sure to fill out the information above and check the box below.

[X] I wish to receive regular product updates, discount offers and other benefits.

* Please note the policy does not cover the battery or any part of the exterior of the device.

Part 7

159. What is true about the protection plan?
(A) Its initial length may be extended for a charge.
(B) Its upgrade may be used to cover internal parts.
(C) It may be used for multiple devices.
(D) It may be redeemed at a Web site.

160. Who should be contacted about problems covered under the warranty?
(A) A retail association
(B) An appliance store
(C) An industrial producer
(D) A mobile phone repair agency

161. What is indicated about Mr. Vimulchartbavorn?
(A) He will replace the battery.
(B) He will contact the retail outlet.
(C) He will register his device online.
(D) He will receive regular updates.

Questions 162-165 refer to the following e-mail.

From: Guan Hua Chen <gh.chen@sepaldoceramicsco.net>
To: Elsa Hernandez <elsa.hernandez@sepaldoceramicsco.net>
Date: April 2, 9:43 A.M.
Subject: RE: Quality Control Report

Elsa,

Thank you for sending me your latest Quality Control department report so promptly. I was particularly interested to see that our product defect rate has decreased by 4.3 percent.

I noted the measurable effect of several key changes you had proposed and then implemented after you assumed leadership of that department:

- Increasing the frequency of product inspections
- Providing more training to quality control staff
- Purchasing more advanced testing equipment
- Developing stronger relationships and feedback ties with Production

We hope to improve on this initial success over the course of the next fiscal year. During this period we aim to reduce the rate to 1.5 percent or lower. This would mean our defect rate would be 0.7 percent lower than our closest competitors and make us the industry leaders in that area. CEO Alana Berger and the rest of the board would certainly be pleased by that.

We will of course be able to discuss our plans going forward at the April 9 Executive Operations Committee meeting. I, CTO Virginia Styles and CFO Kutlay Celik will of course be there and you are likewise invited to attend and present an overview of your work at that session. Please prepare a presentation draft for that meeting, and e-mail it to me by the end of this week.

Regards,
Guan Hua Chen
Chief Operating Officer

Part 7

162. Why has Mr. Chen sent this e-mail?
    (A) To confirm a product release
    (B) To change an operational strategy
    (C) To ask for feedback on a plan
    (D) To comment on business results

163. What measure has NOT been implemented by Ms. Hernandez?
    (A) Increasing the inspection frequency
    (B) Shortening the delivery schedules
    (C) Using more sophisticated devices
    (D) Enhancing skills of company staff

164. According to the e-mail, what is a goal of Sepaldo Ceramics Co.?
    (A) Expanding market share by the next fiscal year
    (B) Developing attractive new consumer products
    (C) Using more sophisticated product designs
    (D) Exceeding a benchmark of rival companies

165. Who is mentioned as scheduled to attend the April 9 Executive Operations Committee meeting?
    (A) The new industry analyst
    (B) The Chief Executive officer
    (C) A senior financial manager
    (D) A planning department member

Questions 166-169 refer to the following notice.

Future Water Suspension Notice

We would like to inform residents living in the Crestwood, Shaunessy and Eagleline areas that water service will be temporarily suspended on January 10 from the hours of 10:30 -16:30.

We are replacing the pipes as there have been complaints about a lack of water pressure in the above-mentioned areas. Please call our Water Supplies Department Hotline if you require further information, payment options, water news or if you would like to register a complaint. We recommend residents to fill their bathtubs and sinks with water before the suspension.

We would like to apologize for any inconvenience that this may cause.

Water Supplies Department Hotline – 3630-7000

Part 7

166. For whom is this information intended?
    (A) People who have complaints about the water supply
    (B) People who live in areas affected by the discontinuation of water
    (C) The Customer Service telephone operators
    (D) The Water Supplies Department employees

167. What is the reason for the suspension?
    (A) To repair the pipes
    (B) To adjust the water temperature
    (C) To analyze the quality of water
    (D) To provide better service

168. What should the readers do if they want to change their payment system?
    (A) Send in an application
    (B) Call 3630-7000
    (C) Send an e-mail
    (D) Go to the Web site

169. What are the readers recommended to do?
    (A) Clean their cartridges
    (B) Replace their filters
    (C) Contact customer service
    (D) Store water

Questions 170-172 refer to the following memo.

To all new Tallis Security Services Corp. employees:

The HR office will make all arrangements for the upcoming medical examinations.

All new employees are required to have a complete physical examination by an approved certified physician. This examination includes a chest x-ray, a blood test, and an electrocardiogram. Additional tests such as stomach x-rays may be required based on the results of the examination. New employees must be medically approved by an approved certified physician before they may begin work.

Employees classified as security guards or maintenance workers will be required to undergo a physical examination prior to their first day of employment to determine if they are fit to perform the essential functions of their jobs. This will be done by a licensed practitioner selected by the company and paid by the company.

Questions concerning this requirement should be directed to the Human Resources Office who will make all arrangements for the medical examination.

Pat Hunter
Director, Human Resources

170. What does the memo announce?
    (A) That all employees have to have a test
    (B) That a physical checkup is necessary for new employees
    (C) That the workers are advised to take medicine
    (D) That new employees will start working

171. What tests will NOT be performed at first?
    (A) A chest x-ray
    (B) A blood test
    (C) An electrocardiogram
    (D) A stomach x-ray

172. What is indicated in the memo?
    (A) A licensed physician organizes everything for the medical check.
    (B) The examination is free.
    (C) The physical examination is an option.
    (D) New employees can take the medical test after they start their jobs.

Questions 173-175 refer to the following information.

Mail Information

Our mail box system is arranged with administration and department offices at the top, and tenured teachers underneath followed by new teachers or part-time staff. Incoming mail is generally sorted by 9:00 A.M. Larger boxes are placed on the shelf next to the mailboxes. Outgoing mail should be placed in the outgoing boxes prior to 3:00 P.M. each day. It should be sorted as internal office, in-town or out of town mail.

All mail must have the correct postage or it will be returned to the sender to correct. Information and forms for sending certified mail can be obtained in the Business Office.

Further mail information can be found at www.world.uni/businessoffice/mail.htm.

Part 7

173. What is the purpose of the information?
    (A) To promote a new service
    (B) To warn against wasting postage
    (C) To outline a new business plan
    (D) To give information about a mail system

174. What is true about the information?
    (A) Outgoing mail is picked up by 3:00 P.M.
    (B) The mailboxes are arranged in alphabetical order.
    (C) The mail is organized before sending.
    (D) Further mail information can be obtained only at the Business Office.

175. What should people do if they want to send something certified?
    (A) Go to the teacher's lounge
    (B) Put it in a larger box
    (C) Visit the Web site
    (D) Get a form

Questions 176-180 refer to the following article.

Success for *Track Racer*
By Ben Reston
Public Relations Director
Games Master Co.
ben.r@gamesmasterco.com
Posted at: 9:47 A.M.
Today

Our new gaming app *Track Racer* received five out of five stars last week in *Gaming Plus Magazine*. Reviewer Brad McMahon said, "The new app is outstanding." He was impressed by the clear, concise instructions and described the action sequences as "incredibly exciting" and "thrilling." He went on to state the levels of difficulty were well-differentiated, so beginners could enjoy playing as well as experts. He singled out the graphics for special praise.

The app was launched last month on April 22, following an extensive advertising campaign. Since then, we've enjoyed a record amount of sales. Initial customer responses in our surveys suggest this popularity is because the app is regarded as easy to play and fun.

Track Racer is just the latest of our successes. We plan for a long line of them. Our newly expanded Gaming Development Team is already working on our newest: *Orange Watch*.

Part 7

176. Where would the article most likely appear?
     (A) In a device user manual
     (B) In a university seminar summary
     (C) On an internal company Web page
     (D) On a store membership application

177. What is the purpose of the article?
     (A) To confirm a new design
     (B) To announce a promotion
     (C) To detail performance
     (D) To rate a supplier

178. What is suggested about Games Master Co.?
     (A) It has cut back on its advertising budget.
     (B) It is asking for feedback from customers.
     (C) It is offering some of its apps for free.
     (D) It has made changes to its Web sites.

179. What is NOT mentioned about Track Racer?
     (A) Graphics design
     (B) Levels of difficulty
     (C) Item sales
     (D) Competitor strategies

180. The word "line" in paragraph 3, line 2 is closest in meaning to
     (A) series
     (B) adjustments
     (C) type
     (D) length

Questions 181-185 refer to the following notice and e-mail.

Young Musicians Contest
$10,000 in Scholarships for Winners!

The competition will be held Saturday, February 14, at 1:00 P.M. in the Johnson Center.

No preregistration is required. The contestants' order will be randomly assigned at the beginning of the competition. Competition is for amateurs only, not professional musicians (We consider anyone who has received payment for their music to be a professional).

Contestants will have a 5-minute performance time limit. Allowance will be made for instrument malfunctions.

Contestants who fail to comply with any of these above rules will be disqualified.

For more information, please send an e-mail to Mr. Ronald Cox at ronaldcox@kma.com, or visit our Web site at www.kma.com/contest.

From: Leo Chu
To: Ronald Cox [ronaldcox@kma.com]
Subject: Young Musicians Contest
Date: January 7

Dear Mr. Cox,

I've seen your notice posted on the bulletin board at Kings Music Academy. And I have a few questions I would like to ask.

Currently I am a first-year student at university and I play the piano. On occasion, I play the piano at small events such as weddings or funerals and I receive a small payment each time. Does this qualify me as a professional musician? Also, I was wondering if I have to choose a specific piece. I'm very interested in this opportunity and I would love to participate in this event.

Can you please get back to me as soon as possible?

Yours faithfully,
Leo Chu

181. How will the candidates' order be determined?
 (A) At random
 (B) Alphabetically
 (C) In order of arrival
 (D) By age

182. What will the winner receive?
 (A) A scholarship
 (B) A trophy
 (C) An instrument
 (D) Compensation

183. What is true about the contest?
 (A) Any young musicians will be welcomed.
 (B) The contestants have to sign up beforehand.
 (C) There is a performance length restriction.
 (D) The contest will take place in the evening.

184. What could be a cause of restarting a performance?
 (A) Breaking the instrument's string
 (B) Slamming the instrument on the ground
 (C) Forgetting the music
 (D) Having a sudden illness

185. Why did Mr. Chu write his e-mail?
 (A) To ask about his eligibility to enter the contest
 (B) To enter a piano competition contest
 (C) To win a scholarship
 (D) To seek an occupation

Questions 186-190 refer to the following survey and e-mail.

Gordon Hotel

GUEST COMMENTS

Thank you for choosing Gordon Hotel on this trip. We are asking for your comments so that we may make your future stay with us even more enjoyable.

How would you rate the following?

	Excellent	Good	Average	Fair	Poor
Overall	☐	☐	☐	☐	☑
Guest Rooms					
Speed of Check in/Check out	☐	☐	☑	☐	☐
Friendliness of Staff	☐	☐	☐	☐	☑
Cleanliness of Room During Stay	☐	☐	☐	☑	☐
Restaurant					
Food Quality	☑	☐	☐	☐	☐
Speed of Service	☐	☐	☑	☐	☐

Would you like to return to this hotel, if in this area again?
Yes ☐ No ☑

If not, what was the problem(s)? Please be specific:

I'd like to express my dissatisfaction with your hotel. My family and I were greatly looking forward to staying here. But unfortunately the air conditioner didn't work in our room. We requested a change of rooms but the hotel was fully booked. We also asked for the air conditioner to be repaired but it wasn't. Due to the high temperature and humidity, this made our stay extremely unpleasant.

Room Number __613__   Name __Dan Hansen__

To: Mr. Edmond Kersh, Maintenance Section Manager
From: Christy Garret, Guest Services Manager
Date: August 11

There was a recent complaint on August 9, about a malfunction of an air conditioning unit. The guest requested it be fixed, but this was not possible as parts were not available.

I know that you try to maintain and keep everything working, but something that seems small can have a large impact on our guests' stay. Could you please let me know what you require to keep everything in perfect working order? I'm hoping to hear from you in a week with your proposal.

Kind regards,

Christy Garrett

186. According to Mr. Hansen, what was he content with?
    (A) The cleanliness of the room
    (B) The attitude of the staff
    (C) The quality of food
    (D) The speed of checkout

187. What was Mr. Hansen's complaint about the hotel?
    (A) He did not like the unfriendly staff.
    (B) He wanted a room without air conditioning.
    (C) He was dissatisfied with quality of the housekeeping.
    (D) He had a bad experience in the room.

188. What is implied about Mr. Hansen?
    (A) He stayed at Gordon Hotel with his family.
    (B) He has stayed at Gordon Hotel before.
    (C) He did not have any meals at Gordon Hotel.
    (D) He thinks that the hotel rates are too expensive.

189. Why did Ms. Garret write her e-mail?
 (A) To praise Mr. Kersh's excellent job performance
 (B) To raise the employee's morale
 (C) To provide details about a job
 (D) To voice her concerns about the service

190. In the e-mail, the word "impact" in paragraph 2, line 2, is closest in meaning to
 (A) collision
 (B) defect
 (C) effect
 (D) tremor

Questions 191-195 refer to the following brochure and e-mail message.

Secutron International

Have you experienced a problem with counterfeit bills? Is your shop in danger of losing money? Secutron can help. We produce high-quality, portable, counterfeit bill checking machines.

Our company has been in business for 10 years. We started out supplying counterfeit bill checking machines to banks but now we are branching out to retail shops. If you are interested in our Secutron 2000 please do not hesitate to contact us for a brochure or to arrange a demonstration.

Please visit us on the Web at www.secutron.com, call 37-777-9250, or send an e-mail to Takeo Ito, our Sales Manager, at takeoito@secutron.com.

To: takeoito@secutron.com
From: Nikolay Podolski
Date: December 3

Dear Mr. Takeo Ito,

I'm the owner of an international duty-free chain store and we are having trouble with bogus bills. I would like to know if the Secutron 2000 is able to check bills of different currencies.

Also, is it possible to rent a machine on a monthly basis? Because we have many shops and each will require a machine, I don't think it is possible for us to purchase so many machines. I can be reached by telephone at 788-666-3562.

I look forward to hearing from you.

Yours respectfully,
Nikolay Podolski

Part 7

191. What is the main purpose of the brochure?
    (A) To announce that a new shop is opening
    (B) To advertise an event
    (C) To warn about counterfeit bills
    (D) To promote a company product

192. What is NOT true about the Secutron 2000?
    (A) It is available for rent.
    (B) It is high quality.
    (C) It is able to distinguish fake bills.
    (D) You can carry or move it easily.

193. What can be inferred about Secutron International?
    (A) They are doing demonstrations every day.
    (B) They have been doing business only with banks.
    (C) They are a decade old.
    (D) They are increasing production.

194. What is Mr. Podolski concerned about?
    (A) The accuracy of the machine
    (B) The machine's ability to check multiple currencies.
    (C) The rental period of the machine
    (D) The operation of the machine

195. Why is Mr. Podolski contacting Mr. Ito?
    (A) To get more information
    (B) To announce a job opening
    (C) To negotiate a price
    (D) To offer a servic

Questions 196-200 refer to the following itinerary and e-mail.

Rodgers Pharmaceuticals
www.rodgerspharma.net
Itinerary
Malaysia Trip

Company delegates:
- Miranda Hughes
- Annette Briggs
- Marcus Bertram
- Ben Haverstock
- Leon Gomes

Attendance at International Pharmacy Convention

June 7: Pharmaceutical Convention, International Business Complex, Kuala Lumpur.

June 8: Welcome, introductory speeches and orientation program. Visit exhibits.

June 9: Attend seminar on new international medical regulations. Keynote speaker: Professor Khairul-azizi Jurangpati, Miri City University.

June 10: Seminar on latest research, medicines under development, test results and patents.

Supplier Visit (Lam Manufacturing)

June 11: Visit factory site and review new machinery and other upgrades. Meet with CEO Suratni Wirabangsa, Quality Control Manager Pudiah Amat, and Research Director Dean Chow.

June 12: Meeting to discuss production deadlines with Chief Operating Officer Marlizam Talif.

From: Annette Briggs <annette.briggs@rodgerspharma.net>
To: Jonathan Sever <jon.sever@rodgerspharma.net>
Date: Monday, June 13, 7:03 A.M.
Subject: Malaysia Trip

Dear Jonathan,

I'm pleased to report that our trip to Malaysia last week proved productive. The convention we attended in Kuala Lumpur was particularly interesting. Most of our major competitors were in attendance, as well as a range of smaller companies.

It was interesting to learn about the latest research being carried out, particularly on the treatment of the elderly. I look forward to discussing this with you and the rest of the Planning Committee.

As you know, we also took the opportunity to visit our primary supplier in the region, Lam Manufacturing. I'm pleased to report that the factory itself was modern, clean and safe. It is also almost fully automated and the production lines we viewed were very efficient.

The order for medical supplies we placed with them is behind schedule. I know our sales department is relying on this pending material. I have been assured that it is due to be shipped promptly and we will receive confirmation from the head of their Operations within 72 hours.

Yours sincerely,

Annette Briggs
Senior Purchasing Manager

196. According to the itinerary, when can convention attendees hear a talk on commercial law?
(A) On June 7
(B) On June 8
(C) On June 9
(D) On June 10

197. What is NOT included in the itinerary?
(A) The calendar of events
(B) Accommodation details
(C) Equipment usage
(D) Facilities tours

198. Why was the e-mail sent?
(A) To summarize results
(B) To reschedule a meeting
(C) To revise an order
(D) To request further data

199. Who will guarantee an update within 72 hours?
(A) Annette Briggs
(B) Pudiah Amat
(C) Dean Chow
(D) Marlizam Talif

200. In the e-mail, the word "pending" in paragraph 4, line 2 is closest in meaning to
(A) improper
(B) delayed
(C) unauthorized
(D) inadequatet

Answer Sheet

はじめて受ける TOEIC®TEST 模試スピードマスター

TEST 1 解答用紙

フリガナ
NAME 氏名

LISTENING SECTION

Part 1

No.	ANSWER (A B C D)
1	Ⓐ Ⓑ Ⓒ Ⓓ
2	Ⓐ Ⓑ Ⓒ Ⓓ
3	Ⓐ Ⓑ Ⓒ Ⓓ
4	Ⓐ Ⓑ Ⓒ Ⓓ
5	Ⓐ Ⓑ Ⓒ Ⓓ
6	Ⓐ Ⓑ Ⓒ Ⓓ
7	Ⓐ Ⓑ Ⓒ Ⓓ
8	Ⓐ Ⓑ Ⓒ Ⓓ
9	Ⓐ Ⓑ Ⓒ Ⓓ
10	Ⓐ Ⓑ Ⓒ Ⓓ

Part 2

No.	ANSWER (A B C)
11	Ⓐ Ⓑ Ⓒ
12	Ⓐ Ⓑ Ⓒ
13	Ⓐ Ⓑ Ⓒ
14	Ⓐ Ⓑ Ⓒ
15	Ⓐ Ⓑ Ⓒ
16	Ⓐ Ⓑ Ⓒ
17	Ⓐ Ⓑ Ⓒ
18	Ⓐ Ⓑ Ⓒ
19	Ⓐ Ⓑ Ⓒ
20	Ⓐ Ⓑ Ⓒ
21	Ⓐ Ⓑ Ⓒ
22	Ⓐ Ⓑ Ⓒ
23	Ⓐ Ⓑ Ⓒ
24	Ⓐ Ⓑ Ⓒ
25	Ⓐ Ⓑ Ⓒ
26	Ⓐ Ⓑ Ⓒ
27	Ⓐ Ⓑ Ⓒ
28	Ⓐ Ⓑ Ⓒ
29	Ⓐ Ⓑ Ⓒ
30	Ⓐ Ⓑ Ⓒ
31	Ⓐ Ⓑ Ⓒ
32	Ⓐ Ⓑ Ⓒ
33	Ⓐ Ⓑ Ⓒ
34	Ⓐ Ⓑ Ⓒ
35	Ⓐ Ⓑ Ⓒ
36	Ⓐ Ⓑ Ⓒ
37	Ⓐ Ⓑ Ⓒ
38	Ⓐ Ⓑ Ⓒ
39	Ⓐ Ⓑ Ⓒ
40	Ⓐ Ⓑ Ⓒ

Part 3

No.	ANSWER (A B C D)
41	Ⓐ Ⓑ Ⓒ Ⓓ
42	Ⓐ Ⓑ Ⓒ Ⓓ
43	Ⓐ Ⓑ Ⓒ Ⓓ
44	Ⓐ Ⓑ Ⓒ Ⓓ
45	Ⓐ Ⓑ Ⓒ Ⓓ
46	Ⓐ Ⓑ Ⓒ Ⓓ
47	Ⓐ Ⓑ Ⓒ Ⓓ
48	Ⓐ Ⓑ Ⓒ Ⓓ
49	Ⓐ Ⓑ Ⓒ Ⓓ
50	Ⓐ Ⓑ Ⓒ Ⓓ
51	Ⓐ Ⓑ Ⓒ Ⓓ
52	Ⓐ Ⓑ Ⓒ Ⓓ
53	Ⓐ Ⓑ Ⓒ Ⓓ
54	Ⓐ Ⓑ Ⓒ Ⓓ
55	Ⓐ Ⓑ Ⓒ Ⓓ
56	Ⓐ Ⓑ Ⓒ Ⓓ
57	Ⓐ Ⓑ Ⓒ Ⓓ
58	Ⓐ Ⓑ Ⓒ Ⓓ
59	Ⓐ Ⓑ Ⓒ Ⓓ
60	Ⓐ Ⓑ Ⓒ Ⓓ
61	Ⓐ Ⓑ Ⓒ Ⓓ
62	Ⓐ Ⓑ Ⓒ Ⓓ
63	Ⓐ Ⓑ Ⓒ Ⓓ
64	Ⓐ Ⓑ Ⓒ Ⓓ
65	Ⓐ Ⓑ Ⓒ Ⓓ
66	Ⓐ Ⓑ Ⓒ Ⓓ
67	Ⓐ Ⓑ Ⓒ Ⓓ
68	Ⓐ Ⓑ Ⓒ Ⓓ
69	Ⓐ Ⓑ Ⓒ Ⓓ
70	Ⓐ Ⓑ Ⓒ Ⓓ

Part 4

No.	ANSWER (A B C D)
71	Ⓐ Ⓑ Ⓒ Ⓓ
72	Ⓐ Ⓑ Ⓒ Ⓓ
73	Ⓐ Ⓑ Ⓒ Ⓓ
74	Ⓐ Ⓑ Ⓒ Ⓓ
75	Ⓐ Ⓑ Ⓒ Ⓓ
76	Ⓐ Ⓑ Ⓒ Ⓓ
77	Ⓐ Ⓑ Ⓒ Ⓓ
78	Ⓐ Ⓑ Ⓒ Ⓓ
79	Ⓐ Ⓑ Ⓒ Ⓓ
80	Ⓐ Ⓑ Ⓒ Ⓓ
81	Ⓐ Ⓑ Ⓒ Ⓓ
82	Ⓐ Ⓑ Ⓒ Ⓓ
83	Ⓐ Ⓑ Ⓒ Ⓓ
84	Ⓐ Ⓑ Ⓒ Ⓓ
85	Ⓐ Ⓑ Ⓒ Ⓓ
86	Ⓐ Ⓑ Ⓒ Ⓓ
87	Ⓐ Ⓑ Ⓒ Ⓓ
88	Ⓐ Ⓑ Ⓒ Ⓓ
89	Ⓐ Ⓑ Ⓒ Ⓓ
90	Ⓐ Ⓑ Ⓒ Ⓓ
91	Ⓐ Ⓑ Ⓒ Ⓓ
92	Ⓐ Ⓑ Ⓒ Ⓓ
93	Ⓐ Ⓑ Ⓒ Ⓓ
94	Ⓐ Ⓑ Ⓒ Ⓓ
95	Ⓐ Ⓑ Ⓒ Ⓓ
96	Ⓐ Ⓑ Ⓒ Ⓓ
97	Ⓐ Ⓑ Ⓒ Ⓓ
98	Ⓐ Ⓑ Ⓒ Ⓓ
99	Ⓐ Ⓑ Ⓒ Ⓓ
100	Ⓐ Ⓑ Ⓒ Ⓓ

READING SECTION

Part 5

No.	ANSWER (A B C D)
101	Ⓐ Ⓑ Ⓒ Ⓓ
102	Ⓐ Ⓑ Ⓒ Ⓓ
103	Ⓐ Ⓑ Ⓒ Ⓓ
104	Ⓐ Ⓑ Ⓒ Ⓓ
105	Ⓐ Ⓑ Ⓒ Ⓓ
106	Ⓐ Ⓑ Ⓒ Ⓓ
107	Ⓐ Ⓑ Ⓒ Ⓓ
108	Ⓐ Ⓑ Ⓒ Ⓓ
109	Ⓐ Ⓑ Ⓒ Ⓓ
110	Ⓐ Ⓑ Ⓒ Ⓓ
111	Ⓐ Ⓑ Ⓒ Ⓓ
112	Ⓐ Ⓑ Ⓒ Ⓓ
113	Ⓐ Ⓑ Ⓒ Ⓓ
114	Ⓐ Ⓑ Ⓒ Ⓓ
115	Ⓐ Ⓑ Ⓒ Ⓓ
116	Ⓐ Ⓑ Ⓒ Ⓓ
117	Ⓐ Ⓑ Ⓒ Ⓓ
118	Ⓐ Ⓑ Ⓒ Ⓓ
119	Ⓐ Ⓑ Ⓒ Ⓓ
120	Ⓐ Ⓑ Ⓒ Ⓓ
121	Ⓐ Ⓑ Ⓒ Ⓓ
122	Ⓐ Ⓑ Ⓒ Ⓓ
123	Ⓐ Ⓑ Ⓒ Ⓓ
124	Ⓐ Ⓑ Ⓒ Ⓓ
125	Ⓐ Ⓑ Ⓒ Ⓓ
126	Ⓐ Ⓑ Ⓒ Ⓓ
127	Ⓐ Ⓑ Ⓒ Ⓓ
128	Ⓐ Ⓑ Ⓒ Ⓓ
129	Ⓐ Ⓑ Ⓒ Ⓓ
130	Ⓐ Ⓑ Ⓒ Ⓓ
131	Ⓐ Ⓑ Ⓒ Ⓓ
132	Ⓐ Ⓑ Ⓒ Ⓓ
133	Ⓐ Ⓑ Ⓒ Ⓓ
134	Ⓐ Ⓑ Ⓒ Ⓓ
135	Ⓐ Ⓑ Ⓒ Ⓓ
136	Ⓐ Ⓑ Ⓒ Ⓓ
137	Ⓐ Ⓑ Ⓒ Ⓓ
138	Ⓐ Ⓑ Ⓒ Ⓓ
139	Ⓐ Ⓑ Ⓒ Ⓓ
140	Ⓐ Ⓑ Ⓒ Ⓓ

Part 6

No.	ANSWER (A B C D)
141	Ⓐ Ⓑ Ⓒ Ⓓ
142	Ⓐ Ⓑ Ⓒ Ⓓ
143	Ⓐ Ⓑ Ⓒ Ⓓ
144	Ⓐ Ⓑ Ⓒ Ⓓ
145	Ⓐ Ⓑ Ⓒ Ⓓ
146	Ⓐ Ⓑ Ⓒ Ⓓ
147	Ⓐ Ⓑ Ⓒ Ⓓ
148	Ⓐ Ⓑ Ⓒ Ⓓ
149	Ⓐ Ⓑ Ⓒ Ⓓ
150	Ⓐ Ⓑ Ⓒ Ⓓ

Part 7

No.	ANSWER (A B C D)
151	Ⓐ Ⓑ Ⓒ Ⓓ
152	Ⓐ Ⓑ Ⓒ Ⓓ
153	Ⓐ Ⓑ Ⓒ Ⓓ
154	Ⓐ Ⓑ Ⓒ Ⓓ
155	Ⓐ Ⓑ Ⓒ Ⓓ
156	Ⓐ Ⓑ Ⓒ Ⓓ
157	Ⓐ Ⓑ Ⓒ Ⓓ
158	Ⓐ Ⓑ Ⓒ Ⓓ
159	Ⓐ Ⓑ Ⓒ Ⓓ
160	Ⓐ Ⓑ Ⓒ Ⓓ
161	Ⓐ Ⓑ Ⓒ Ⓓ
162	Ⓐ Ⓑ Ⓒ Ⓓ
163	Ⓐ Ⓑ Ⓒ Ⓓ
164	Ⓐ Ⓑ Ⓒ Ⓓ
165	Ⓐ Ⓑ Ⓒ Ⓓ
166	Ⓐ Ⓑ Ⓒ Ⓓ
167	Ⓐ Ⓑ Ⓒ Ⓓ
168	Ⓐ Ⓑ Ⓒ Ⓓ
169	Ⓐ Ⓑ Ⓒ Ⓓ
170	Ⓐ Ⓑ Ⓒ Ⓓ
171	Ⓐ Ⓑ Ⓒ Ⓓ
172	Ⓐ Ⓑ Ⓒ Ⓓ
173	Ⓐ Ⓑ Ⓒ Ⓓ
174	Ⓐ Ⓑ Ⓒ Ⓓ
175	Ⓐ Ⓑ Ⓒ Ⓓ
176	Ⓐ Ⓑ Ⓒ Ⓓ
177	Ⓐ Ⓑ Ⓒ Ⓓ
178	Ⓐ Ⓑ Ⓒ Ⓓ
179	Ⓐ Ⓑ Ⓒ Ⓓ
180	Ⓐ Ⓑ Ⓒ Ⓓ
181	Ⓐ Ⓑ Ⓒ Ⓓ
182	Ⓐ Ⓑ Ⓒ Ⓓ
183	Ⓐ Ⓑ Ⓒ Ⓓ
184	Ⓐ Ⓑ Ⓒ Ⓓ
185	Ⓐ Ⓑ Ⓒ Ⓓ
186	Ⓐ Ⓑ Ⓒ Ⓓ
187	Ⓐ Ⓑ Ⓒ Ⓓ
188	Ⓐ Ⓑ Ⓒ Ⓓ
189	Ⓐ Ⓑ Ⓒ Ⓓ
190	Ⓐ Ⓑ Ⓒ Ⓓ
191	Ⓐ Ⓑ Ⓒ Ⓓ
192	Ⓐ Ⓑ Ⓒ Ⓓ
193	Ⓐ Ⓑ Ⓒ Ⓓ
194	Ⓐ Ⓑ Ⓒ Ⓓ
195	Ⓐ Ⓑ Ⓒ Ⓓ
196	Ⓐ Ⓑ Ⓒ Ⓓ
197	Ⓐ Ⓑ Ⓒ Ⓓ
198	Ⓐ Ⓑ Ⓒ Ⓓ
199	Ⓐ Ⓑ Ⓒ Ⓓ
200	Ⓐ Ⓑ Ⓒ Ⓓ

Answer Sheet

はじめて受ける TOEIC®TEST 模試スピードマスター

TEST 2 解答用紙

NAME 氏名 / フリガナ

LISTENING SECTION

Part 1

No.	A	B	C	D
1	Ⓐ	Ⓑ	Ⓒ	Ⓓ
2	Ⓐ	Ⓑ	Ⓒ	Ⓓ
3	Ⓐ	Ⓑ	Ⓒ	Ⓓ
4	Ⓐ	Ⓑ	Ⓒ	Ⓓ
5	Ⓐ	Ⓑ	Ⓒ	Ⓓ
6	Ⓐ	Ⓑ	Ⓒ	Ⓓ
7	Ⓐ	Ⓑ	Ⓒ	Ⓓ
8	Ⓐ	Ⓑ	Ⓒ	Ⓓ
9	Ⓐ	Ⓑ	Ⓒ	Ⓓ
10	Ⓐ	Ⓑ	Ⓒ	Ⓓ

Part 2 (No. 11–30, columns A B C)

Part 3 (No. 41–70, columns A B C D)

Part 4 (No. 71–100, columns A B C D)

READING SECTION

Part 5 (No. 101–130, columns A B C D)

Part 6 (No. 131–150, columns A B C D)

Part 7 (No. 151–200, columns A B C D)